河南大学
文论与美学
丛 书

The Identity of Natural and Artistic Beauty
An Aesthetic Study on the Picturesque

自然美和艺术美的同一性

对风景如画的美学探究

王中原◎著

创于1897 **The Commercial Press**

图书在版编目（CIP）数据

自然美和艺术美的同一性：对风景如画的美学探究 / 王
中原著.—北京：商务印书馆，2024
（河南大学文论与美学丛书）
ISBN 978－7－100－23307－1

Ⅰ.①自…　Ⅱ.①王…　Ⅲ.①美学—研究　Ⅳ.①B83

中国国家版本馆 CIP 数据核字（2024）第 006559 号

自然美和艺术美的同一性：对风景如画的美学探究
王中原　著

商 务 印 书 馆 出 版
（北京王府井大街 36 号　邮政编码 100710）
商 务 印 书 馆 发 行
北京顶佳世纪印刷有限公司印刷
ISBN　978－7－100－23307－1

2024 年 1 月第 1 版　　　开本 880×1230　1/32
2024 年 1 月北京第 1 次印刷　印张 9⅝

定价：78.00 元

"河南大学文论与美学丛书"总序

　　河南大学文学院的历史，可以追溯到1923年省立中州大学（河南大学前身）的成立及相应的"文科"之初设，迄今已逾百年。今年3月举行的隆重纪念活动，彰显了文学院中文学科深厚的学科积淀和优良的学术传统，其文脉赓续，绵延至今。诚如关爱和教授在庆祝建院百年大会上的致词所言："100年来，河南大学文学院与河南大学同命运、共发展，成为中原地区高等教育的参天大树。一代又一代名师在这里辛勤执教，演绎着智山慧海、前薪后薪的动人故事；一代又一代学生从这里走出，成就了民族复兴、国家发展的丰功伟业。文学院的过去的100年让我们无比骄傲和自豪。"河南大学文学院的文艺学学科，即是在这一传统中获得发展的重要学科之一。伴随着百年文院的历史嬗变，一代代学人辛勤耕耘，他们孜孜以求，薪火相传，使文艺学学科的研究形成了根底扎实深厚、学风朴实严谨的鲜明特色。

　　文学院建院早期，首任院长（即文科主任）由著名哲学家冯友兰担任，下设的国文系和哲学系所开课程包括"中国哲学史""西洋哲学史""美学""国文""诸子概论""文学批评""文学史论""文学概论"等；学院建立了学术团体"文艺研究会"，编印有学术刊物《文艺》等。而在师资引入方面，则大力延揽名师来校任教，至新中国成立前，先后有冯友兰、郭绍虞、嵇文甫、段凌辰、刘盼遂、罗根泽、姜亮夫、高亨、朱芳圃、缪钺、卢前、范文澜等知名哲学家、中国文学批评史家、中外文艺研究专家到河南大学任教、做研究。在此时期，他们的研究成果也先后刊行，如郭绍虞在商务印书馆出版《中国文学批评史》（1934年，上卷）、罗根泽在北京人文书店出版《中国文学批评史》（1934年，周秦两汉卷），姜亮夫则以其北新书局版《文学概论讲述》作教材。这些研究成果都立意于在研究中国的文学批评中获得批评理论与文学原理，以指导未来文学，为河南大学乃至初创的中国文学理论研究奠定了基础，确立了具有现代意义的文学批评与理论学科形态。

新中国建立之后，河南大学文学院承继先贤学风，开拓新的领域，汇聚学术实力，使人文传统得以弘扬。先后来院执教的有于赓虞、张长弓、任访秋、高文、万曼、于安澜、李嘉言、李白凤、华锺彦等知名教授，他们的文学、诗学与美学研究，推进了文学院文艺学学科的发展建设，使其在延续先前醇厚学统的同时呈现出新的气象。进入新时期，河南大学文艺学建设再上新的台阶，一批中青年学者成长起来，顺应时代的新要求、新发展，学科建设不断强化，学术研究日趋深入；努力加强学术交流与合作，成功举办一系列国际国内大型学术会议。尤其是河南省高等学校人文社会科学重点研究基地"河南大学文艺学研究中心"的获批建设，使学科点持续凝聚专业特色，并逐步形成了较为合理的人才梯队，目前已在中国文论与比较诗学、西方文论与美学研究、文学批评与文化研究等领域形成鲜明的学术特色。

为了承传和弘扬河南大学文艺学及其相关研究的学术精神，近年来，我们已经陆续整理出版了一些代表性的成果，如《于赓虞诗文辑存（上下）》《任访秋文集》、"于安澜书画学四种"的《画论丛刊》《画史丛书》《画品丛书》《书学名著选》，以及列入"百年河大国学旧著新刊"丛书中的《中国文学史新编》（张长弓）、《晚明思想史论》（嵇文甫）、《唐集叙录》（万曼）、《中国文学概论》（段凌辰）、《东夷杂考》（李白凤）、《白石道人歌曲译谱新注》（高文、丁纪园）、《长江集新校》（李嘉言）、《花间集注》（华锺彦）、《庆湖遗老诗集校注》（王梦隐、张家顺）、《文心雕龙选讲》（温绎之）、《红学二百年》（李春祥）等。这些著作，有的虽跨越了漫长的历史，但仍因其具有的经典价值而历久弥新。

而这套"河南大学文论与美学丛书"，则是本学科在河南大学文学院的大力支持下新近组织的一套学术论著。其研究范围，涉及古今中外；在研究对象上，亦自由灵活，既有文论与美学史方面的阐释与建构，也有批评与理论上的探讨和论析。但无论怎样，都要求作者在各自的论域和论题上能够有所深化、有所拓展、有所创新。

"河南大学文论与美学丛书"的出版，得到了商务印书馆的大力支持和悉心指导，每每想起，感动不已。值此丛书出版之际，特向诸位深致谢忱！

张云鹏

2023 年 6 月

序

周宪

王中原的处女作《自然美和艺术美的同一性》即将由商务印书馆刊行，这对他的学术生涯来说是一件很重要的事。

一个人文学者的思与作最终总是要落实到具体的文字上来，而思考写作成果的出版就成为学术研究中的一个物化形态。而且对于一个初涉学术的青年学者来说，著作的出版无疑带有出发点的意义。

中原曾经在南京大学文学院攻读博士学位，我有幸成为他的导师。在南大读博的那几年里，他很是用功，博览群书不说，写作也很是勤奋。我想，这本新作的面世就包含了不少他在读博阶段的思考。当然，他毕业后这些年一直笔耕不辍，继续深化了自然美和艺术美同一性的研究，在原有基础上又大大推进了研究工作。

这本书是对"风景如画"这一司空见惯说法的美学沉思。日常语言看起来很是寻常，但深究起来却大有学问。"如画"之风景这一简单的判断，道出了作为客观的自然景观与艺术品的美之间剪不断理还乱的关系。中原直击这一复杂关系，从哲学、美学和艺术等不同层面阐发新见，读来常常给人启迪和进一步的思考。自然美这一主题自黑格尔以来逐渐在美学中被边缘化，20世纪60年代英国美学家赫伯恩率先提出美学对自然美的忽略，开启了美学重返自然美的征程。自那以后，随着生态主义和环境美学的兴起，自然美再次占据了美学的中心。同时，对自然美及其"如画"的探讨也充满了争议与论辩。中原决意闯入这一看似简单却异常复杂的问题场域，用心用力地探究这一难题，并努力做出自己的阐释和判断。

处女作的出版有"出发点"的性质，是一个起点而非终点。对中原来说，学术志业前景大有可为，在起点所积累的动力应获得更多的加速度，向新的目标不断趋近。我期待中原有更多的成果面世。

是为序。

目录

导言

　　风景如画既是一个自然审美经验常识，又是一个美学论题，通过自然与艺术在审美中的必然关联，如画显示自身为一个关于美学本身的基本问题。如画的美学内涵在于揭示了自然与艺术、自然与人的同一性问题，对如画进行美学理论层面的探究的价值和意义可以表述如下：在美学层面，从自然和艺术的同一性出发，如画能够促进当代自然审美理论的进一步发展完善，这对于当代美学的重建乃至美学本身的基础性问题来说都具有重要的理论意义，在一定的意义上我们甚至可以说如画从特定层面揭示了美的本质；在文化（人类历史性生存）的层面，从自然和人的同一性出发，如画不但能够为当代的生态问题、环境规划、环境改善（如当前的美丽中国工程）乃至整个现代人的历史救赎提供美学理论上的启发，而且能在一定层面上为形形色色的社会和文化批判投射一束（人工文明的）"洞穴"之外的真理之光。

　　在我们的审美经验中存在着这样一个常识，自然和艺术的趋近与相像通常会令彼此显得更美，在我们经验与描述自然和艺术各自的美时，往往会使用"自然美像艺术"和"艺术美像自然"之类的话语来进行表达。在审美经验中得到表露的这个事实，同时也是美学中的一个重要命题，其确切的表述是"自然美必然显得像艺术"和"艺术美必然显得像自然"①。如此这般昭示自身的审美经验事实和美学命题在实际上本质性地关涉自然和艺术的审美同一性或自然美和艺术美的同一性问题，同一在此指的是自然和艺术在审美中差异着的共属一体、区分着的统一。

　　自然和艺术的关系问题是美学研究的一个重要课题，二者之间既相互区分又同属一体的关联则是自然和艺术关系研究的核心问题。截至目前，学界对自然和艺术的审美同一性的关注仅仅侧重于"艺术美必然像自然"的这一维度，作为其美学上的陈述，"艺术模仿自然说"或"逼真"的命题早已为学界所熟知，然而作为自然和艺术同一的反向维度的"自然美必然像艺术"则鲜有人知晓。事实上，后者的阙如将会导致自然和艺术的关系研究失去其应有的完整性，我们也无从谈论自然和艺术的同一性问题及其美学意义。鉴于此，笔者选取"风景如画"作为研究课题，试图通过对风景如画的美学考察，补充自然和艺术的关系研究中的薄弱领域，该课题拟从"自然美必然像艺术"的角度洞察自然美和艺术美的同一性问题，先行着眼于这种同一性来对风景如画的美学根据及其美学和人文意义进行阐释，以充分地揭示出"自然美必然像艺术"命题的美学内涵和美学价值，借此来从"自然美像艺术"的维度展示和论证自然美和艺术美的同一性。

　　"风景如画"（以下也简称"如画"）的含义是："美的自然风景看起来必然会显得像一幅风景画"，"自然在审美中必然显得像画"或者"我们必定会用'像画'来体验和描述自然风景的

---

① 这个观点可以参见邓晓芒：《冥河的摆渡者》，武汉大学出版社 2007 年版，第 66-67 页。

美"①。风景如画是中国自然审美传统中的一个经验常识，自东汉起人们就开始用"如画"来描述对自然风景的审美体验，最具代表性的表述是南宋学者洪迈的言说："江山登临之美，泉石赏玩之胜，世间佳境也，观者必曰如画。故有'江山如画'、'天开图画即江山'、'身在图画中'之语。"②风景如画也是中国古典美学中的一个著名的论题，在这个层面上其与"逼真"对举，表达了自然与艺术在审美或美的本质中的根本性关联。朱自清先生在《论逼真与如画：关于传统的对于自然和艺术的态度的一个考察》一文中，曾将"如画"视为中国美学传统关于自然美的态度的美学范畴。③

在西方，随着人们日益高涨的自然审美趣味，18世纪的英国诞生了一种被称为"Picturesque"的自然审美时尚，其基本含义是"美的自然风景看起来像画一样"或者美的风景"适合于作为绘画的题材（即适合于入画）"。"Picturesque"的中文翻译就是风景如画，对此彭锋认为"在中西美学史上，几乎没有哪个概念能够像如画和 picturesque 一样，刚好对应起来，形成绝配"④。"Picturesque"源于法语词"pittoresque"和意大利语的"pittoresco"，其本意是用来表述所有现实事物的美，即用"看起来像一幅画、或者适合于绘画"来描述事物的"美丽、生动和鲜

① "美的自然风景"中的"美"是在广义上理解的，即包含了优美、崇高、丑等美的范畴在内，因此，"美的自然风景"与"在审美中的自然风景"同义。
② ［宋］洪迈：《容斋随笔》，上海古籍出版社1978年版，第214页。
③ 参见朱自清：《朱自清古典文学论文集》，上海古籍出版社1981年版，第115页。
④ 彭锋：《如画概念及其在环境美学中的后果》，《郑州大学学报》2012年第5期。

明"，虽然"Picturesque"并不专门用来描述自然风景的美，但是其在这个方面的含义于后来的发展中逐渐成为如画的主导性的含义。[①] 如画也是英国美学中的一个美学或审美范畴，是一个介于伯克的崇高和优美之间的第三范畴，意指一种具有"粗糙、突变和衰朽破败"特征的审美类型或美学风格。这个意义上的如画也适用于艺术的领域，例如，我们说透纳的风景画是具有如画风格的，简·奥斯汀的小说和华兹华斯的诗歌中都有如画的要素，风景园林、建筑等被称为"如画式的"。尽管如画在西方美学中的含义相当宽泛，但其在自然审美领域的基本含义乃是"美的自然风景看起来像（普桑、克劳德或罗萨的风景）画一样"[②]，"如画之父"威廉·吉尔平牧师正是通过著名的"如画旅行"（Picturesque Tours）促成了如画审美的风行。在西方自然审美传统中，从 18 世纪一直到 20 世纪中叶，如画一直都是占据主流的自然审美趣味与模式。

风景如画的确切含义是"美的自然风景必然看起来像风景画"，对于美学追问来说，这一含义所指说的东西所产生的第一个问题是"何为自然风景"。按照通常的理解，纯然的自然是人类活动影响之外的自然存在物，其理想的形态正如帕森斯的界定，指的是"在人类的存在之外的存在者领域"[③]。这种理想化的

① See Stephen Copley and Peter Garside ed., *The Politics of the Picturesque: Literature, Landscape and Aesthetics Since 1770*, New York: Cambridge University Press, 1994, p. 3.

② Paul Smith and Carolyn Wilde ed., *A Companion to Art Theory*, London: Blackwell Publishers Ltd, 2002, p. 117.

③ Glenn Parsons, *Aesthetics and Nature*, London: Continuum, 2008, p. 4.

界说必定是成问题的，纯然的自然景观也许只有人类的先民才能看到，时至今日，地球上还没有遭受到人类活动的影响和改变的自然领域几乎是不存在的，即便是荒野、原始森林、沼泽等还可以被看作"纯然的自然地域"都已经受到了人类活动的影响。例如，二氧化碳的排放所造成的气候变暖可以说改变了整个地球的面貌。其次，自然风景的自身呈现是离不开人的在场的，如果没有人的当前此在、没有人的经验接受，谈论这些"纯然的自然地域"的存在与否、美与不美都将是毫无意义的。再者，人本身也是大自然的创造物，人和自然万物都归属于自然界，从人的自然天性（人之人性、人文）中绽出的历史和文化也应该归属于自然界整体。正如康德所说，"人类的历史大体上可以看作是大自然的一项隐蔽的计划的实现，……作为大自然得以在人类身上充分发展其全部禀赋的状态"[1]，在这个意义上可以说，人与万物都归属自然的整体性存在，斯宾诺莎就持这种见解。[2] 如此理解的自然就是大写的自然，是作为万物之母和造物主意义上的大自然。然而人工制作的器具、文化产品与自然物之间的区别又是不容忽视的，一方面要承认这种差别，另一方面又不能完全排除人的因素，我们就只能采取一种看似折中的方法，把自然风景界定为"由自然界（而不是由人）创造并且能够自然而然（按其本性）地实存的存在物"。这个定义并不排除人的因素，不只

[1] 〔德〕康德：《历史理性批判文集》，何兆武译，商务印书馆1990年版，第15页。

[2] See Arnold Berleant, *The Aesthetics of Environment*, Philadelphia: Temple University Press, 1992, p. 9.

是纯然的自然物，受人类活动改变和影响的自然物（如种植的作物）乃至人类自身，只要能体现出"自然存在性"的特征就都应该被视为自然风景。在这里可以用英国的如画时尚作为例证，"Picturesque"对文明废墟是相当偏爱的，废墟能融入自然风景的缘由在于它显示了这样一个实情：人工制作的东西在交付"自然之手"之后被收入其"自然的"存在之中。因此，体现出自然性的人工设计和建造培植的风景园林也应该被视为自然风景，如画风景中的点景人物——强盗、牧羊人、匪徒、吉普赛人、贫困的农民等——所展现的于"自然状态"中的生存也是"自然存在性"的一个说明。因此，在"原生并能够自然地实存的存在物"的意义上，自然风景获得了一个能够加以规定的界说。

风景如画中的"画"指的是风景画，只是在此对风景画的谈论会招致许多问题。首先，不同文化群落的风景画在风格和意蕴上存在着不容忽视的差异，如中国和西方的风景画的诸多根本性区分迫使我们不得不分别以山水画和风景画对二者进行命名。其次，同一种文化传统中也存在着类别迥异的风景画，如中国的青绿山水画、水墨山水画和浅绛山水画之间，西方的荷兰风景画、印象主义风景画、表现主义风景画和点彩派风景画之间，都存在着十分显著的差异。此外，摄影对风景进行的机械再现也为"风景画"的界定增加了新的困难，艺术家借助风景相片进行的绘画创作、用绘画来对风景摄影实施的模仿、艺术家通过风景摄影技术中的艺术性操作以及在风景摄影底片上进行的艺术创作等，都使得艺术性的风景相片完全有资格被称为"风景画"。鉴于诸多种类的"风景画"，一个必然的疑问就浮现出来了，即我们在说如画的时候究竟意指的是"像"哪种风景画呢？这对于如画来说的确是一个相当尖锐的质疑，我们对此的回应是：对于不同文化传统和同一文化传统中不同类型的风景画来说，即便它们没有所谓的共同的本质，但至少也存在着特定的"家族相似性"，在"风景画"的通名下它们都是以自然风景为题材的艺术绘画；对于风景照片来说，如果它们有资格被称为"风景画"，那么它们在"艺术类的风景图像"这个概念之下与风景画是相通的。因此，尽管"风景画"千差万别，"画"在"艺术类的风景图像"的意义上却是可以通约的。如此一来，风景如画的真正含义倒不是说相似于某种艺术性的风景图像，而只是用"像画（风景艺术图像）"来经验和描述自然的美而已。①

作为一个美学命题，风景如画的内涵是"自然美必然像艺术"，其实质是从"自然模仿艺术"的角度揭示了自然和艺术的审美同一性，这一点鲜明地体现在风景如画一词的语义上。风景如画说的是美的自然风景像画，这是修辞格中的明喻，在明喻中本体和喻体必定是不同的两个事物，但这两个不同的事物却因为某种必然的关联而被聚集为一体，喻词"像（象）"就是这种一体性的语词标示，在二者有差异的相通、统一这一点上，我们称二者为同一的。关于"同一"，海德格尔曾有过经典地阐述："同一（das Selbe）决不等于相同（das Gleiche），也不等于纯粹同一性的空洞一体。相同总是转向无区别，致使其中一切都达到一致。相反，同一则是从区分的聚集而来，是有区别的东西的共

---

① See Malcolm Andrews, *The search for the Picturesque*, Stanford: Stanford University Press, 1989, p. vii.

属一体。"① 对于我们这里的探究来说，自然和艺术的审美同一
性（亦即自然美和艺术美的同一性）的含义是：自然美和艺术
美在审美中的有区别的统一，这既意指在审美欣赏中自然美和
艺术美是相通的（如宗炳所理解的欣赏山水画也可以"卧游"
山水），又意味着（完整形态的）美学理论和审美行为的统一
性（并非存在着分别针对自然和艺术的审美活动）；自然和艺术
在审美中区分着的聚集一体，在审美经验和美学思想中表现为
自然和艺术在审美以及美的本质中的必然关联和嵌合。相对于
"逼真"或者"艺术模仿自然说"所展示的维度，风景如画反其
道而行之，它从"自然模仿艺术"的角度揭示了自然美与艺术
美的同一，前者的内涵是"艺术美必然像自然"，后者则是"自
然美必然像艺术"。这种理解是符合关乎风景如画的审美经验的
事实的，如画的一个最重要的特征就是自然和艺术的边界在审
美中的消融，从这种消融而来的聚合所表征的即是二者的审美
同一性。

　　当代西方自然美学对如画的误判也为我们凸显了风景如画的
美学内涵。在艺术哲学独占哲学美学领地的语境下，新兴的自然
美学对自然美的思考难免带着特有的"弑父情结"，一些自然美
学家在肯定自然美自身的审美价值的同时，总是极力地否定自然
美与艺术的任何关涉。由于揭示了自然与艺术的必然关联，如画
在当代环境美学的思考中备受误解和指责。例如，马尔科姆·布
德就认为如画是一种"把自然作为艺术来欣赏的自然审美模式"，

---

① 孙周兴：《海德格尔选集》，生活·读书·新知三联书店 1996 年版，第 469 页。

因而它的致命的错误是没有"把自然作为自然来欣赏"[1]，卡尔松在其著作中则明确地把如画视为一种对待自然的艺术途径。[2] 在此，这些指责的积极意义在于，恰恰为我们突显地指示出风景如画的本质内涵——自然与艺术的审美同一性。

　　按照审美和美学领域的划分，风景如画应该归属于自然审美的领域，但其美学意义却并不局限于此。正如其基本含义——自然美必然看起来像艺术——所揭示的那样，如画与西方流传久远的"艺术模仿自然说"（其在中国美学中的表达是"逼真"）一道揭示了自然与艺术在审美中的必然关联，正是基于这种关联，"与其说如画是美学中的一个问题，倒不如说它是关于美学的一个问题"[3]。马歇尔的这句话并非言过其实，按照"是否由人工制作而进入存在"的标准，美学的所有领域可以划分为原生的自然美和人工的艺术美（艺术作品、人类的文化制品等）两个基本领域，一种完整形态的美学理论必须对自然美和艺术美的统一性问题做出解答，因为这种统一性事关美的本质和美学思想的统一性问题。所有从艺术哲学出发而获取的关于美的本质的理解必定要在向自然美的演绎中得到检验，而所有从自然审美出发的美学理论也必定要得到它在艺术领域的印证，一种完整形态的美学必定要"可通约"地对待自然美和艺术美。在这个意义上我们可以

[1]　See Malcolm Budd, *The Aesthetic Appreciation of Nature*, Oxford: Oxford University Press, 2002, p. 5.

[2]　See Allen Carlson, *Nature and Landscape*, New York: Columbia University Press, 2009, p. 26.

[3]　D. Marshall, "The Problem of the Picturesque", *Eighteenth-Century Studies*, Vol. 35, No. 3 (Spring, 2002), p. 415.

说，自然和艺术的审美同一性、自然美和艺术美的同一性问题是
美学的一个基础性问题，亦即风景如画乃是一个关于美学的基本
问题。

　　风景如画从"自然模仿艺术"的角度揭示了自然美和艺术美
的同一，这种同一性对于美学来说具有相当重要的理论意义。首
先，对于自然审美来说，自然美与艺术美并不是鸿沟相隔的两个
领域，从风景如画所揭示的自然美和艺术美的同一性来看，自然
和艺术在审美欣赏中是能够、而且必然是本质性相关联的。正如
莫尔所理解的那样，自然审美和艺术审美之间应该相互借鉴和学
习，而不是一方排斥另一方。[1] 正因为如此，在自然美的欣赏中，
那些关于自然美的诗歌、传说、绘画、文学性描述、风景明信
片、导游手册等艺术性的相关审美要素，乃至艺术的审美经验都
有助于揭示自然的美，艺术并非必定总是歪曲或蒙蔽人们对自然
的本真欣赏。事实上，即便是从肯定自然本身具有独立的审美价
值的"肯定美学"（Positive Aesthetics）出发，我们也能够通达自
然美和艺术美的同一。在笔者看来，"肯定美学"所宣称的"自
然全美"的本质性根据就在于自然事物身上的"自然之性"，它
意指在自身中包含着其存在根据的自然存在性，美的本质即存在
于对这种"自然之性"的体现，这就是所谓的"美在自然"[2]。人
工制作的艺术品如果是"美的"就必须体现出这个意义上的"自
然"，因而，不但艺术要模仿自然，而且艺术作品的最高品级也
必定被命名为"自然的"，此即所谓的"肇自然之性，秉造化之

---

[1]　See Ronald Moore, *Natural Beauty*, Toronto: Broadview Press, 2008, pp. 195-198.

[2]　参见蔡锺翔：《美在自然》，百花洲文艺出版社 2009 年版，第 1-2 页。

功"的真正含义，而我们之所以称杰出的艺术家为天才，个中所强调的无非就是艺术家要像自然创生万物那样自由地创造。因此，无论是自然事物还是人工制作的艺术品，它们之所以能够成为"美"的根据就在于它们是"自然的"，自然和艺术在这个意义上的"自然"概念中是本质性的同一的。[①] 由于强调自然美与艺术美在审美中的同一性，如画构成了当代自然审美理论的一个著名的挑战，这一挑战的正面价值在于推动当代自然审美和自然美学的进一步发展。

其次，如画对于当代美学的重建乃至美学本身的革新来说都有重要的理论意义。在美学的早期发展中，美学理论曾表现出过完整的形态，在18世纪的无利害性这一审美范畴之下，一切能够成为审美欣赏对象的事物——自然、艺术作品、人工文化制品乃至整个世界——都在一种统一的美学理论中被同等地对待。自从黑格尔在其《美学》中将自然美排除出美学领域之后，西方美学就成了"艺术哲学"的代名词，这种形态的美学仅仅关注于艺术类的人工文化制品，即便是偶尔谈及自然美，那体现的也只不过是"艺术哲学"在自然美上的扩展，自然美在这里只是"艺术哲学"的注脚而已。这种艺术哲学独霸哲学美学的状况一直持续到20世纪中叶的当代自然美学兴起。然而当代自然美学在强调自然本己的美学特性和意义的时候，也割裂了美学理论的统一性，一些自然美学家极力倡导一种与艺术审美理论迥异的自然美学理论，强调存在着两种不同的分别适用于自然和艺术的审美

---

① 二者的区别在于自然具有自然界的创造所赋予的原生性，而艺术则是人工的制作物。

活动。忽视自然美的美学理论是不完整的，忽视自然美和艺术美的统一性的美学思考同样也是不完善的，一种完整的美学理论必定是具有统一性的形态，它必定要以一种统一的美学思想来对待自然和艺术。这在中国五六十年代的关于美的本质的美学大讨论中表现的尤为鲜明，对美的本质进行探究的美学思考出于其理论统一性的考虑必定不能回避自然美问题，因而，自然美对于从艺术经验而来的美学思想来说，必定是一个作为"难题"的美的本质问题的"难题"，这个美学的难题中的难题的要害就在于自然美和艺术美的同一性问题。出于美学思想完整性的思量，美国学者柏林特极力倡导一种一元论美学，尝试以一种统一的美学理论对待自然美和艺术美，从而将包含自然、艺术、日常世界的全部的环境都纳入美学的视界，柏林特称自己的这种"参与美学"（aesthetics of engagement）构成了对美学的挑战，它能够导致当代"美学理论的重构"[①]。对于作为完整形态的美学的一元论美学来说，自然美和艺术美的同一性乃是它要解决的根本和关键的问题。风景如画对于一元论美学来说乃是一个重要的审美经验上的支撑和美学理论上的论证，这也使得它对当代美学的重建乃至美学本身的革新都具有重要的理论意义。

自然美与艺术美的同一性的另一层面表现为自然和艺术在审美中的必然扭结，这种扭结从自然和艺术的关系的角度触及并指示出美的本质，关于这一点我们可以在洪迈的说法中得到明

---

① See Arnold Berleant, *The Aesthetics of Environment*, Philadelphia: Temple University Press, 1992, p. 12.

确的领会:"江山登临之美,……观者必曰如画……至于丹青之妙,好事君子嗟叹之不足者,则又以逼真曰之。"[①]这里的逼真道出的是"像自然"[②]。这段话的前半部分说的是,在审美经验中我们必定以"如画"来描述自然美,而我们在描述丹青(绘画)的美的时候又必定以"像自然"来做谓词。这一实情为我们揭示了自然和艺术在审美中的必然关联,这一关联的深度指向美的本质。通过自然与艺术的这种必然关联,美的本质表现为"自然+艺术"或者"艺术+自然"(分别对应于如画和逼真),康德对此做出过明确的论断:"自然是美的,如果它同时看起来是艺术;而艺术只有当我们意识到它是艺术而在我们看来它毕竟又是自然的时候才被称为美的。"[③]自然与艺术在审美中的必然扭结所揭示出本质性事实是,美的本质乃"形式和无形式的同一(区分着的聚集)",自然代表了无形式的一面,艺术代表的则是赋予形式的力量。[④]荷尔德林即是如此思考的,在他看来自然是"无定形的、未被概念框架化的存在",而艺术体现的是"建构性的给予形式的努力"[⑤]。

自然与艺术的同一性在人文——人文意指人类的历史性生存或历史实践——层面的内涵表现为人与自然的同一。艺术归属于

① 〔宋〕洪迈:《容斋随笔》,上海古籍出版社 1978 年版,第 214 页。
② 参见朱自清:《朱自清古典文学论文集》,上海古籍出版社 1981 年版,第122 页。
③ 〔德〕康德:《康德著作全集》第五卷,李秋零译,中国人民大学出版社 2007 年版,第 319 页。
④ 参见周宪:《美学是什么》,北京大学出版社 2002 年版,第 154 页。
⑤ See Fred Dallmayr, *Return To Nature?*, Kentucky: Kentucky University Press, 2011, p. 61.

人类文化的领域，况且，美本来就并不仅仅局限于审美静观或者纯粹的知觉，在更深的层面上美本质性地关涉于人类历史性生存的自由及其救赎，这体现在"诗意地栖居""审美乌托邦""审美与自由解放"等表达之中。自然与艺术同一的深层根据即源丁自然与人的同一，人与自然的同一表现为"人与自然在存在论层面的一体性"①以及人与自然在存在者层次上的和谐共在。因此之故，如画所揭示的自然和艺术的同一的人文内涵（自然与人的同一），对于当前的人类历史实践来说具有尤为重要和紧迫的理论启示，这个层面即风景如画的人文意义。人类的历史性生存在物质和精神两个层面上都要求人与自然的和谐共在——即人与自然的同一。我们当下所面临的自然灾害、生态和环境问题、以及现代式的精神困境——无家可归的乡愁，从人与自然的关系上说都植根于人与自然的分离。自然灾害和环境问题是人类以其主体性统治自然的恶果，从根本上说，现代人精神上的异化或其存在的被连根拔起的状态乃是，从人与自然的一体性存在中分离出来而成为主体的人的现代性体验，正因为此，卢梭以及其后的浪漫主义者才会将现代之救赎的希望寄托于"回归自然"的呼声中。②按照海德格尔对荷尔德林的诗歌"……人诗意地栖居……"的解

①　即人与自然在本体论层面朝向同一个本体的共属，如巴门尼德所宣称的"思想与存在是同一的"、梅洛－庞蒂所说的"世界之肉"、佛学中的"法界融通"、庄子的"万物与我为一"等等。

②　更为深入全面的探讨见于周宪先生从视觉角度对"自然和文化""自然与人"的关系的论述。参见周宪：《视觉文化的转向》，北京大学出版社2008年版，第354-355页。

读，①风景的如画是显示给人的测度人类生存的"神性尺度"，对如画风景所显示的劝导的"倾听"作为尺度和指引的采取，能够把人的栖居（历史性生存）移置入其真理性之中。这种"诗意地栖居"会通于中国文化中的"天人合一"观念，中国古代文明正是借助领会"仰观俯察天文地理"而来的人文之道才做到"以人合天"的。

对风景如画的美学探究的首要步骤是对其美学根据的廓清，只有在廓清风景如画的美学根据的基础上，我们才能进一步对其美学内涵和理论意义的探究有所作为。因此，对于我们的探讨来说，首先要做的是从美学上解答"何以美的自然风景必定会显得如画"的问题。虽然中外的研究者对这一问题已经有过一些不同的提法，并对之做过一定角度和层次的探讨，但该问题实际上并没有得到充分的洞察和相对完满的解答，为此笔者试图在这个方向上做出一定的推进研究。

距离与风景如画有着某种必然的关联，如画要求欣赏者与自然风景保持适当的物理距离和心理距离。自然美学对如画的指责为我们指明了这一点，在一些立场公允的研究者那里，距离也是被强调的，汤森就认为，"欣赏如画不可避免地要产生距离，距离既是字面的又是比喻的，因此，它是编纂美学和道德情感的分离，以及建立一个自律美学的重要部分"②。"字面的"和"比喻

---

① 参见〔德〕马丁·海德格尔:《演讲与论文集》，孙周兴译，生活·读书·新知三联书店 2006 年版，第 196 页。

② D. Townsend, "The Picturesque", *The Journal of Aesthetics and Art Criticism*, Vol. 9 No. 4 (Autumn, 1997), p. 369.

的"所指的就是双重意义上的距离——物理和心理距离。距离与如画之间的必然关联的根据在于人的视觉觉知中，风景欣赏主要是指视觉的观看，而视觉作为远感官必定要求物理和心理上的距离，梅洛－庞蒂的话很好地总结了视觉与距离的关系："绘画唤醒并极力提供了一种狂热，这种狂热就是视觉本身，因为看就是保持距离。"[①] 也正是距离促成视觉与听觉一起享有最纯洁的高级审美感官。在风景的视觉欣赏中，物理距离通过视觉透视、心理距离通过无利害的"澄怀味象"都使得自然风景看起来像一幅（二维平面的）图画。风景如画的视觉阐释的实质在于"人化自然"，这种阐释从"人眼同一化自然"的角度揭示了艺术与自然、人与自然的同一。

从人类视觉功能的角度对如画的美学根据的解释只能在"二维平面的风景图像"的层面上具有阐释的力量，超出这个层面，视觉功能将不再具有阐释的有效性，对此摄影术是一个很好的例证。作为完美地体现了人眼的光学机制的机械，照相机的实质只是人的一种观看方式，即"摄影式"的观看，人们看到什么取决于人怎么看，诚如约翰·伯格所说："我们观看事物的方式受制于我们的知识和信仰"。[②] 人"怎么看"的观看方式就是视觉的文化属性，观看在更高的层面归属于人类文化的领域。对于风景欣赏来说，如画的更进一层的根据在于视觉的文化属性，对如画的美学

① 〔法〕莫里斯·梅洛－庞蒂:《眼与心》，杨大春译，商务印书馆 2007 年版，第 42 页。

② John Berger, *Ways of Seeing*, London: British Broadcasting Corporation and Penguin Books Ltd, 1972, p. 8.

根据的探究必定要过渡到文化的层面。在文化的层面，英国经验主义的"观念联想"、康德的"先验图型"、阿恩海姆的"视觉思维"、贡布里希的"图式投射"、马克思的"对象化"、卡西尔的"符号形式"和人类文化实践整体的建构等理论，以一种层层递进的视域展示了文化视角对如画的根据的阐释。人只有透过文化的界面才能认知世界，艺术是人类对现实进行感知的文化框架，人只有透过艺术的中介才能去观看和欣赏自然。文化视角的实质是以人为基点来提出和解决问题，文化视角的如画阐释是一种哲学人类学、文化哲学、人类中心主义（现代人道主义）的立场，按照海德格尔的说法，其本质是西方形而上学的现代阶段——主体性形而上学，西方形而上学在这个阶段达于完成，其完成了的形态就是哲学人类学，[①]一种达于极致的"人道主义"[②]。文化视角的本质也是人对自然的同化，如画的文化阐释实质上从"人化自然"的角度揭示了艺术与自然、人与自然的同一。

　　文化视角的阐释有效性存在于"人化自然"的范围，超出这个范围，文化视角甚至还不能为自身的合法性进行辩护。由于"人化自然"视角的局限性，文化视角的如画阐释所存在的问题表现为认知上的真理性问题和伦理上的人类中心主义。即便如此，我们仍然只能通过人的眼睛和文化的界面来观看自然，因而我们要做的不是对"人化自然"的是非曲直的判定，而是如何

① 参见〔德〕马丁·海德格尔:《演讲与论文集》，孙周兴译，生活·读书·新知三联书店 2006 年版，第 88 页。
② 参见〔德〕马丁·海德格尔:《路标》，孙周兴译，商务印书馆 2000 年版，第404 页。

理解"人化自然"的合法性问题，我们既要消解"人化自然"视角的拘执自身的问题，又要从更高的层面来观看其边界问题，从而为其合法性做出源始的论证。为此，我们引入了海德格尔的存在论现象学作为阐释的视界和指导性线索，正如海德格尔所宣称的"对形而上学的克服和解构"并不意味着消灭形而上学，而是通过解构让形而上学抵达其真正的本质，在现象学的视野中我们将获得"人化自然"的认知真理性和伦理合法性的根据及其限度。依循存在论现象学来看，风景欣赏这一实事乃是人的觉知及其生存被自然风景的自行显现所占有，真相不是人在看自然，而是人被自然的自身敞开所观看。这种情形的一个例证就是画家在看风景的时候总是会领会到自己被风景所观看，[①]被人观看的事物在审美中反倒成为一个进行观看的"准主体"。现象学阐释不但解决了文化视角、"人化自然"观念所存在的问题，而且通过人对存在者整体的自行解蔽的归属回答了"人化自然"的合法性根据——即"人化自然"的本质在于对"自然的自行人化"的顺应。按照海德格尔的思考，自然风景的本真呈现是在本有（Ereignis）中的显露外观，这种露面本身既是"真"又是"美"，但是从"真"到"美"的转化必须要经过"艺术"的运作。[②]这里的"艺术"指的是让所有的艺术作品和自然物成为美的那种力量（相通于黑格尔所说的"理念的感性显现"）。正是通过这种广义的"艺

---

① 参见〔法〕莫里斯·梅洛－庞蒂：《眼与心》，杨大春译，商务印书馆2007年版，第46页。

② 参见〔德〕马丁·海德格尔：《演讲与论文集》，孙周兴译，生活·读书·新知三联书店2006年版，第69页。

术"的中介作用，自然在审美中必定会显得像（狭义的）艺术，对于视觉欣赏来说就是美的风景必定是如画的。现象学视角强调自然向艺术和人的自行生成，如画的现象学阐释从"自然的（自行）人化"的角度揭示了自然与艺术、自然与人的同一。

上述三个层面的探索在本质上归属于"外部研究"的领域，我们对风景如画的美学根据的探讨需要向美学的"内部研究"层面做一个过渡。从纯审美的角度说，美存在于美感经验之中，公允地说，美并非客体的一种属性，而是事物在人的审美觉知中的一种显身。从美感的角度讲，自然的美在于"畅神"，"畅神"的本质是一种合目的感。鉴于康德在西方目的论发展史上的重要地位以及康德美学与目的论的本质性关联，我们选择康德美学作为如画的美感阐释的理论架构。按照康德的思考，自然美的本质是自然在纯然的反思中表现出的"形式的、主观的合目的性"，亦即"无目的的合目的性"，如康德所说："自然在其美的产品上不是仅仅通过偶然，而是仿佛有意地按照合法则的安排表现为艺术，表现为无目的的合目的性。"[1] 由于自然和艺术分别对应于"无目的"和"合目的"，美作为"无目的的合目的性"就表现为"自然美必定看起来像艺术""艺术美必定看起来像自然"。如画所显示的自然和艺术在审美中的必然扭结的美感根据就在于此。作为合目的性的自然美所契合的真正目的是实践的意图，自然目的论只有上升到道德神学的层面才是完整的，用康德的话说

---

[1]〔德〕康德：《康德著作全集》（第五卷），李秋零译，中国人民大学出版社2007年版，第314页。

就是，"道德目的论就弥补了自然目的论的缺憾，才建立起一种神学"①。从道德神学的角度看，自然美的合目的性源自于道德的元始存在者为了人的道德使命（自由）的有意图的创造，通过一种知性的类比，自然被领会成一个超人艺术家为了人类的自由而创作的艺术品，正是因为这个缘由，自然风景在审美观看中必然显得是如画的。美感阐释在纯审美的层面解释了风景如画的美学根据，这个视角的探讨从美的审美合目的性和人类自由（道德实践）两个向度为我们揭示了自然与艺术、自然与人的同一。

根据上述自行铺展的构造所展开的结构，本书的探究在形式上分列为五章。第一章是从视觉角度对风景如画的美学根据的探讨；第二章是对风景如画的文化阐释；第三章是对风景如画的（存在论）现象学阐释；第四章是对如画的美感阐释；第五章则是对风景如画的理论意义的阐述。

---

① 〔德〕康德：《康德著作全集》（第五卷），李秋零译，中国人民大学出版社2007年版，第463页。

第一章
风景如画的视觉阐释

正如其字面意义所显示的那样，如画的基本含义是美的自然风景会看起来"像画一样"或者"适合于成为绘画的对象"①。在1715年的《乌特勒支和约》签署以后，按照当时的通行惯例，英国绅士要用一年或者更多的时间去欧洲大陆旅行，以此来完成自己的学业，这就是所谓的"大旅行"②。这些英国的年轻人要穿越整个欧洲大陆，沿途有阿尔卑斯山的壮丽风景、意大利的历史遗迹和文明废墟，等等。之后，由于战争从客观上阻断了英国人到欧洲的旅行，于是产生了一种在国内寻找如画风景的时尚，当时的人们以克劳德·洛兰和尼古拉斯·普桑等人的风景画为典范的"底版"，在英国本土寻找所谓的"如画"风景，并使用素描写生、绘画或者文字描述来记录这些风景欣赏经验。虽然"如画"以及"如画性"（涵盖了粗糙、突变、衰败等介于崇高和优美之间的美学特性）也用来描述乡绅的庄园、风景园林、华兹华斯的诗歌、简·奥斯丁的小说和城市贫民窟等，但是其基本的含义却仍然保持在自然审美的方面，亦即意指"美的自然风景会看起来

---

① See D. Townsend, "The Picturesque", *The Journal of Aesthetics and Art Criticism*, Vol. 55, No. 4 (Autumn, 1997), p. 365.

② See S. Ross, "The Picturesque: An Eighteenth-Century Debate", *The Journal of Aesthetics and Art Criticism*, Vol. 46, No. 2 (Winter, 1987), p. 272.

像画一样"。

　　如画与欣赏的距离之间存在着一种本质性的关联，这一事实的根据源于视觉之中。如画的视觉特征表现为自然审美中的双重意义上的距离。本章拟以距离为主导线索对风景如画进行一个初步的理论考察，其实质就是从视觉感知出发对如画的探究，从理论上对距离如何促成风景如画的探讨即是风景如画的视觉阐释。这样做是合理而且必要的，因为风景无非就是视觉美学意义上的自然，而风景如画所指说的事情乃是风景在视觉欣赏中必然显得是如画的。

第一节　风景如画与距离、视觉

　　在某种正面积极的意义上，当代西方自然美学的一些尖锐的批评和指责，恰恰为我们突出地指示了如画的某些本质性要素。就此，我们可以借助当代西方自然美学的批判性解读来管窥如画。在《自然与景观》一书中，卡尔松把如画解释为一种欣赏自然的风景画模式（Landscape Model），国内学界一般将其翻译为景观模式。卡尔松说：

　　　　第二种基于艺术的欣赏自然的模式是"景观模式"（Landscape Model）。在它的一个含义中，"Landscape"意味着从特定立足点和距离所看到的"景色"——通常是一处盛大的风景，风景画通常是这样地再现这些风景的，并且，风景画模式紧密地关联于这个种类……

毫无疑问，景观模式在自然审美中有着历史性的重要意义。景观模式是18世纪的"如画"概念的直系血统。如第一章所提到的那样，如画意味着"像画一样"，并且倡导这样一种欣赏模式：好像把自然世界分割成许多景象（scene）来经验，每一个都指向由艺术（特别是风景画）所指导的理念。①

根据引文第二个自然段的表述，对自然欣赏的"Landscape Model"指的就是18世纪英国自然审美中的"如画"传统。卡尔松称如画为"欣赏自然的艺术途径"的原因在于，如画像欣赏风景画那样欣赏自然，并非把"自然作为自然"来欣赏，从审美模式上讲，如画是把自然当作"对象"来欣赏，而在当代的环境美学看来，自然作为"审美对象"的本质特征并非在于孤立的客体特征，而是在于其统合欣赏者和自然事物于一体的环境特性。约·瑟帕玛就认为，环境是"围绕着我们（我们作为观察者位于它的中心），我们在其中用各种感官进行感知，在其中活动和存在。……从较宽泛的意义上说，环境可以被视为这样一个场所：观察者在其中活动，选择他的场所和喜好的地点"②。概而言之，环境强调的是一种主客体互渗、欣赏者融于欣赏对象中的经验境

① Allen Carlson, *Nature and Landscape*, New York: Columbia University Press, 2009, pp. 26-27.

② 〔芬兰〕约·瑟帕玛：《环境之美》，武小西等译，湖南科学技术出版社2006年版，第23页。

域，这就是自然作为"审美对象"的突出特征。在自然审美中，自然环境是环绕着我们的一切，构成了我们置身于其中的活动处所，而作为鉴赏者的我们沉浸于其中，既是自然环境的欣赏者，又作为自然环境的一部分而存在；我们在其中活动位移的时候，作为鉴赏对象的环境会随着当前位置关系的改变而呈现出不断变换的"景观"；自然环境作为鉴赏对象整体性地作用于我们的全部感官，我们的视觉、嗅觉、听觉、味觉、肤觉等全部感官都亲密地系执于自然环境；自然环境本身体现出广袤庞大、难以驾驭以及无序性的特征（这些方面在崇高类的自然审美经验中尤为突出），自然环境本身是在时间和空间中敞开自身的，绝对没有传统艺术品的那种在特定时间空间的界限中"被框定"的特征；与艺术作品都有一个设计者相比，自然环境作为审美对象绝没有设计者，它的生成和存在是自然进程演化的结果，因此，自然在审美中没有设计者的意图和创作框架作为导向，没有艺术史和艺术批评那样的规则范畴来限制和规定自然审美。[1]

鉴于自然作为"审美对象"的环境特征，自然审美必定要求一种与对象式的艺术欣赏不同的审美方式，这就使如画会显得颇具争议，因为在当代自然美学家看来，如画的实质是以绘画的标准和构造来对自然进行框架化。卡尔松认为，如画欣赏的焦点是那些风景画对风景的再现起决定作用的属性——与色彩和整体构图相关的视觉品质。[2] 因此，为了像欣赏风景画那样欣赏自然，

---

[1]　See Allen Carlson, *Aesthetics and the Environment,* London: Routledge, 2000, p. xii-xiii.

[2]　See Allen Carlson, *Nature and Landscape*, New York: Columbia University Press, 2009, p. 26.

如画必定要像风景画那样关注"如何绘画性地再现自然"，要求欣赏者像画家那样突出地关注风景的色彩和构图等方面的绘画性特征，因而如画必定在审美中实施并推动对自然的简化。这里的简化分为两个层面：首先是将时空上无限伸展和绵延的自然风景简化为静止的、平面的、形式的视觉图像，将立体地环绕着我们的自然风景削减为绘画中的色彩和构图，以此将自然分割成单个的场景；同时，自然环境所要求的那种"我们在其中用各种感官进行感知，在其中活动和存在"①的体验方式，被如画压缩为排他性的视觉观看，因为风景画作为绘画乃视觉的艺术，如画不言而喻地意味着视觉欣赏。如画依据风景画的理念和模式对自然的框架化的实质在于，把自然作为艺术（风景画）来欣赏，它在鉴赏模式的类别上归属于欣赏自然的艺术途径，因此，如画必定是自然审美中的一种错误模式和经验，如罗纳多·赫伯恩所说：

> 假如一个人的审美教育，……灌输于他的态度、处理技巧的仅仅是对艺术作品的欣赏来说是合适的期待，那么这个人将会很少注意到自然客体，或者用错误的方式注意它们，他会观看着——当然是无效的观看——寻找仅仅能在艺术中发现和愉悦的东西。②

上述对如画的见解本身是否恰当，我们在此暂时不予评论。

---

① 〔芬兰〕约·瑟帕玛:《环境之美》，武小西等译，湖南科学技术出版社 2006 年版，第 23 页。

② Allen Carlson, *Aesthetics and The Environment,* London: Routledge, 2000, p. 47.

借助于卡尔松的批判性解读，如画的一个本质性要素毕竟被凸显出来，此即如画欣赏中的距离。原因很简单，欣赏风景画需要保持特定的距离，首先是物理距离，无论风景画是否是按照焦点透视的规则制作出来的，我们对风景画的欣赏都需要保持在一定的物理距离上，水平距离的远近和垂直距离的高低都会影响对绘画的欣赏，这些因素鲜明地表现在艺术博物馆、画廊、画展等对绘画作品的位置安排上。其次，我们对风景画的欣赏要求欣赏者保持与现实的适当的心理距离，在这个方面"画框"乃是心理距离的一个显明的标志，与雕塑的底座和剧院的围墙一样，风景画的画框意味着边界，这个被"框定"住的对象才适合于距离化的、无利害的静观，如柏林特所说：

> 为了捍卫审美静观说，（具有反讽意味的是）对自然在艺术中再现的偏爱也许会令人们被迫完全放弃自然。对风景画的静观看起来比欣赏风景本身更容易，因为作品的边框界定了风景，把它变成一个无利害静观的对象。没有令人的烦恼的小虫子分散我们的注意，没有风吹乱我们的头发，没有危险的位置或者令人眩晕的高度。人们可以毫无危险、毫无对干扰的担忧地采取无利害的立场。①

为了像欣赏绘画那样欣赏风景，如画必定要像风景画那样要

---

① Arnold Berleant, *The Aesthetics of Environment*, Philadelphia: Temple University Press, 1992, p. 164.

求欣赏的距离，也正是因为这一点，如画在当代备受环境美学的指责。自然的环境特征要求一种参与性的审美模式，"参与模式强调自然的环境维度和我们对它的多感官的整体性经验，把环境看作一个有机体、感知和场所的无缝嵌合的统一体，参与模式召唤我们沉浸到自然环境中去，以消除诸如主体和客体传统的二分法，并且最终最大可能的减少我们与自然的距离"[①]。而为了把风景作为风景画来（即一个孤立的对象）欣赏则要求审美主客体之间保持着距离，这显然违背了"人在自然环境中在场"（对应于海德格尔所说的"在世界之中存在"）的参与模式；对自然环境的审美要求人的全部感官的参与，如画则排他性地突出视觉观看，而视觉观看所必然关涉的正是距离，因为盛大的风景必须要从"特定的视点和一定的物理距离上观看"，并且要求无利害的心理距离，关于后一点卡尔松说道："如画与风景间的这种密切的联系，被18世纪综合美学（aesthetics synthesis）中的关键概念——无利害性——稳固地强化"。[②]可见，为了把自然风景看作一幅风景画，如画必定提出对距离的要求，这里的距离是双重的，既指鉴赏观看的物理距离，又指审美的心理距离，二者都指涉于审美活动中主客二分所要求的人与对象之间的距离，正如马歇尔所说：

如画代表了一个设计世界的观点，并且把自然转化

---

① Allen Carlson, *Aesthetics and the Environment,* London: Routledge, 2000, p. 7.

② See Allen Carlson, *Nature and Landscape*, New York: Columbia University Press, 2009, p. 91.

成为一系列活生生的舞台造型，它开始于对自然美的欣赏，但是它结束于将人们作为风景中的人物或者风景画中的人物。与对自然世界的发现一致，通过一个狂喜和识别的行为期待于想象性地把自身投射于风景中，它假设了一个看起来依赖于分离和距离的态度……①

如画对主客体相分离的抽象的距离及其具体表现（即物理距离和心理距离）的强调，牵涉到人类设计、掌控、支配自然的企图，体现了人们在伦理层面上对待自然的人类中心主义。因而如画必然会引起人们在环境伦理关切方面的担忧，卡尔松在《环境和美学》中借引用瑞斯的文字表达了这个观点：

在这方面，浪漫主义运动是一个混杂的祝福，在它发展的一些阶段，它激起了保护自然环境的运动，但是在其如画阶段，它通过主张自然存在（像服务于我们一样）取悦我们来坦白地确保人类中心主义。我们的伦理（如果这个词语能够被用来描述我们对于环境的态度和行为）已经落在我们的美学之后，这是一个不幸的失误，它使得我们虐待我们的当地环境，并且崇敬阿尔卑斯山和洛基山脉。②

---

① D. Marshall. "The Problem of the Picturesque", *Eighteenth-Century Studies*, Vol. 35, No. 3 (Spring, 2002), p. 414.

② Allen Carlson, *Aesthetics and the Environment*, London: Routledge, 2000, p. 46.

综上所述，在环境美学从美学和伦理角度对如画所作的批判中，其矛头所指的一个焦点就是距离，这里的距离具体表现在如画欣赏中观看者面对自然所保持的物理距离和心理距离。对于风景欣赏中的物理距离我们还不难理解，自然风景的空间形体对于我们的方寸之目来说显得过于巨大，因此我们必须要在一定的物理距离上才能把它们像画一样尽收眼底，如郭熙所说："山水大物也，人之看者须远而观之，方见得一障山川之形势气象。"[①] 布德对此也有过相似的表达："风景画模式主张对自然的审美要把自然当作风景画来欣赏，在风景画中'风景'意味着'从特定距离和观看点上看到的一个景观（常常是宏大的景色）'。"[②] 相对来说，如画与心理距离之间的关系对我们显得比较陌生，关于二者的关系问题，只有借助对西方自然审美中的一段历史的简要回顾，才能在此得到初步的澄清。

虽然西方美学传统一直以来都持有艺术模仿自然的说法，并将艺术视为自然之镜，但是真正的关于自然审美的观念只能追溯到文艺复兴的末期。甚至，即便自文艺复兴的末期以降，人们对自然的审美鉴赏和对自然的科学研究也一直置身于宗教观念的控制和影响之下。直到世俗的科学和关注现实的艺术形式兴起之后，自然才从宗教的束缚中解脱出来，进而独立地向审美鉴赏开放自身，成为真正具有自身本己审美价值的审美存在。因此之故，在西方历史中，自然审美鉴赏的进程也一直处于由科学所产

---

① 俞剑华：《中国古代画论精读》，人民美术出版社 2011 年版，第 274 页。

② Malcolm Budd, *The Aesthetic Appreciation of Nature*, Oxford: Oxford University Press, 2002, p. 133.

生的自然的客观化和艺术造成的自然主观化合力造就的支配力量之下。自然审美与科学客观性之间的关系可以追溯到 18 世纪早期，这个时期的英国美学家——诸如约瑟夫·艾迪生、弗朗西斯·哈奇生——从经验主义的思想传统出发，把自然而不是艺术作为审美经验的理想对象（这一思想倾向在德国哲学家康德的身上表现的更为突出），在同时也发展出关于这种审美经验的标志性特征——无利害性（Disinterestedness）的观念。借助于无利害的审美观念，人们才能够进而欣赏多彩的自然风光。如画正是在这种背景下开始诞生和流行的，这种鉴赏不仅最终将自然从宗教寓言的束缚下解放出来，而且也把自然鉴赏从鉴赏者的道德，私人的、经济的利害考虑中分离出来，最终使得如画式的自然审美成为以一种远距离的、客观化的方式欣赏自然的鉴赏传统。有研究者认为，如画审美的产生及其与无利害的心理距离的根本性关联，更多地植根于科学对自然研究的客观化之中。[①] 我们在这里也可以引用柏林特对艺术审美与自然科学之间的关系的评论作为参证：

> 长久以来，在自然科学和精神科学之间做出的区分是具有讽刺意味的，自然的和文化的科学之间的显著的划分，通过为自然和人类之间的分离赋予认知上的身份——硬科学处理自然，软科学对应于文化——来致力于保护后者。然而，当作为文化领域中的一部分的艺术

---

① See Allen Carlson, *Aesthetics and the Environment,* London: Routledge, 2000, p. 3.

通过接受客观化、距离、无利害和静观的思考等这些自然科学的传统，艺术几乎模仿了自然科学的模式的时候，自然科学与人文科学之间的区分本身是虚假的。[①]

相对于如画是否在自然审美领域体现了美学对自然科学的迎合，或者如画是否表现了笛卡尔式的主客二分的现代思潮在自然审美中的统治力，对我们来说更为重要的是，这段自然审美史的回顾为我们呈现出的如下事实：如画是通过无利害这个美学观念得以产生和流行的，并且如画本身要求对自然的欣赏保持心理距离上的静观。在某种程度上我们可以说正是心理距离促成了如画审美，通过"悬置"观赏者与自然风景之间的实存关系（现实利害、道德、知识、经济等方面的考虑），欣赏者能够保持对自然无利害的静观，而这种静观才使得欣赏者从自然风景的质料性实存因素中摆脱出来，仅只专注于风景的形式因素。而色彩、明暗、轮廓、线条和整体构图等形式因素正是绘画性要素的本质方面。在这个意义上，我们可以说是心理距离促成了如画，这一点对于中国美学来说也并不陌生。按照宗炳的说法，自然审美的本质在于"澄怀味象"[②]，"澄怀"从美学上说即是在审美中保持一种无利害的心理距离，"澄怀"方能"味象"，而象则通于画，"画者象也""存形莫善于画"。正是有鉴于此，宗炳认为看真实的自然风景与欣赏山水画在审美中的效果是一样的，人完全可以

---

① Arnold Berleant, *The Aesthetics of Environment*, Philadelphia: Temple University Press, 1992, p. 167.

② 俞剑华：《中国古代画论精读》，人民美术出版社 2011 年版，第 274 页。

凭借欣赏山水画"卧游"山水。这即是说，借助作为心理距离的"澄怀"，我们能够在审美中经验到画如山水（逼真）、山水如画（如画）。

当代环境美学从自身的哲学、美学、伦理学立场对如画的批判性解读为我们凸显了如画的一个本质性要素——距离。如果说环境美学的"影响的焦虑"式的见解过于激进、"主观化"和偏执的话，那么我们现在来对持相对中立、客观立场的如画研究者关于如画与距离的关系的思考进行一个考察，以确保我们的探讨能够更为合乎实情。对于如画与距离之间的关联，汤森认为，"首先，欣赏如画不可避免地要产生距离，既是字面的又是比喻的，因此它是编纂美学分离、道德情感和建立一个自律美学的重要部分"[1]。欣赏如画是需要物理距离的，如画欣赏必须提供给观看者一些观看风景的特许的有利观看点，例如在风景建筑中的房屋的窗子、风景园林中的台阶、山林中的林荫道等所提供的就是这些观看驻足点，斯蒂芬妮·洛丝在《如画：一个18世纪的争论》中描述的里沃台阶在此提供了一个绝好的例证：

> 1758年，一个英国人通过在陡峭的山坡上雕刻半里长的长满草的台阶来美化他在约克郡的房地产，小山俯瞰着里沃大修道院周遭的废墟，一个13世纪的西多会修道院，台阶能为这个地点提供一个全景式的概观，当修道院的不同部分进入视野的时候，游客沿着斜坡遇到

---

[1]　D. Townsend, "The Picturesque", *The Journal of Aesthetics and Art Criticism*, Vol. 55, No. 4 (Autumn, 1997), p. 369.

了一个极好的变化着远景的布景……①

　　物理距离对如画的重要性在于，借助适当的观看点把自然风景组织成"场景"和"图画"，以使得风景看起来像画一样。不仅自然风景在透视观看中被再现得有如场景布置，而且这些场景在戏剧中也被不可思议地用作人物活动的舞台，在18世纪晚期———一个在戏剧舞台上的框架和可移动平台同时被发展出来的时期———风景画自身应该被看作对风景的观看，这种观念逐渐被铭刻在西方语言中。"'场景'和'布景'从一开始就是戏剧的视角，范尼·普莱斯谈到当她在户外时的狂想倾向，但在她关于崇高经验的演讲中明确地提到了如画，如画被说成是当站在一个打开的窗子前观看被描述为'景象、场景'的东西。她的立场仅仅是字面化了如画这个美学范畴所包含的戏剧性隐喻"②，从语义上看，"Landscape"（风景）在英语中包含着具有视觉美学意义上的景色（Scenery）的含义，而景色一词的词干"scene"就是具有戏剧中的场景和布景的意义，对风景的如画式欣赏包含着戏剧活动的内涵，只不过在这个上演的戏剧中观看者也是行动者，观众也是演员。"一种分离是必须的，因此，在那个同时出现的词语的意义上，如画成为一个界定审美的与自然的基础性关系的

---

① S. Ross, "The Picturesque: An Eighteenth-Century Debate", *The Journal of Aesthetics and Art Criticism*, Vol. 46, No. 2 (Winter, 1987), p. 271.

② D. Marshall, "The Problem of the Picturesque", *Eighteenth-Century Studies*, Vol. 35, No. 3 (Spring 2002), p. 414.

词语。"①

　　分离既意味着观看者与自然风景之间的物理距离，也意味着观看者与日常的道德、经济、利害考虑之间的距离，这就是所谓的心理距离，后者在风景如画中表现为时间性和"非人化"的要素。如画的"非人化"指的是，通过对人类和人工因素的排除而达到与日常生活的分离，也就是保持与现实之间的心理距离。因此，如画传统从一开始就表现出对与工业文明相对的乡村、边远山区、人迹罕至的地域风景的偏好，在对风景园林和自然的整体评估中，逐渐呈现出对人类居住和实用因素的排除，园林中的曲折崎岖的小径也并不是为了通行方便而制作的。如画描绘中所涉及的人物形象也往往是"边缘性"的人物，吉普赛人、强盗、匪徒、懒惰的牧羊人或者贫穷的农民才是应该被引进入风景再现中的理想点景人物，因为在现实中的边缘化存在确保了他们与现实之间的距离。对此，吉尔平认为"工业生产的艺术"将完全无用于他的美学目的："在一个道德的视野中，忙碌的机械师比起闲荡的农民来说是一个更令人愉快的客体，但在如画的领域内将另作别论。"② 这些人物形象表现出如画与人类文明和道德的分离，正因为此，如画不断地蒙受评论家们在道德上的指责，一个加到如画身上的臭名昭著的称谓就是"如画的冷酷"。而事实上，如画通过"非人化"的处理，真正要获得的是一个适当的审美心理

①　D. Townsend, "The Picturesque", *The Journal of Aesthetics and Art Criticism*, Vol. 55, No. 4 (Autumn, 1997), p. 370.

②　F. Orestano, "The Revd William Gilpin and the Picturesque; Or, Who's Afraid of Doctor Syntax?", *Garden History*, Vol. 31, No. 2 (Winter, 2003), p. 167.

距离。"非人化"的一个亚种类表现在对异域风光的描述，如画旅行者跟随英国殖民者远涉海外，随行制作异域地形图，并进行风景写生和文字记录，[1]这种文化风情和地域风光上的异域特征也造就了心理上的距离。同时，"衰朽"也是如画的一个主要主题，通过衰败的迹象（废弃的城堡、废墟及自然中的破败形象），如画被回溯到其在时间历程中的过去，用时间上的间隔来拉开与现实的距离，以此获得一个属于审美的心理距离。如画对于曾经的事物的偏爱，不只是浪漫主义的怀旧，其真正的企图是把时间的维度整合到审美的构造中去。废墟、衰败所表征的正是相对于现实当下的距离，对于一个或许不存在的过去的感伤的回忆，恰恰制造了一个时间的距离，一个远离于现实的心理距离。[2]

"非人化"最终确保并促成了观看者与现实之间的心理距离，就像如画旅行者更偏爱通过遮光镜和"克劳德玻璃"观看自然风景一样，为的是追求一种想象与现实之间的距离感，对此汤森如是说：

> 取代了新古典主义的模仿和感性情感，如画使审美距离和自然表现性的理论得以形成，这些理论对于审美经验的充分性，无论人们能够想到什么，我相信它们严格地说是不充分的，它们逐渐主导了现代美学。阿利森、康德和19世纪的态度理论，都提供了更多的连贯

---

① See K. I. Michasiw, "Nine Revisionist Theses on the Picturesque", *Representations*, No. 38 (Spring, 1992), pp. 84-85.

② See D. Townsend, "The Picturesque", *The Journal of Aesthetics and Art Criticism*, Vol. 55, No. 4 (Autumn, 1997), p. 368.

的理论取代了如画自身，像上面所提到的，如画成为一种视觉上的陈词滥调。但是在18世纪后期，如画理论提供了一个通向现代理论的桥梁。[①]

由此可见，无论在当代自然美学的批判性解读中，还是在相对客观中立的学者的研究中，距离都被揭露为如画的一个本质性要素。从审美感知的层面来看，我们甚至可以宣称正是（物理和心理两个层面的）距离造就了如画。距离与如画的本质性关联的根据则存在于视觉观看之中。按照"风景如画"的字面意义，风景是视觉美学意义上的自然景色，而画则是指向视觉审美的艺术，因而，如画无论如何都摆脱不了与视觉的关联，如画欣赏的本质源于视觉观看，奥雷斯塔诺对此做出过明确的阐述：

> 事实上，吉尔平的如画与后继的联想主义者的变种不同，显示了现代的敏感性是一个颂扬感知首要性的美学理论，并且把眼睛作为所有视觉冒险的主角（包括绘画、写生、旅行和创作园林）。吉尔平匿名出版的关于园林的对话，是英国美学中最早的文献之一，它把如画之美定义为引人注目的视觉特征，并且（不像优美那样）不要求伦理问题的保留以使如画得到欣赏。[②]

---

① D. Townsend, "The Picturesque", *The Journal of Aesthetics and Art Criticism*, Vol. 55, No. 4 (Autumn, 1997), p. 369.

② F. Orestano, "The Revd William Gilpin and the Picturesque; Or, Who's Afraid of Doctor Syntax?", *Garden History*, Vol. 31, No. 2 (Winter, 2003), p. 163.

如画专注于自然风景的引人注目的视觉特征，从而也使自然本身的美从伦理、宗教等领域独立出来，正是借助于视觉感受性，如画在西方美学史上促成了自然审美的自律。按照汤森的思考，逼近如画美学的理论动力并不是来自于对风景和自然的天生热爱，而是来自于 17 世纪和 18 世纪早期对诗与画之间关系的论争。[①] 在"诗如画"的传统里，诗歌和绘画之间的同一性源自于对作为第三者的理念的表达，绘画（空间整体的再现）和诗歌（时间和行动的再现）作为基于不同类型的媒介的艺术，正因为共同传达了这个第三者（理念）才使得它们的同一成为可能，因此，历史题材和神话题材这些具有寓言意义的种类在绘画中被视为画艺的典范。而自然风景由于兼具时间（诗歌）和空间（绘画）的特征，也被视为表达寓言和观念意义的载体，这就是自然的象征意义，这一点类似于中国自然审美传统中的"比德"和玄言诗现象。但是在 18 世纪，随着新古典主义被如画浪漫主义所取代，自然不再放在象征和再现的惯例体制下被欣赏，而是在其直接的感性和情感效果中被鉴赏，从而实现了自然审美从寓言式的欣赏走向自身的审美自觉。

在这个进程中，正是视觉促成了西方自然审美的独立和如画的风行，不仅如此，如画对距离的要求、距离对如画的建构的深层根据也在于视觉，这一点可以从人们对传统意义上的感官系统的划分中得到清晰的洞察。传统的感官按照距离标准被分为远感

---

① See D. Townsend, "The Picturesque", *The Journal of Aesthetics and Art Criticism*, Vol. 55, No. 4 (Autumn, 1997), p. 366.

受器和近感受器，① 嗅觉、触觉、肤觉等感受器官由于必须在接触中才能感受相应的气味、湿度、质地和纹理等，所以它们属于零距离的近感受器；而视觉和听觉可以不经过接触（并且必须保持一定的距离）来感知时空中的形色与声音，因此属于远感受器。甚至在视觉本身中按照其距离特征也能够做出"触觉"和"视觉"的区分，按照李格尔对视觉的距离性的划分，关注于物体实体的近距离的视觉观看应该被划归为触觉型的，② 而指向空间的远距离感知的则是视觉型的，由此可见，物理上的距离乃是视觉的"视觉性"的一个本质特征。视觉作为远感受器天然地要求感知的物理距离，而视觉对物理距离的强调又以一种在此无法探究的根据关联于心理距离。事实上，正是因为视觉归属于远感受器以及由此而来的与距离的天然同盟，它才和听觉一起被传统美学赋予了作为高级和纯粹的审美感官的特权。

第二节　物理距离与风景如画

对绘画的欣赏要求我们与作品保持适当的物理距离，这一点典型地表现于按照焦点透视原理创作的绘画作品之上。对焦点透视类的绘画作品的欣赏需要观看者在特定距离点和视角上观看，

---

① See Arnold Berleant, *The Aesthetics of Environment*, Philadelphia: Temple University Press, 1992, p. 16.

② 参见〔奥〕李格尔：《罗马晚期的工艺美术》，陈平译，北京大学出版社 2010 年版，第 61 页。

虽然非焦点透视类的绘画对距离的要求不十分严格，但也必须以适当的物理距离作为欣赏前提，否则将无法恰当地进入审美鉴赏之中。正是出于这种考虑，柏林特认为艺术博物馆应该认真考虑对绘画作品的摆放和归置，通过适当的距离管理，使观赏者能够最有效地"参与"到绘画欣赏中，柏林特如是说：

> 影响绘画作品感知的一个基本因素是观看者最有效地欣赏作品所需的距离，在这个方面，拥有大胆笔触和大面积色彩的巨幅绘画与那些小尺寸和有更复杂地处理过的小幅绘画之间存在着明显的差异。莫里斯·路易斯或者克里弗德·斯蒂尔的巨幅油画作品需要作品和观者之间保持一定的物理距离，尽管人们仍然可以接近它并且沉浸在它的色域变换中。另一方面，散布在博施和瓜尔迪的绘画中的活动、夏尔丹的亲切性、以及赖德和维亚尔作品中的小型构图，都要求近距离的观看去捕捉图画外表的细节。然而，莫奈的晚期作品，即使不是特别大的，为了把无序的外表整合进动态的外形，对它们的欣赏都需要从远距离上观看。如果不这样做（像在巴黎马蒙丹的门廊和小展室里那样），悬挂在那儿的作品在审美上将是无效的。[①]

既然绘画作品的欣赏如此强调观看的物理距离，像欣赏风景

[①] Arnold Berleant, *The Aesthetics of Environment*, Philadelphia: Temple University Press, 1992, pp. 119-120.

画那样欣赏风景的如画必定也要求观看的物理距离，如画的风景（landscape）本身就意味着，"从特定的立足点和距离上看到的景色——通常是宏大的景色（prospect），风景画常常如此再现风景，如画欣赏也归属了这个种类"①。为了使自然风景（特别是全景式的宏大的场景）看起来像一幅画，观看者必须在适当的物理距离（即特定的立足点和观看角度）上观看，在要求欣赏的物理距离这一点上，如画审美和绘画鉴赏是一致的。成比例的物理距离还会使得自然风景和风景画再现的风景产生相类同的视觉经验，如柏林特所说："在绘画再现的风景和真实的风景之间也存在着一种连续性，两者并非原作和摹本之间的关系，而是绘画和置身在相同的感知空间中的观看者的一个共享的方面，当在观看者的眼前开始通过透视描绘出距离的时候。"②这里的"连续性"指的是真实风景和风景画呈现给观看者的感知空间的同一性，在这个同一的感知空间中，我们对风景画再现的风景的感知与真实的风景欣赏是一样的，诚如宗炳所认为的那样，在一室之内品鉴山水画也就是"卧游"真实的山水。在这个意义上我们认为，物理距离为观看自然风景提供了视觉上的感知空间，由于这个感知空间与风景画的感知空间之间的连续性，我们在其中所看到的风景必定显得像风景画。因此，对我们的探究来说，值得追问的不只是如画审美和绘画欣赏一样需要观看的物理距离，尤为重要的是物理

①　Allen Carlson, *Nature and Landscape*, New York: Columbia University Press, 2009, p. 26.

②　Arnold Berleant, *The Aesthetics of Environment*, Philadelphia: Temple University Press, 1992, pp. 58-59.

距离如何促成了风景的如画欣赏。这样一来，如果保持适当的物理距离是风景欣赏所必不可少的前提，那么风景如画在自然审美中就是必然的，也就是说自然在审美中必然会显得是如画的。

作为审美对象的自然风景的存在与感受特征是其环境性，而环境意味着"一系列感官意识、意义（包括意识和无意识的）、地理位置、身体在场、个体时间和漫游运动的融合，没有外部视角、没有遥远的场景，没有与我当下在场相分离的外围世界，毋宁说它是集中于在场处境的当下时刻，一个包含着丰富的内在感觉和意义的参与的境况"①。环境就是人与万物共同在当下当前在场的实际情形，一种没有主客、物我、身心、内外之分的存在境域。自然的环境特征正如柏林特所说，是一种人融于当下在场的情境、当下情境将人吸纳入其中的在场体验，这种经验表现为时间上的无限绵延和空间上的无限广袤，康德对此有过精彩的讲述："也许，从来没有比在伊希斯（自然之母）神殿上方的那条题词说出过更崇高的东西，或者更崇高地表达过一个思想了：'我是一切现有的、曾有的和将有的，我的面纱没有任何有死者曾揭开过。'"②自然呈现给我们的感知经验的就是这种广袤的时空境域，自然环绕着我们在其中的任何一个置身之处，要把这种环绕、吸纳着我们的自然风景收入眼帘，我们必须首先保证有足够的物理距离，诚如苏轼的诗句所云，"不识庐山真面目，只缘身在此山中"。对风景

---

① Arnold Berleant, *The Aesthetics of Environment*, Philadelphia: Temple University Press, 1992, p. 34.

② 〔德〕康德:《康德著作全集》(第五卷)，李秋零译，中国人民大学出版社2007年版，第330页。

的感知必须要以一定的物理距离为前提，借用宗炳的话说就是：
"且夫昆仑之大，瞳子之小，迫目以寸，则其形莫睹，迥以数里，
则可以围于寸眸。"[1] 此外，一定的物理距离也意味着适当的观看
点和观看角度，这对于风景欣赏来说是很必要的，风景园林和风
景名胜中的一些人工设施——亭台楼阁、栈道拱桥等——都是风
景审美的最佳的物理距离上的地点。[2] 在这方面，"天下名山被僧
占"的一层意思无疑就是寺庙占据了欣赏风景的最佳位置。

当代西方的环境美学家从自然的"环境"特征出发，却得到
了否认自然欣赏应保持适当的物理距离的结论。在他们看来，与
作为审美对象的自然的环境特征相对应的欣赏方式应该是参与式
的，（参与模式）"强调自然语境的多元维度，以及我们对它的多
向度的感性体验，……参与模式召唤我们沉浸到自然环境中，试
图破除诸多传统的诸如主体／客体的区分，并且最终尽可能地减
少我们自身与自然之间的距离。简言之，审美经验是欣赏者在欣
赏对象中的一种全身心投入"[3]。按照这种见解，在自然欣赏中保
持物理距离乃是一种主客二分式体验的仪式上的标志，这种"旁
观式"的欣赏有悖于参与式的体验，从而没有做到正确地应和自
然的环境特征。

然而，在一定物理距离上的观看并不能用来作为判断主客二
分式地"对象化"自然的依据，这种误解的一个典型例证体现于

---

[1] 俞剑华：《中国画论类编》，人民美术出版社 1986 年版，第 583 页。

[2] 李遵进、沈松勤：《风景美欣赏：旅游美学》，上海人民出版社 1987 年版，第 77–78 页。

[3] Allen Carlson, *Aesthetics and the Environment,* London: Routledge, 2000, pp. 6-7.

绘画之上。欣赏绘画艺术必定需要保持一定的物理距离，与距离相关的就是绘画作品的画框，这个画框把作品的内容"框"成一个对象，成为一个能够被纳入主体视野的特定客体。按照这个思路，当我们在风景欣赏中于一定距离上把风景分割成为一个个的"景色"，我们所做的就是用画框从自然环境中把它们分割并"框定"住，从而使风景成为一个惬意而且无危险的赏玩对象。在这种误解之下，画框所要求的在一定物理距离上的观看就成为对象化的代名词。然而，这里的画框事实上只是一种审美感知空间的标识。"绘画中所描绘的空间当然不是画布或者悬挂绘画的房屋的现实空间，前者是无限的，后者只有几平方英尺的面积。画框的用途在于使想象中的空间同现实不发生任何关系。"[1] 画框不仅为想象的空间设立了边界，而且决定了绘画作品的尺幅大小，这种大小通过视觉透视原理为观看设置了物理距离。从欣赏的角度看，适当的物理距离乃是进入这个想象的世界中的门槛，因而对于绘画来说，物理距离非但不意味着主客二分的对象化观看，反而是"参与式"欣赏的必要前提，关于这一点可以引用梅洛－庞蒂的话作为例证："绘画唤醒并极力地提供了一种狂热，这种狂热就是视觉本身，因为看就是保持距离，因为绘画把这种怪异的拥有延伸到存在的所有方面：为了进入到绘画中，它们必须以某种方式让自己成为可见的。"[2] 可见，即便我们在观看绘画作品的时

---

[1]〔美〕H. 帕克：《美学原理》，张今译，广西师范大学出版社 2001 年版，第 220-221 页。

[2]〔法〕莫里斯·梅洛－庞蒂：《眼与心》，杨大春译，商务印书馆 2007 年版，第 42 页。

候，保持一定的距离也并非总意味着主客二分式的对象化注视，"参与美学"的倡导者柏林特的话在此也许更有说服力：

> 人们也许期待风景画的再现——视觉艺术中的一个确定的种类——来反映同样的客观化和距离化概念。对于风景照片来说这在有些时候是事实，但是对于绘画来说则不是，当我们常常恪守把风景框起来好像它们是通过窗户被看到一样的传统的时候，绘画实际上唤起了引人注目的亲密感和直感。霍贝玛、冯·雷斯达尔、柯罗、康斯坦布尔等许多人的作品（当我们走近的时候），总能引导观看者进入风景的空间和特征中，因而与一幅客观化的全景画不同的是人们能够进入风景画中，并且参与到风景中。欣赏者能够顺着雅各布·冯·雷斯达尔《有人行桥的风景》中的小路漫行，不再是一个远观者，而是风景的一个积极的参与者；人们能够在康斯坦布尔的《白马》画中漫步溪岸，或者从柯罗的《树林的入口》中透过树林眺望、凝望河对岸。在如何把风景转化成环境这一点上，绘画为我们上了生动的一课。①

自然审美中的物理距离招致误解的根本缘由在于人们对视觉的偏见。由于视觉属于远感官，它对外界信息的接受必定要求

---

① Arnold Berleant, *The Aesthetics of Environment*, Philadelphia: Temple University Press, 1992, pp. 5-6.

以保持一定的距离为前提，从根本上说，风景欣赏对物理距离的要求乃源自于视觉观看。这一点清晰地体现在风景一词的含义上，关于英语中的"landscape"一词，词典按照词源含义将其释义为"在人们的视野里通过眼睛所看到的广阔的自然景色"，或者是"表现一部分自然的、内陆的自然风景的画"①。自然风景和风景画强调的都是对自然的视觉感知，这在汉语中同样也有所表现，"landscape"对应的汉语词汇是景观、风景、山水、风景画、山水画等，②风景的汉语词意是"供观赏的自然风光、景物"，景观指的则是"某地区的或某种类型的自然景色，也指人工创造的景色"。在自然审美的语境里，景观、风景的汉语本土词汇是山水，而山水指的则是"具有审美价值的自然景观"③。从风景、景观、山水等词语的含义来看，它们指向的都是自然的视觉感受性，国内学术界习惯将"landscape"翻译成为景观，按照俞孔坚的理解，"目前大多数园林风景学者所理解的景观，也主要指的是视觉美学意义上的景观，即风景"④。通过以上的词义辨析，不

---

① Arnold Berleant, *The Aesthetics of Environment*, Philadelphia: Temple University Press, 1992, p. 5.

② 参见章华:《思想的形状:西方风景画的意蕴》，北京大学出版社 2011 年版，第 1 页。

③ 参见陈水云:《中国山水文化》，武汉大学出版社 2001 年版，第 4 页。

④ 俞孔坚:《景观:文化，生态与感知》，田园城市文化专业有限公司（台北）1998 年版，第 1 页。俞孔坚认为，在欧洲，"景观"一词最早出现在希伯来文本《圣经》旧约全书中，它被用来描写所罗门皇城（耶路撒冷）的瑰丽景色。这是景观一词同汉语中的"风景""景色""景致"相一致，等同于英语中的"scenery"，都是视觉美学意义上的概念。我国从东晋开始，山水画（风景画）就已经从人物画的背景脱胎而出，独立成为绘事中的一门，风景（山水）很快就成为艺术家的一个重要创作题材。

难看出风景指的是视觉审美意义上的自然，风景欣赏指的就是视觉观看，对此李鸿祥认为，"自然成为风景，并不是一个历来就存在的事实，而是视觉活动的结果，也就是说，自从人们把自然当作视觉捕捉的空间对象的那一刻起，自然就开始被人们当作风景或者说看得见的景象来看待"①。

然而视觉在后现代的思想语境中特别地被赋予了与形而上学合谋的意义，即所谓的"视觉中心主义"，视觉在西方哲学史中的位置可以从海德格尔的这段话中得以领会：

> ……巴门尼德在下述命题中曾先行加以描绘的东西得到了鲜明的领会：存在就是在纯直观的觉知中显现的东西，而只有这种看揭示着存在。源始的真实的真相乃在纯直观中。这一论题香火流传，始终是西方哲学的基础。黑格尔辩证法的主题就在这一论题之中；这种辩证法唯基于这一论题才是可能的。②

视觉的重要意义使自身得到统治西方哲学史的形而上学的特别的青睐，柏拉图的核心词"理念"或"相"就是视觉与形而上学结盟的例证。在柏拉图看来是观看决定着存在，如海德格尔所说，"柏拉图把在场化理解为相。但这种在场化并不通过为无蔽

---

① 李鸿祥：《视觉文化研究：当代视觉文化与中国传统审美文化》，东方出版中心 2005 年版，第 224 页。
② 〔德〕马丁·海德格尔：《存在与时间》，陈嘉映等译，生活·读书·新知三联书店 2006 年版，第 198-199 页。

者效力、使无蔽者显现出来而隶属于无蔽状态。而倒是相反地，闪现（自行显示）决定着，什么东西在其本质范围内并且在对它自身的唯一的反向关联中还可以被叫做无蔽状态"①。

柏拉图的"相"隐喻了作为形而上学的主体性阶段、（人之）主体性膨胀的现代所发生的事情，自笛卡尔的"我思"成为承载一切存在者存在与不存在以及如何存在的基础的时候，人们把世界的显现确定地理解为人类的自然之光（理性）照亮的结果。在这种思想语境中，视觉和观看表征了主体对作为客体的世界的表象，真相倒不是柏拉图的"洞穴隐喻"中获得自由的囚徒对自行运作的真理世界的观看和归属，而是世界唯有在人的观看和表象中才能存在，借用斯宾格勒的话来说就是："从此以后生活就通过眼睛的光亮世界去加以把握和理解。这是最大的奇迹，它使人类的万事万物成为它们现在的样子。"②

然而一旦人及其眼睛被赋予这种优先的特权之后，必然伴生的是人类在对待世界的伦理行为上的转变，诚如海德格尔所说："唯就存在者被具有表象和制造作用的人摆置而言，存在者才是存在的。在出现世界图像的地方，实现着一种关于存在者整体的本质性决断。存在者的存在是在存在者之被表象状态中被寻求和发现的。"③对世界的表象式观看的伦理后果是，人对作

---

① 〔德〕马丁·海德格尔：《路标》，孙周兴译，商务印书馆 2000 年版，第 269 页。

② 〔德〕奥斯瓦尔德·斯宾格勒：《西方的没落》，齐世荣等译，商务印书馆 1991 年版，第 88 页。

③ 〔德〕马丁·海德格尔：《林中路》，孙周兴译，上海译文出版社 2008 年版，第 78 页。

为客体的世界的统治、支配、算计，这就是周宪先生所说的"权力的眼光"①。这个层面的含义集中体现于"凝视"这个词语之上："'凝视'……是携带着权力运作或者欲望纠结的观看方法。它通常是视觉中心主义的产物，观者被权力赋予'看'的特权，通过'看'确立自己的主体位置。"②即是说，鉴于视觉观看的表象性特征，在形而上学的统治范围之内，视觉观看总意味着主客二分、以及主体对客体的控制。

鉴于视觉的缘故，自然欣赏中的物理距离的保持被环境美学指责为与主客二分的对象化意图的合谋，我们对这一点的思考是，视觉只是在与形而上学结盟的时候才有其"视觉中心主义"的含义，在形而上学的范围之外这个指责是无效的。观看并不仅仅意味着用肉眼看，而且意味着通过肉眼来用心灵观看，此即所谓的"应目会心"，此时看"不仅不意味着用肉眼来感知，而且也不意味着就现成事物的现成状态纯粹非感性地知觉这个现成事物。……'看'让那个它可以通达的存在者与其本身无所掩蔽地来照面"③。也就是说观看也能够实行在物我相融的敞开之境中觉知存在，梅洛－庞蒂就曾描述过这种人与万物同体的现象学经验，在其中，人通过视觉看事物同时也被事物观看："视觉被纳入到事物的环境中或者说它是在事物的环境中形成的——在这里，一个可见者开始去看，变成一个自为的、看所有事物意义上的可

---

① 周宪:《视觉文化的转向》，北京大学出版社 2008 年版，第 82 页。
② 赵一凡:《西方文论关键词》，外语教学与研究出版社 2006 年版，第 349 页。
③ 〔德〕马丁·海德格尔:《存在与时间》，陈嘉映等译，生活·读书·新知三联书店 2006 年版，第 171 页。

见者；在这里，感觉者与被感觉者不可分割地持续着，就如晶体中的母液那样。"[①] 因此，视觉并不总是意味着主客二分的对象化感知，与其紧密相关的物理距离也应该做如此解释。

由上述可见，物理距离并非单纯地意味着对自然的主客二分式的对象化活动，风景感知需要保持一定的物理距离，而这种要求并没有违背自然的经验特征——人对作为"环境"的自然的"参与"式体验。进一步讲，审美类的感知经验尤其强调风景欣赏的物理距离，适当的物理距离指向的是感知的完整性，而感知的完整、完善乃是审美经验的本质特征。审美经验表现为一种感性的完善性，一种混乱的意识中的有形式性，如美学之父鲍姆加登所说，"完善的外形、或是广义的鉴赏力为显而易见的完善，就是美，相应的不完善就是丑"，"美学的目的是（单就它本身来说）感性认识的完善（这就是美），应该避免的感性认识的不完善就是丑"[②]。杜威对艺术审美中的经验特征的描述也印证了这种观点："在艺术中，我们发现了：自然的力量和自然的运行在经验里达到了最完备，因而是最高的结合。""艺术既代表经验的最高峰，也代表自然界的顶点。"[③] 以此观之，自然风景的美必然表现为一种感性的完善性，这种完善性既指其外观轮廓的完整，也指其置身于其中的世界背景的整体性（一切即一、一即一切）。要

① 〔法〕莫里斯·梅洛－庞蒂：《眼与心》，杨大春译，商务印书馆2007年版，第37页。
② 北京大学哲学系美学教研室：《西方美学家论美和美感》，商务印书馆1980年版，第142页。
③ 〔美〕约翰·杜威：《经验与自然》，傅统先译，江苏教育出版社2005年版，第5页。

做到这一点，仅仅有触觉、嗅觉、肤觉等近感官的感知是远远不够的，还必需远感官（视听）所拉开的距离才能获得对事物的完善经验，否则只能是只见树木不见森林。审美经验的完善性需要对事物进行整体性的感知，[1] 这一点正如亚里士多德所说："一个非常小的活东西不能美，因为我们的观察处于不可感知的时间内，以至模糊不清；一个非常大的活东西，例如一个一万里长的活东西，也不能美，因为不能一览而尽，看不出它的整一性。"[2] 亚里士多德所说的并不限于"整一、和谐、比例"的古典美的原则，这个"一万里长的活物"不能称为美的原因在于，审美原理要求对审美对象做整体上的把握。即便是对自然中的崇高的欣赏亦是如此，我们的想象力总极力地试图把握风景的整体形象，虽然崇高挫败了想象力试图表象整体的努力，但这个挫败却成就了另一种整体性——人心中的理念力量。在感性的视觉审美经验中，人们对审美对象的整体性把握是通过物理距离的调适而获得，从审美感知的完善性出发，我们对自然风景的审美欣赏必定要求物理意义上的距离。下面我们来探究风景欣赏中的物理距离是怎样促成了风景如画的。

宗炳在其《画山水序》中谈到山水欣赏的时候说道："诚由去之稍阔则其见弥小，"[3] 这句话讲的即是视觉透视原理。观看的视

---

[1]　在这方面视觉尤其具有优势，眼睛的观看与时间性呈示的不同之处是：视觉能够在某个时刻将空间全貌展示出来。如莱辛所说，绘画描述的"却是一个可以眼见的静态，其中各部分是在空间中并列而展开的"。〔德〕莱辛：《拉奥孔》，朱光潜译，商务印书馆1979年版，第81页。

[2]　〔古希腊〕亚理斯多德：《诗学》，罗念生译，人民文学出版社2002年版，第22页。

[3]　俞剑华：《中国画论类编》，人民美术出版社1986年版，第583页。

野是一个以眼睛为顶点的准圆锥体区域，被看到的物体的形状大小与其到眼睛的物理距离成反比，距离越远形状越小。因而对于昆仑山这样的形体巨大的风景，如果"迫目以寸"则只能见到一斑，要想窥见昆仑山全貌必须立身在足够远的距离之上。鉴于眼睛的光学透视原理，所有的观看都需要确保物理距离上的前提，这一点对于风景审美中的形式感来说尤为重要。自然风景通过距离布排在透视视野上，从而呈现为前景、中景和远景，不仅仅是山水的轮廓外形在大小远近上生成层次，而且其色彩通过透视也会呈现出浓淡明暗上的规律性变化。在这种意义上可以说，正是物理距离为风景的轮廓、色彩、布局上的视觉特性打开了审美之门，也为风景拥有相通于风景画的线条、设色、构图提供了透视学基础。

在透视学上，人的视野是一个近似于圆锥体形的视锥，[1] 视锥并不是眼睛像手电筒那样发射出去的光域，而是从物体身上反射的光线呈圆锥体的形状朝向眼睛的汇聚，人的眼睛就是这个视锥的顶点。因而，人眼在任何一个既定的观看点和特定距离上的视野仅仅是一个卵形的，水平延展约180度，垂直延展约150度的视域，外界的立体呈示的世界就呈现于其中。如果在人的视野中放置一个与眼睛平行、且保持一定距离的透明玻璃的话，那么事物在这个切面上投下的影像与人眼所看到的事物形象是一样的（见下图[2]）。

---

① 　参见马连弟、刘云符：《透视学原理》，吉林美术出版社 2006 年版，第 12 页。

② 　Quoted in P. Maynard, "Perspective's Places", *The Journal of Aesthetics and Art Criticism*, Vol. 54, No. 1 (Winter, 1996), p. 24.

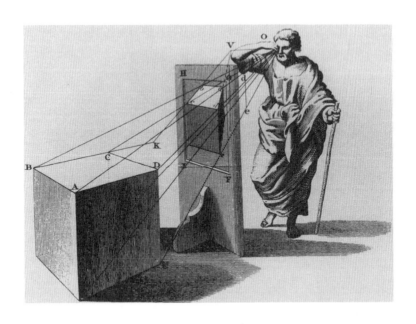

　　在透视的角度上谈论，人眼对真实事物的立体形象的观看实际上就是对事物投影的观看，虽然人们并不会一直在眼前放置一个透明玻璃来时时刻刻地进行透视性的观看，但是人眼前的空气介质就是一个天然的"透明玻璃"，我们对所有事物的观看必须透过这个无处不在的"透明玻璃"，所见的事物形象其实也就是事物在空气中的投影，这种眼睛观看的光学原理就是透视，透视即投影式地观看。

　　客观世界是没有焦点的，但是人的视野却是有一个焦点的，这个焦点即是人的眼睛，通过视觉透视，立体的世界形象在人的眼前被转换成为一个二维的平面图像，眼睛就是这个图像的焦点，随着人所处的位置的移动，现实世界的形象会在这个图像中以人眼为中心向四周逐渐消散，这种情形正如伯格所说：

　　（透视法）把所有的事物聚集到人的眼睛上，它像
是从灯塔中射出的光线——只是不是光线向外射出——
而是事物的形象向内汇聚。透视法使那独一无二的眼睛
成为可见世界的中心。一切事物都向眼睛聚拢，直至视
点的消失。可见世界是为观看安排的，一如曾经被认为
是为上帝而安排的。[1]

　　在这个以人的眼睛为焦点所形成的二维的平面图像中，事物
形象在视野中的存在与否以及如何存在，是由人眼与事物之间
的物理距离决定的。距离过远的事物会从视野中消失，而事物在
透视中的形象的大小和清晰度则与物理距离成反比，如荀子所
说："故从山上望牛者若羊，而求羊者不下牵也，远蔽其大也。从
山下望木，十仞之木若箸，而求箸者不上折也，高蔽其长也。"
（《荀子·解蔽》）[2]因此，对于人眼的视觉透视来说，物理距离乃
是一个本质性的要素，不仅视觉透视需要一定的物理距离，而且
事物在视野中的呈现本身就是由距离来决定的。透视的最终效果
也要落实到物理距离的组织上，这一点在中国山水画的空间构
造上得到典型地体现，中国绘画传统由此就干脆称透视法为"远
近法"。

　　鉴于人眼的透视特性，在人的观看中一定物理距离上的风
景能够向眼睛投影成为一幅"二维平面的风景画"，这就是宗炳

---

① John Berger, *Ways of Seeing*, London: British Broadcasting Corporation And
　Penguin Books Ltd, 1972, p. 16.
② 北京大学《荀子》注释组:《荀子新注》，中华书局 1979 年版，第 359 页。

所说的"今张绢素以远映,则昆阆之形可围于方寸之内"①。对于风景欣赏来说,我们眼前的空气介质就是随时随地携带着的"绢素",因而透视无处不在,这就使得自然风景在一定物理距离上的透视性观看中必定是如(二维平面意义上的)画的。如果用一个方形的边框来做视觉透视的边界的话,那么自然风景在这个方框中的投影就是一幅标准的(透视)"风景画",因为此时的投影具有一个与通常风景画的一样的方形画框,自然风景按照透视原理在这个方形的图画中(像风景画的构图那样)的布列自行生成为前景、中景和远景。因此,用焦点透视法绘制风景画的时候就常常使用这样的方形"取景框"作为辅助工具,"取景框"就是通过在透视中形成的这种天然的"风景画"来协助画家作画的。反之,按照焦点透视法制作的风景画则可以被视为透过方形边框对风景的观看,这种"图画就是朝外看的窗子"②,如果不拘泥于绘画的二维平面特征,透视图画中的空间与真实世界的空间将是一致的。③这就是所谓的透视的"窥窗效应",风景园林常常利用这个原理来制作天然图画,通过设置窗子或者墙壁上的孔洞,人们能够看到如画般的风景,如宗白华先生所说:"窗子在园林建筑艺术中起着重要的作用。有了窗子,内外就发生交流。经过窗子的框框望去,就是一幅画。"④即是说,通过在一定物理距离上

---

① 俞剑华:《中国画论类编》,人民美术出版社 1986 年版,第 583 页。

② 〔美〕卡洛琳·M. 布鲁墨:《视觉原理》,张功钤译,北京大学出版社 1987 年版〕第 92 页。

③ See J. L. Ward, "The Perception of Pictorial Space in Perspective Pictures", *Leonardo*, Vol. 9, No. 4 (Autumn, 1976), p. 287.

④ 宗白华:《美学散步》,上海人民出版社 2005 年版,第 111 页。

的透视观看，自然风景会生成为一幅二维平面的"风景画"，这使得天然的自然风景显得如人工创作的透视风景画一样。

视觉透视使人的眼睛成为世界的焦点，从而赋予了人类可以攀比于上帝的身份，但是人并不拥有那双无所不在的、一切对它都毫无隐蔽的"上帝之眼"。世界对于人类来说并不是透明的，我们的肉身性存在总是把观看局限于一时一地的特定范围内的视野之中，在时间的线性流逝中，我们只能看见事物的局部的侧面和片段。但是自然景物在风景欣赏中从来都不是以一个个"当下"碎片及其事后的组合显示给我们的，自然景物总是以其整体形象呈示给我们，这就是想象力在观看中的作用，在这一点上顾恺之的理解是有偏颇的，山水画乃至山水欣赏也都需要"迁想妙得"。在有想象参与进来的风景观看中，逝去的曾在和正在临近的将来都在当下的知觉中呈现出来，这一点突出地表现于风景画中，因而王微在其《叙画》中说道："目有所极，故所见不周。于是乎以一管之笔，拟太虚之体。"[1] 这种能够"拟太虚之体"的风景画的典型代表是中国山水画，山水画通过"步步看""面面观""推远看""拉近看"[2] 等画面空间的组织方式，把一时一地的视觉透视整合到当下直观中，严格地按照透视原则把不同的物理距离上的景物"全景式"地图写到一幅画面上（一如郭熙的"平远、高远、深远"以及韩拙的"迷远、阔远、幽远"[3]），由

---

① 俞剑华：《中国画论类编》，人民美术出版社 1986 年版，第 585 页。

② 王伯敏：《山水画纵横谈》，山东美术出版社 2010 年版，第 198 页。

③ 参见王伯敏、童中焘：《中国山水画的透视》，天津人民美术出版社 1981 年版，第 3—13 页。

此吴道子才能把三百里嘉陵江的景色画入一图之内。这种所谓的"散点透视"类的风景画表达了视觉想象的整合功能，正是通过这种功能，中国山水画才能实现出"咫尺千里"的造型效果，做到"书画三寸，当千仞之高；横墨数尺，体百里之迥"，"不以制小而累其似"，而尽得"自然之势"。①与想象力相关的散点透视的本质性要素仍是视觉透视，散点透视无非就是通过物理距离的组织，把诸多视觉透视经验整合到一幅图画中，以此来表达人对风景的完整的视觉经验。也就是说，即便在以想象力对真实的风景欣赏经验加以还原活动中，景观欣赏中的物理距离依然是促成风景如画的构造要素，只不过这里的"画"却是散点透视的中国山水画。

本节的探讨表明，自然风景的视觉审美欣赏必定需要观看的物理距离，这并不违背自然作为审美对象的本己特征及其感知特性；通过视觉透视原理，风景欣赏对物理距离的要求使得风景在审美欣赏中生成为一幅"天然的风景画"，这种"天然的风景画"在二维平面图像的意义上，与艺术家创作的风景画是相通的。因而可以做出如下断定：自然审美中的物理距离必然促成了风景如画。在此我们也看到，这一从风景欣赏的物理距离着手的对风景如画的根据的解说，实际上就是从视觉的物理特征角度对如画的阐释。

---

① 俞剑华：《中国画论类编》，人民美术出版社 1986 年版，第 583 页。

第三节 心理距离与风景如画

距离是风景如画的一个本质性建构要素，其第二层含义是心理距离。对于风景欣赏来说，心理距离指的是观看者要向自然保持适当的心理距离，"悬置"与个体实存相关涉的一切因素。心理距离（Psychical Distance）是由瑞士心理学家爱德华·布洛提出的，意指审美要与实用和利害等方面的考虑保持一定的距离，这种距离就是所谓的心理距离。对于审美经验来说，保持适当的心理距离是一个必要的前提条件。虽然"心理距离"是布洛首次明确提出的，但这个概念的主要含义——无利害（Disinterestedness）——在 18 世纪的美学思考中就已经存在，审美无利害概念最早可以追溯到英国伦理学家、美学家夏夫兹博里，在其美学理论中明确地提出无利害概念的则是德国哲学家康德。[①] 对于这个概念来说，最应该提及的是，康德的美学恰恰是以自然审美经验而不是艺术经验为基础建构起来的，这在此为我们明示了无利害概念与自然审美的某种内在关系。

卡尔松的评论则为我们清晰地揭示了风景如画与审美心理距离的本质性关联：

（Disinterestedness）之核心便是将审美体验解释为

---

① 参见〔德〕康德:《判断力批判》，邓晓芒译，人民出版社 2002 年版，第 38 页。

一种对日常功利——如实践与个人利益——的隔离而导致的无利害性概念。无利害性概念与18世纪以来人们对自然的痴迷相结合，从而涌现出景观体验的丰富途径。凭借着无利害性的提携，不仅那些耕作过的田园乡村可以视为一种优美，而且那些最为原始的自然环境也可视作一种崇高来进行欣赏。进而在这两个极端（优美与崇高）之间，无利害性为欣赏景观中一个更为强劲的欣赏模式——如画性（Picturesque）的涌现提供空间。……无利害性直接促成18世纪合成美学（Aesthetic Synthesis）的兴起，后者将无利害性作为核心概念，而将景观作为审美欣赏的范例，并且在欣赏模式中极力推荐形式主义与如画性。[①]

译文中"如画性"指说的（或者其更准确的翻译）就是风景如画。按照卡尔松的理解，无利害概念的生成是与人们对自然审美的痴迷结合在一起的，二者的进一步发展为如画的生成提供了存在空间。卡尔松提供的思路是：首先，自然审美与无利害的心理距离上的要求是结合在一起的，自然审美必然地关联着无利害的心理距离；其次，对风景的无利害的欣赏主要关注于风景的形式性因素（色彩、线条、构图等），从而使得"自然风景在审美中看起来像画一样"（如画）成为可能，这也就是说对风景的无利害的欣赏促成了如画。朱光潜先生曾表述过相似的看法：

---

① 〔加〕艾伦·卡尔松：《自然与景观》，陈李波译，湖南科学技术出版社2006年版，第2–3页。

一般人在这车如流水马如龙的世界里，都像阿尔卑斯山下的汽车，趁着平路拼命向前跑，不过也有些比较幸运的人们偶尔能够听到"慢慢走"的劝告，驻足流连一会儿，来欣赏阿尔卑斯山的奇景，在这一驻足之间，他对于阿尔卑斯山的态度就已完全变过，他原来只把它当做一个很好的开车兜风的地方，现在却把它推远一点作为一幅画来看。①

心理距离是欣赏风景画的必然要求，画框是绘画保持与现实的利害考虑之间的界限的标识，风景画对风景的二维平面化的图像再现区别于实在的风景，从题材意蕴来看，山水风景画的本己特征就在于同世俗和实用的相分离。②显而易见的是，为了让风景看起来像画，如画必定要像风景画那样要求欣赏的心理距离。如画与心理距离之间的必然关联，既表现为无利害的自然审美促成了如画，也表现为风景的如画欣赏促进了无利害概念的发展，汤森在其《如画》中表达了这个意思："无利害的美学和审美态度必须等到康德和他的后继者，以及浪漫主义更全面的发展，但是这儿的桥梁是对自然的如画态度，新兴的艺术形式对这个发展做出了贡献……"③通过对自然的如画式欣赏，如画把心理距离

---

① 朱光潜：《文艺心理学》，安徽教育出版社 1996 年版，第 20 页。

② 且不说中国山水画中的虚静空寂的禅境、道境，即便是西方风景画也体现着孤独寂寞、与世隔绝、归隐田园的意蕴。参见章华：《思想的形状：西方风景画的意蕴》，北京大学出版社 2011 年版，第 1 页。

③ D. Townsend, "The Picturesque", *The Journal of Aesthetics and Art Criticism*, Vol. 55, No. 4 (Autumn, 1997), p. 371.

这一要素提升入概念之中，并引进美学之中，而无利害概念对保持与现实生活之间的距离的强调，使得如画成为西方美学理论通向现代美学（亦即自律性美学）的桥梁。如画理论中的无关道德评价、对工业文明的逃避态度、感伤、怀旧的乡愁等"非人化"（远离现实的）特征，以及如画对形式性的视觉美学特性的偏好，在某种意义上确实是促进了无利害概念向美学概念的转化。无论从历史还是逻辑的层面看，如画与无利害的心理距离之间显明地存在着本质性的关联，对此，我们需要加以考察的两个主要方面是：自然审美与无利害的心理距离的关联，以及二者的关联如何使得风景如画成为可能。

康德认为："一个自然美是一个美的事物，艺术美则是对一个事物的一个美的表象。"[①] 由于艺术的本质在于其表象的形象性以及审美"主客体"之间的形式性关系，无利害性就"分析性地"包含于艺术概念中，因而，我们一般不会多此一举地强调要对艺术做无利害的欣赏。但是作为审美对象的自然事物却并非如此，自然物不仅以其外观形象呈示给人，而且作为实存之物与我们现实性的生存相关联，人们与自然的遭遇必定会牵涉着实用和利害性的考虑，这一点在对自然界中的崇高景观的欣赏中表现得尤为突出。关涉于自然景物中的利害性考虑，往往会阻碍人们对自然风景的审美欣赏，艾迪生就曾表达过这个困难：

确实地，把土地从牧场划分开来对公众是一个病态

---

① 〔德〕康德：《康德著作全集》第五卷，李秋零译，中国人民大学出版社 2007 年版，第 324 页。

的结果，像对私人毫无益处一样，在乡村的大部分土地上、耕地上被人们居住着，并且为了获得更大利益而被耕种。但是为什么没有整个的地产通过经常性的种植被投入一个园林中，同时可以产生出像土地拥有者的快乐一样的收益？……人们会把他拥有的财产变成美丽的风景。①

由于与自然的遭遇总牵连着现实利害的考虑，为了进入审美体验，我们必须以无利害的心理距离作为鉴赏的前提条件，自然审美必须强调审美无利害性。在这一点上，自然审美明确地区分于艺术审美，因此，恰恰是自然审美（而不是艺术）催生了审美无利害这个美学概念。从人的心理活动角度看，审美经验是人的感知活动，审美感知既受人的心理功能的规定，也受审美对象的约束，我们对自然审美与心理距离之间的必然关联的考察，也应该考虑到作为审美对象的自然的特征。这里需要探究的是，自然的哪些本质特征使得自然审美与心理距离必然相关。

自然的观念在西方思想史上经历了三个主要阶段：古希腊的自然观、文艺复兴时期的自然观、现代的自然观。②古希腊人把自然界看成是一个运动体，自然界本身是具有心灵的存在物，心灵是自然界的运动及其秩序、规则的源泉，以此观之，自然界乃

① See D. Townsend, "The Picturesque", *The Journal of Aesthetics and Art Criticism*, Vol. 55, No. 4 (Autumn, 1997), p. 367.

② 参见〔英〕罗宾·柯林伍德:《自然的观念》，吴国盛等译，华夏出版社 1999 年版，第 1-14 页。

是一个充满活力和灵魂的有机体。从文艺复兴时期开始，人们不再承认被物理科学所研究的自然界是一个有机体，自然被看作一架机器，一个被它之外的理智创作、并且为一个设计目的而存在和运转的机器，因而自然界不再是自身具有理智的存在物，其理智来自于一个非凡的创造者和统治者（上帝）。现代的自然观则得益于历史研究的启示，历史研究领域的中心概念乃是过程、变化、发展等概念，这些历史领域的存在论范畴向自然科学术语的转换，促成了具有发展、进化意义上的现代自然观的形成。文艺复兴以来的自然观（自然是一架机器）和现代自然观（自然界是一个物质进程）的共同内涵是：自然是"物质世界本身，可以包括或不包括人类"①。然而，"没有人主张我们遵循物理和化学的自然，或者说死的自然。说遵循自然的时候，指的总是那充满生机的进化和生态运动。是指那个我们大写为 Nature 的、有时还拟人化为'母亲'的自然。"②在西方思想中，自然更本质性的含义是带着生命体特征的存在者整体的演化，在古希腊的物活论自然观、斯宾诺莎的泛神论自然观、浪漫主义的有机整体自然观等思想中，都铭刻着存在者整体的生命演化特征。这样说的根据在于：首先，自然意指存在者整体，关于这一点海德格尔在《论 φύσις 的概念和本质》中有过深刻的表述："在西方历史的不同时代中，无论人们把何种负荷力强加给'自然'一词，这个词总是包含着

---

① 〔英〕雷蒙·威廉斯：《关键词：文化与社会的词汇》，刘建基译，生活·读书·新知三联书店，2005 年版，第 326 页。
② 〔美〕霍尔姆斯·罗尔斯顿：《哲学走向荒野》，刘耳、叶平译，吉林人民出版社 2001 年版，第 41 页。

对存在者整体的解释……"①；其次，自然具有生命演化的特征，按照雷蒙·威廉斯的看法，西方的自然概念也包含着"事物的本性""支配世界或人类的内在力量"的意涵，②自然的这个层面的含义指的是存在者在其自身中包含着其"存在根据"的生命运动，即"从其自身而来、在自身中向自身生成"的存在特征，而这正是有机体的生命形式。因此，从更为根本的意义上说，自然指的就是存在者整体的这种具有生命特征的存在，这种深层意义上的自然概念就是西方哲学中第一实体——作为本体的存在，海德格尔的说法是"存在乃是自行遮蔽着的解蔽——这就是原初意义上的 φύσις。"③φύσις（涌现）即古希腊人的自然概念。在古希腊早期的思想中，存在与逻各斯同义，指的是起统一作用的采集、聚集的运作，与科学技术对事物的强横统治不同，逻各斯的统一作用是柔和的境域化运作。可见，西方原初的自然概念指的是，存在者整体（万物）在起统一性作用的逻各斯中的涌现及其所展示出的生命特征。

上述的理解也体现在中国文化的自然一词上。"自"在《说文解字》中的释义是"鼻也，象鼻形"，在甲骨文中，"自"就是鼻子的象形，鼻子意指自己，在今天我们说"自己"的时候还用指着自己的鼻子来会意。《说文解字》对"然"的解释是"然，烧

---

① 〔德〕马丁·海德格尔：《路标》，孙周兴译，商务印书馆 2000 年版，第277 页。
② 参见〔英〕雷蒙·威廉斯：《关键词：文化与社会的词汇》，刘建基译，生活·读书·新知三联书店 2005 年版，第 326 页。
③ 〔德〕马丁·海德格尔：《路标》，孙周兴译，商务印书馆 2000 年版，第277 页。

也"，"然"与燃烧、烹饪相关，意指一种正在行进的状态，《广雅释诂》说"然，成也"。"自"与"然"合起来说的是自己生成自己，即"从自身而来在自身中向自身的生成"。"自然"在《辞源》《辞海》中都有如下含义：天然、非人为；不造作，不勉强；犹当然。这些释义表明"自然"指的是在自身中包含其存在的根据、并自发地在自身中实现自身的存在状态。因为只有兀然地"从自身出发而在自身中向自身行进"，其存在状态才可以被称为"天然的"或"自然而然的"。这种存在状态即是自然有机体的生命特征，这一点也可以从"自"的原初意义上进行理解。鼻子与呼吸相关，而呼吸的气息正是有机体的生命标志，"天地之大德曰生"，而"生"只是"一气之运化"，汉语思想中自然概念的基本含义指的就是这种生命有机体的存在特征。

　　汉语中自然概念的另一层基本含义关联于天道观念。韦政通认为，老子哲学中的自然并非"指具体名词自然界，而是形容词或者抽象名词'自己如此'（self-so，naturalness，spontaneity）"[1]，"自己如此"说的就是自身中包含着其存在根据而不依赖于外在的原因的存在状态。因而老子说的（人效法地，地效法天，天效法道）"道法自然"中的自然并不是比道更高的范畴，而是道的那种自己如此的存在特征。由于道是存在的本根，其本身无可仿效、并不为了"何物"而存在，所以表现为"自然而然"和"自己如此"的生命有机体特征。道同时又是创生万物、令万物自由存在的最终根据，即所谓的"道生万物"，由此一来，自然就意

---

① 韦政通：《中国哲学辞典大全》，世界图书出版公司1989年版，第255页。

指万物的自造自存的自由状态。如徐复观先生所说，"《老》《庄》两书之所谓自然，乃是竭力形容创造万物之为而不有不宰的情形，等于是'无为'，因而万物便等于是'自己如此'之自造"，[①]自造自存说的正是自然有机体的生命特征。

自然一方面指万物各自的"自造自存"，另一方面也意指道的存在状态，因为万物在"道"中的"自己如此"的存在整体就是道的"自己如此"，此即王弼所说："道不违自然，乃得其性。道法自然者，在方而法方，在圆而法圆，于自然无所违也。自然者，无称之也，穷极之辞也。"[②]在中国哲学中，道具有"一"的含义，[③]"一"指的就是起统一作用的力量，万物的自造自存是在道的统一作用下的"独化"，这就是所谓的"道生万物"。因而在汉语思想中，自然的终极含义是道的自我演化（道法自然），其表现为万物在"一"中的"自己如此"式的存在，即西方的存在者整体的生命演化。这一含义即是中国思想中自然概念的原初含义，后来到了魏晋时期的阮籍那里，自然才开始具有了物质性的"自然界"的含义。[④]

从中西方自然概念的深层含义的相通性出发，我们得到了一个普遍性的自然的原初含义。原初的自然指的是万物整体的存在的生命演化特征，其表现为一种境域性的运作，境遇的本质特

---

① 徐复观：《中国艺术精神》，华东师范大学出版社 2001 年版，第 148 页。

② 王弼：《老子注》，中华书局 1954 年版，第 15 页。

③ 张立文：《中国哲学范畴精粹丛书：道》，中国人民大学出版社 1989 年版，第 2 页。

④ 张岱年：《中国古典哲学概念范畴要论》，中国社会科学出版社 1987 年版，第 81-82 页。

征是"天地与我并生，而万物与我为一"（庄子语）的存在状态
（"一"就是统摄万物的整体性存在的道或逻各斯）。

　　自然意指人与万物在一整体中自由共存的境域，这个境域
的演化具有生命有机体的存在状态（即自己如此、自然而然、自
在自为的特征），这个意义上的自然就是万物整体的境域化存在，
即汉语里的"造化"，或者海德格尔的"在场化"，这也正是当代
环境美学在"环境"一词下所要表达的意思。自然物是归属于境
域化的、非人工创作而存在的存在者，虽然它们在含义上区分于
境域性演化的自然概念，但是与人类文明相比，自然物更完好地
保留着自然境域化的踪迹，即自然物身上更本真地体现着道或逻
各斯的运作，因此有"山水之为物，禀造化之秀"之说。"山水
质有而趣灵"（宗炳）所说的就是山水的形质存在显明地体现着
道的统摄，山水禀赋自然造化之性所以能够"以形媚道"，人通
过自然审美（澄怀味象）是能够体悟到道的境域性演化的（澄怀
观道）。审美的本质就是对自然的境域化运作和万物的境域性共
存的体悟，美的本质就是道的境域化所闪耀的光辉，即海德格尔
所说的"美乃存有之在场状态（die Anwesenheit des Seyns）"[1]。因
此更确切地说，正是山水与道的关联才使得自然审美成为可能，
对于山水欣赏来说审美即是体道、体道就是审美。[2] 而对于体道、
观道来说，"澄怀"是一个必要的前提，唯有"方寸湛然"才能

---

[1]　〔德〕马丁·海德格尔:《荷尔德林诗的阐释》，孙周兴译，商务印书馆 2000
　　年版，第 162 页。
[2]　参见李泽厚、刘纲纪:《中国美学史》第一卷，中国社会科学出版社 1984 年
　　版，第 221 页。

"以玄对山水"，"澄怀"指的是去除现实性的利害考虑（相似的词汇还有"虚静""心斋""坐忘""灭""定""畏"等），也就是西方美学所表说的无利害概念。作为审美对象的自然的规定性源自于原初的自然概念，自然审美作为对境域性演化的自然的体悟（即体道）必然要求无利害的心理距离，此即郭熙所说的，山水审美必须保持一颗脱俗的"林泉之心"。唯有如此，我们才能够解答自然审美与无利害的关联在美学史上所产生的一些著名难题，亦即，中国的自然审美恰恰是出现在审美自律（审美从非审美活动中的独立而出）的魏晋时期，而在西方美学中无利害概念恰恰形成于自然审美的觉醒时期。

原初的自然概念包含的生命有机体式的存在特征表现为"从自身出发在自身中向自身行进"的运动，如道家所说的"道者反之动"与"道周行而不殆"，以及古希腊的作为生命、生长、涌现的自然概念。这种返回自身的运动正是时间的特征，因为本质性的时间乃是自身与自身的统一性关系，而不是现成时间点的机械地线性流逝。按海德格尔的理解，存在本身是赠予存在者存在的天命（德语词是 geschik），geschik 的动词形式是遣送、赠予，而存在赠予的是"存在与时间"，[①] 这里的第二个"存在"指的是存在者的存在，即万物的现身在场。时间既是万物返回自身的道路，也是存在（自然、道）返回自身的生命运动，海德格尔所理解的存在概念在内涵上是通于古希腊原初的自然概念的，因而时间就表现为自然之天命的运作，万物存有在时间中的流逝、

---

① 孙周兴：《海德格尔选集》，生活·读书·新知三联书店 1996 年版，第 666 页。

自然界中的衰败消逝、人的伤逝悼亡都是其表征。与时间总是对当下的虚无化（一个个的当前不断地被时间抛入到曾在的不再现在中）运作一样，自然界中的时间痕迹所标示的乃是与现实的距离，这种距离在自然审美中会转化成为无利害的心理距离。英国如画美学的倡导者吉尔平相当推崇废墟的美学价值，无论是哥特式建筑的废墟，还是自然中衰朽破败的景象，它们作为自然界中的时间意象显示的是流逝的曾在者与当下的距离，正如狄德罗所说：

> 废墟在我脑里唤起的思想是伟大的。一切都烟飞灰灭，一切都死亡，一切都消失，只有世界留下来，只有时间持续。这个世界真是天荒地老！我在两个永恒中间前进，我的眼睛不论往哪儿看，周围的世界都向我预告一个终了，我也甘心接受那等待着我的终了。我的朝生暮死的存在，比诸这块正在倒塌的岩石，这个正在崩陷的小山谷，这片正在摇摇欲坠的森林，这些悬挂在我头上的摇摇晃晃的建筑物，算得什么呢？我看见坟墓的大理石化作尘土，而我还不愿意死亡！而我想用一个适用于青铜的普遍法则争夺用肌理和肉组成的脆弱的皮囊，一道急流把民族一个接着一个地拖入共同的深渊。而我，只有我，却想停在边缘和破开在我两侧流过的洪涛。[①]

---

① 〔法〕狄德罗:《狄德罗论绘画》，陈占元译，广西师范大学出版社 2002 年版，第 25 页。

　　这种心理距离使得这些意象生成为美的，自然美的一个层面就受馈于自然的时间性力量，这一点也表现在中国的自然审美中。自然审美在魏晋时期兴起的一个重要原因是"对于自然迁逝的感知"①，正是对"逝者如斯夫"和死亡的深切体悟，才使得对（作为存在之命运的）自然的美的超越性的欣赏成为一种风尚，其著名的例证就是王羲之的《兰亭序》。伽达默尔说："每一个人都知道，在时间距离没有给我们确定的尺度时，我们的判断是出其的无能。……只有当它们与当代的一切联系消失后，它们的真正本性才显现出来，从而对它们中所言说的东西的理解才有权自称是本真和普通的。"②艺术的时间距离能够给出审美距离，这对于自然审美也是同样适用的，自然的时间性运作造就了与现实利害性之间的距离，这种距离就是自然审美中的无利害性。因而，从自然运作的时间性特征出发，自然审美必然也要求心理上的距离。

　　与艺术的虚构相比，虽然自然事物在审美中往往牵连到利害考虑，然而一旦被投置到人类的社会文化语境中加以审视，自然物则更多地意味着无利害性。对此冯友兰先生认为，道家把农民对自然的赞美和热爱发挥到极致，进而对自然和人为做出鲜明地区分，③属于人为的被称为"世内"，而自然的则是"世外"。出世、归隐之人的居住之所就是所谓的世外，虽然也有隐者隐于市、隐于朝的，但是理想的隐居之所往往在于自然的田园和山水

---

① 黄河涛：《禅与中国艺术精神》，中国言实出版社 2006 年版，第 64 页。
② 〔德〕伽达默尔：《真理与方法》，洪汉鼎译，上海译文出版社 1999 年版，第382 页。
③ 冯友兰：《中国哲学简史》，涂又光译，北京大学出版社 1985 年版，第 27 页。

之间①。自然山水之所以成为中国人隐逸的理想场所，不只是因为"山水之中有清音"，"山川之气本静"②，也因为田园山水远离古代社会的政治、文化和经济中心——庙堂、城市、市井，这就使得自然的田园山水成为远离尘世喧嚣的理想栖居之地。对世俗的远离在某种意义上也使得自然山川成为封禅祭祀和访道问仙的圣地③。仙就是迁入山中，天下名山被僧占，道教占的也不少，这些散布的道观和寺庙更是渲染了自然山水的"脱俗"之气。

欧洲在 1450 至 1789 年间的历史就已经被称为早期现代社会，④在这个时期中，欧洲开始从农耕文明向现代工业城市文明转型，这个进程使那充满诗意的田园乡村生活和人性的自然和谐状态逐渐成为过往之物。与工业文明的世俗化、堕落化相比，山水和田园既是现代人伤感的乡愁中的故乡，也是逃避现代文明的理想之地。因而，虽然从维吉尔的时代就存在着对阿卡迪亚式的田园生活的向往，但西方历史上对自然的浪漫而伤感的赞美却是从18 世纪的卢梭开始的，是"卢梭用理想化的笔调展现了一幅自然状态的道德美景。自然人在本能驱策下过着天真无邪的生活，他们相互之间保持着一种独立、自由和平等的关系，在未经污染的大自然中自由自在地生活"⑤。自然因其远离现代的世俗和堕落成为神圣与理想之地，这是自然审美在 18 世纪的欧洲兴起的主要

①　参见孙逊民、陈代湘:《中国隐逸文化》，湖南出版社 1997 年版，第 20 页。

②　俞剑华:《中国古代画论精读》，人民美术出版社 2011 年版，第 360 页。

③　参见魏士衡:《中国自然美学思想探源》，中国城市出版社 1994 年版，第 3 页。

④　See Jonathan Dewald ed., *Europe 1450 to 1789: Encyclopedia of the Early Modern World*, New York: Charles Scribner's Sons, 2004.

⑤　赵林:《浪漫之魂:让-雅克·卢梭》，武汉大学出版社 2005 年版，第 98 页。

原因之一。自然美生成的一个契机就是自然存在物在人类的历史社会文化语境中的"天生"的无利害性，对于自然审美来说，正是自然的无利害性特征促成了无利害这一美学概念。

作为审美对象，自然存在物的本质特征体现在原初的自然概念的生命式的境域化运作、时间性、远离世俗三个方面，这些特征本质性地关联着审美中的无利害概念，正是自然的这些特征使得自然审美或自然美成为可能的。因而，从作为审美对象的自然的特征出发，自然审美必然要求无利害的心理距离。到此我们只是解答了这一专题中的如画问题的一个方面，下面我们来探讨如画问题的第二个方面，追问自然审美对心理距离的要求如何促成了风景如画。

黄庭坚诗云："山随宴坐画图出，水作夜窗风雨来。观山观水皆得妙，更将何物污灵台。"[1] 按照黄庭坚的说法，山水欣赏在于无利害的欣赏（无物染灵台）中的"得妙"，而山水在"得妙"中则是如画的。老子说："道可道，非常道；名可名，非常名。无，名天地之始；有，名万物之母。故常无，欲以观其妙，常有，欲以观其徼。此两者，同出而异名，同谓之玄。玄之又玄，众妙之门。"[2] 按照引文的意思，"妙"或者有无相生的妙境就是道的境域化，"得妙"即是入于此境域化的体悟与观看。"得妙"观看到的乃是："惟恍惟惚。惚兮恍兮，其中有象，恍兮惚兮，其中有物。"[3] 也就是说在妙之得中，万物的境域化（也是道的境域化）

---

[1]　［北宋］黄庭坚:《豫章先生文集（第七）》,《四部丛刊》影宋乾道刊本。
[2]　陈鼓应:《老子今注今译》,商务印书馆 2003 年版,第 73 页。
[3]　同上注,第 156 页。

存在体现为"象"的明灭，这一点对应于海德格尔对"存在的在场化"的阐述：（在场化）"意味着进入敞开域中的涌现，进入那种澄明之照亮，入于这种澄明，根本上某物才显现出来，才展示在其轮廓中，才以其外观显示自身，因此才能作为此物和彼物而在场"①（外观即是形象）。由此可见，自然审美的本质就在于对自然之境域化的形象呈现的观看。

在无利害的审美观照下，自然审美观照的只是自然风景的形象，这就是西方美学所说的与质料实存相关的形式直观，正是这种形象、形式的观照使得风景如画成为可能。风景画的本质就在于图写风景之形，"图画非止艺行，成当与象同体"②，"《尔雅》曰：'画，象也。'言象之所以为画尔。"③"无以传其意，故有书，无以见其形，故有画"④，这里的"形、象"图写就是万物在境域化存在中所呈示的外观和轮廓，因而符载说"观夫张公之艺非画也，真道也"⑤。以此观之，自然审美的得妙、观象与风景画对风景之形的展示和呈现是相通的，二者同样只关注于自然物的形象，专注于形象中体现的真理，正因为如此，无利害的审美观看之下自然风景必然会显得像是"一幅风景画"。也就是说，我们对自然的无利害的欣赏促成了风景如画，如下面这首诗所云："侬家家住两湖东，十二珠帘夕照红。今日忽从江上望，始知家在图

---

① 〔德〕马丁·海德格尔：《荷尔德林诗的阐释》，孙周兴译，商务印书馆 2000年版，第 65 页。
② 俞剑华：《中国古代画论精读》，人民美术出版社 2011 年版，第 253 页。
③ 同上注，第 273 页。
④ 周积寅：《中国画论辑要》，江苏美术出版社 1985 年版，第 161 页。
⑤ 俞剑华：《中国古代画论精读》，人民美术出版社 2011 年版，第 9 页。

画中。"宗白华先生认为，在与日常生活保持适当的（心理）距离的前提下，主人公才能够将家园作为图画来欣赏。[①] 桂林山水能够在此提供一个十分中肯的例证，由于桂林雨季多雨水，在迷蒙的水雾中欣赏桂林山水就如品味一幅水墨山水画。[②] 这里的水雾所承担的无疑就是一种心理距离的作用，园林建筑中的窗帘也具有同样的效果。无利害的审美欣赏使得我们突出地关注于自然风景的外观形象，由于这一点相通于风景画对风景的形象之真的捕捉，并且由于风景画乃是自然形象的理想（"存形莫善于画"），因此，风景在无利害的观看之下必定会显得像是风景画。

如画正因为与心理距离的这种关联而遭受到一些学者的质疑和指责。当代环境美学反对自然审美中的主客二分的态度和行为，而如画所要求的心理距离就是这种主客二分式的欣赏的标志。对于这一点，本文所做的回应是，如画对心理距离的要求并不必然意味着主客分离地对自然的对象式静观，无利害强调的只是与欣赏者的现实性利害保持一定的心理距离，欣赏者的执着于个体的现实性利害的考虑是进入审美的障碍，如果不能进入审美，主客的分与不分都与审美或美无关。事实上，通过心理距离的攫夺性行为，我们恰恰收获了真正的审美无距离，这一点正如清代山水画家布颜图在《画学心法》中所说："形既忘矣，则山川与我交相忘矣。山即我也，我即山也。惝乎悦乎，则入窅冥之门矣。窅冥之中，无物无我，不障不碍，熙熙默默，而宇泰定焉，

---

① 参见宗白华:《美学与意境》，人民出版社 1987 年版，第 279 页。
② 高建新:《山水风景审美》，内蒙古大学出版社 2005 年版，第 334 页。

天光发焉，喜悦生焉，乃极乐处也。"[1]

本节的探究表明，作为审美对象的自然的自身特征要求自然欣赏中的无利害的心理距离，对自然风景的无利害地欣赏则使得我们仅仅关注于自然的形象性存在，这一点上相通于风景画对风景形象的图写。这样一来，自然风景在保持无利害的心理距离的欣赏中就必定看起来像风景画。

* * * * * *

通过对如画与自然欣赏中的距离（物理距离、心理距离）的本质性关联的考察，本章揭示了距离对风景如画的构造和促成作用。正如第一节中所述，距离与如画的关联的深层根据在于视觉，如画在审美感知上是以视觉为依据的，作为远感官的眼睛的观看在风景欣赏中必然产生双重意义上的距离，而距离则在视觉欣赏中促成了风景的如画。因而我们本章的探究实际上是从视觉感知的层面对如画的美学根据的阐释，这一阐释实乃风景如画的视觉阐释。如画的视觉阐释表明，风景如画是人眼观看自然的结果，不管自然风景的"真实本体"究竟是什么样的，从它向人类的自身呈现角度来说，我们只能通过自己的肉眼来看风景，通过距离的作用，自然风景在人眼的观看中被生成为一幅"二维平面的风景图像"。由此，以"二维的平面图像"为基点，自然与艺

---

[1] 转引自吕俊华：《艺术创作与变态心理》，生活·读书·新知三联书店 1987 年版，第 20 页。

术乃是同一的。这种理解的理论根据在于人眼对自然的同化，即立足于人眼观看的人与自然的同一，其实质即是所谓的"人化自然"。基于上述我们可以说，风景如画的视觉阐释从"人化自然"的层面揭示了自然与艺术、自然与人的同一。

第二章
如画的文化阐释

上一章考察的是如画与距离之间的本质关联，我们在距离之名下所探究的其实是如画与视觉之间的关系，是视觉的距离特征促成了风景的如画，视觉的观看乃是眼睛的感知功能和运作机制的实行，因而视觉的距离特征也可以被视为"如画的观看之眼"的感知层面。在自然审美中，自然风景通过视觉的距离特征被转化为一幅二维的平面的风景图像，这种图像与风景画的相似使得我们必然用如画来经验和描述风景的美，这作为风景如画的一个根据，也公开自身为视觉观看的"如画功能"。对于视觉观看的"如画功能"来说，风景的如画就不是单纯的视觉观看，因为我们眼睛的"看到什么"取决于人类文化层面所规定的"怎么看"。在这个意义上我们对如画的美学探究必然要进一步过渡到文化阐释的层面上。从文化的层面看，如画是我们必须透过艺术、文化的框架观看风景的结果，这一见解为我们指明了如画阐释的文化视角。

第一节　文化视角、观念的联想与如画

风景是视觉美学意义上的自然，风景画则是诉诸于视觉的

造型艺术，风景与风景画都离不开眼睛的视觉观看。在上述意义上，我们对风景如画的探究是无论如何也绕不开视觉阐释的，之所以有风景如画是因为我们有一双"如画的观看之眼"，是我们的那双像画家那样去观看风景的眼睛使得如画成为可能。鉴于此，英国如画审美的倡导者（如画之父）吉尔平牧师是相当重视"如画的观看之眼"的，[①] 由吉尔平所倡导的如画美学的一个重要意义就在于如画开启了推重视觉感受性和眼睛觉知的美学，如奥雷斯塔诺所说："（吉尔平的）如画显示了现代敏感性是一个颂扬感知首要性和眼睛作为所有视觉冒险（包括绘画、写生、旅行和创作园林）的主角的美学理论。"[②] 不仅如此，如画在18世纪的英国兴起的一个缘由就是对眼睛观看的视觉感受性的重视，如画因此才得以从传统的自然审美趣味和模式中脱颖而出。在如画之前约束自然审美的是传统的寓言式欣赏，类似于中国自然审美中的"比德"，这种说教化、理智化的自然欣赏排除了对自然风景的"即目所见"式的直接感受性，因而背离了美归属于感性感知的本质特征。强调眼睛的感性觉知的如画可以被视为自然欣赏向纯粹审美领域的复归，亦即自然审美的自律。

　　眼睛的观看机能是与其光学机制相关联的，视觉透视遵循的就是眼睛的视觉光学原理，眼睛和视觉光学是一体的。世界上的事物之所以是可见的，我们的眼睛之所以能看到事物，其根源在于事物对太阳光的反射。在这种反射中，周围世界以电子波的能

---

①　D. Marshall, "The Problem of the Picturesque", *Eighteenth-Century Studies*, Vol. 35, No. 3 (Spring, 2002), p. 429.

②　F. Orestano, "The Revd William Gilpin and the Picturesque; Or, Who's Afraid of Doctor Syntax?", *Garden History*, Vol. 31, No. 2 (Winter, 2003), p. 163.

量形式存在着，我们的眼睛就是一架天然的光学仪器，它能接受并感知一定波段的电磁波，从而使世界万物能够以视觉形象的方式被我们感知。眼睛的生理结构包括虹膜、晶状体、玻璃体液、视网膜，外界事物对光的反射通过眼睛的生理光学结构而在视网膜上生成图像，其光学构造和成像原理类似于暗箱式的照相机。正是因为这种相通性，"在艺术家和科学家热衷于越来越精密地复制视野时，他们又发明了一些技术补救方法，因为感觉通常总会对视网膜影像做出补充。最通常的设计是'照相暗匣'"[①]。暗箱式照相机源于意大利的"暗室"，暗室的原理是：如果在一间密闭的房子的墙壁上开一个小孔的话，那么外面的事物影像就能通过小孔成像原理在对面墙壁上形成一幅倒立的图画。

由于暗箱式照相机的光学机制更精确地体现了眼睛的视觉功能，因而在真正的照相机发明之前，艺术家是通过描绘"暗箱照相机"所生成的倒立的影像来"创作"风景画的[②]。因为我们通过"现场目击"所看到的风景与暗箱成像的影像是一样，二者都是一幅二维平面的风景图像，并且通过机器对风景的成像比人眼的观看显现得更精确，由于眼睛的观看容易受到注意力、意欲、习俗、偏见、幻觉等心理因素的影响。因而，当开普勒的《天文光学》确立了人工观察的机械工具——暗箱——的时候，人类观察者开始从光学文献中淡出，因为机械装置比肉眼更精确和科学。

---

① 〔美〕卡洛琳·M. 布鲁墨：《视觉原理》，张功钤译，北京大学出版社 1987 年版，第 92 页。

② 参见〔美〕H. G. 布洛克：《现代艺术哲学》，滕守尧译，四川人民出版社 1998 年版，第 63 页。

对于风景观看来说，由于机械的光学装置能够更加精确地体现视觉光学机制，更忠实地图像化再现风景，因此画家更愿意通过暗箱来观看风景和创作风景画。在英国的如画旅行中，旅行者往往会随身携带一些光学仪器，如远距成像透镜、暗箱照相机、遮光镜等，其中最为著名的就是"克劳德玻璃"。"为了制造这个设备，要将一块凸面玻璃安装在黑色背景上：它将会把风景加以映射和小型化，并且淡化它的色彩，但是恼人的是它并不允许这个图像被拿走"①，通过"克劳德玻璃"，风景被缩小化、平面化为一幅小型图画，使其看起来像克劳德所创作的风景画。"克劳德玻璃"被广泛使用的一个原因就在于，它更好地实行和展现了人类的视觉机制，"克劳德玻璃"比起人眼的现场直击来说更容易使风景看起来像画。

然而，这里更值得探讨的不是自然风景通过眼睛的视觉机制而生成为一幅风景图像，而是眼睛通过其光学机制对风景的观看、复制或再现如何将图像艺术化，如画所说的绝不只是眼睛看到的风景在"二维平面的风景图像"方面相似于风景画，其中更深层的相似在于"艺术性"的层面。艾迪生的话点出了问题的关键："我曾经看到过的最美的风景画，是画在一个暗室的墙壁上的，……这个实验在光学中是常见的，在这儿你看到波浪和水在强烈和合适的颜色中的波动，船的图画出现在末端，……"② 这

① Paul Smith and Carolyn Wilde, ed., *A Companion to Art Theory,* Oxford: Blackwell Publishers Ltd, 2002, p. 117.

② See D. Marshall, "The Problem of the Picturesque", *Eighteenth-Century Studies*, Vol. 35, No. 3, (Spring, 2002), p. 419.

幅最美的"风景画"就是外界风景通过暗室的暗箱原理在墙壁上生成的平面风景图像。对此我们应该追问的是，风景在眼睛的感知过程中的图像化再现如何产生了美，以至于这种图像化的再现必须被经验和描述为美如画（"像艺术"）。

暗箱照相机及其所形成的图像是人眼视觉功能的体现，风景在人眼的现场直击中其实就是一幅二维平面的风景图像，因此，观看按照透视原理创作的风景画就像透过窗子看风景。平面图像是对风景的再现，因而通过技术上的操作，平面的图像也可以在视觉中被还原成为立体的物象世界，这在计算机视觉技术和当代的 3D 技术上已经得到了完满的实现。因而可以说，人眼对现实风景的当前直击同样是对风景的再现和复制，这一点与暗箱照相机的复制完全一样，区别只是在于人眼的直击与"克劳德玻璃"一样不能生成可以固定下来的风景图像。因此，如果我们用抽象方式设置出一个风景本体的话，那么人眼所看到的并不是风景的"物自身"，在风景的原物与人眼所看到的风景之间是能够做出一个区分的。从这个角度看，人眼看到的风景或者暗箱的成像都相似于镜子对风景的映射，如丢勒所说："我们的视觉就同一面镜子，因为，它承受出现在我们面前的任何一种形态。"[1] 也正是这个镜子的镜像解释了暗箱或者眼睛的图像化能够产生美的缘由。

如果镜子的作用只是在于对事物形象的复制，那么我们将看不出镜像的复制对原物本身的再现如何能够产生美，然而这种逼真的模仿确实在我们的实际经验中能够产生出美、产生出艺术。

---

[1] 杨身源:《西方画论辑要》, 江苏美术出版社 2010 年版, 第 176 页。

据普林尼的记载，帕拉西奥斯在绘画竞赛中更胜宙克西斯一筹的地方在于，宙克西斯画的葡萄欺骗了鸟儿，而帕拉西奥斯所画的帘子则欺骗了宙克西斯本人，[1] 对于现实的逼真的再现确实能够产生美和艺术。亚里士多德认为"人对于模仿的作品总是感到快感"[2]，亚氏将这种快感理解成为求知的快乐，但是我们更愿意将之理解成为模仿所产生的审美快感，即逼真的复制能够产生美和艺术，这是如何发生的呢？

关于真实，罗斯金说道：

> 真实是很容易就可以得到的，它们与自然的相似是欺骗性的；另一些真实很不容易获得，它们不造成欺骗，但是却赋有内在的、深刻的相似性。这两类真实不能一起获得，必须在两者中做出选择。拙劣的画家只能获得廉价的欺骗性的相似，优秀的画家能获得宝贵的、毫无欺骗性的相似。[3]

复制活动能够产生美并不是因为表面上的相似，而是对于其中更为真实的东西的再现，这就是亚里士多德所说的："诗人的职责不在于描述已发生的事情，而在于描述可能发生的事，即按

---

① 参见迟轲：《西方美术理论文选》，江苏教育出版社 2005 年版，第 20 页。
② 〔古希腊〕亚理斯多德：《诗学》，罗念生译，人民文学出版社 2002 年版，第 24 页。
③ 转引自〔英〕赫伯特·里德：《现代艺术哲学》，朱伯雄等译，百花文艺出版社 1999 年版，第 69 页。

照可然律或必然律可能发生的事。"① 这里根据可然律或必然律而
"可能发生的事情"就不是镜像所能够涵盖的，这些更为真实的
东西乃是在"心灵"与现实、人与自然的存在交融中所生成，这
里起本质性作用的是人的心灵，镜子之所以能够成为再现真实的
隐喻的原因在于人类心灵的缘故。人类心灵的本性的展开为人类
文化，因此风景再现中产生美的奥秘只能在人类文化中寻求和解
说。真实并不是恒定不变的普适性的现成存在，在人类历史的语
境下，真实乃是由信念、认知、社会文化等各方面的因素共同建
构起来的。埃及人所画的池塘和文艺复兴的透视画之间的区别，
并不能作为评判二者的真实性的依据，两个文化背景下的绘画都
是对他们所看到的真实的再现。在人类艺术史中，众多风格类型
的绘画毋宁说都是用不同的方式对自己所理解的"真实"世界的
再现。"再现应该是一种翻译，而不是一种抄录，是一种转换式
变调，而不是一种复写"②，这种抄录或者翻译就是对现实的文化
再现，因而正如布洛克所说，再现"不是一种复制关系，而是从
一种特定的人类观点、立场或角度和一种特定的文化背景出发，
对现实的再现和解释。我们眼睛看到的永远不是物体自身的样
子，而是从我们的生物学立场和文化背景出发看到的样子"③。

　　暗箱所代表的人眼的再现式观看确实使风景产生了美，而其
中的根据则在于观看所置身的文化背景。在文艺复兴时期得到复

---

① 〔古希腊〕亚理斯多德：《诗学》，罗念生译，人民文学出版社 2002 年版，第
　　24 页。
② 〔美〕H. G. 布洛克：《现代艺术哲学》，滕守尧译，四川人民出版社 1998 年
　　版，第 47 页。
③ 同上。

兴的艺术"镜子说"的更深层的渊源存在于文化层面，对于古希腊传统的恢复，加上人们对直接感觉经验的真理性的信念，使得当时的人们确信眼睛所见的就是真实的。彼得拉克被称为近代第一个登山远眺的人，他的这一行为所宣示的就是，人的眼前不再有宗教迷雾的遮蔽，人眼直击到的就是真实世界，在这个方向上镜子乃是一个典范。镜子的镜像在两个层面上表征了这一时期的文化对真实的理解，首先镜像再现了人眼所看到的现实世界的形象，因此镜子乃是画家最理想的工具，它完好地体现了人眼和绘画将现实事物二维平面化的理想；其次，镜子对现实世界的忠实再现隐喻了人类心灵与现实的理想关系，如达芬奇所说："画家的心应当像一面镜子，将自己转化为对象的颜色，并如实摄进摆在面前所有物体的形象。"①

　　综上所述，风景在眼睛——其视觉机能的更为理想的机械代用品是暗箱——的再现式观看中能够形成一个"二维平面的风景图像"，这一点相似于风景画，但是这个图像能够相似于风景画的根本原因却不在于其二维平面性。如画的视觉阐释的有效性仅仅限于"二维平面的风景图像"的领域，超出这个领域这种阐释就不再具有合法性，"二维平面的风景图像"与风景画（艺术图像）之间的相似性的更进一步的根据在于人类文化层面。个中的原因是相当清晰可辨的，一个没有艺术经验或者受过艺术文化训练的人是绝对不可能辨认何为风景画或者艺术的，这样一来"像画、如画"对于他来说总是毫无意义的。另外，我们看到的风景

---

① 〔意〕列奥纳多·达·芬奇:《达·芬奇论绘画》，戴勉译，广西师范大学出版社 2003 年版，第 96 页。

图像都是心灵对风景的再现，任何图像都是经过文化的中介而生成的，我们看到了什么取决于怎么看。因此，风景如画的更进一层的根据在于文化层面的"如画的观看之眼"的运作，这就是说，我们对如画的美学根据的探究必须过渡到文化的层面。

"镜子说"和暗箱技术是上述观点的一个典型例证，虽然二者的存在在文艺复兴之前就早已被认识到，但它们获得其应有的兴盛和荣耀的时刻却是在文艺复兴时期，这里起支配作用的并不是技术的效力，而是文化的力量。埃及人画他们所知道的，希腊人画他们所看见的，正是文艺复兴对希腊传统的恢复才使得眼睛的即目所见被视为真实的，而"绘画被证明是哲学，因为它也研究物体的运动及动作的速度，哲学也研究运动"[①]之类的信念则使得眼睛和光学机械所生成的图像被看作真实的风景本身。

从存在之显现层面来说，风景的美乃至风景本身都必须借助于人及其文化的再现作为中介才能呈现出来，从而成为存在着的，眼睛观看、暗箱、"克劳德玻璃"和镜像所生成的风景图像之所以是"美的"并且由此而相似于风景画，其根本原因就在于人类文化对风景的中介化，只有通过人类文化的再现，才会有美的风景和对风景之美的如画经验和描述，蒲伯的"岩洞"在此可以作为例证：

　　蒲伯在特维克海姆的地产中有一个著名的岩洞，其

---

① 〔意〕列奥纳多·达·芬奇:《达·芬奇论绘画》，戴勉译，广西师范大学出版社 2003 年版，第 58 页。

中有一个镜子，水、光和各种景象都能在镜子中被映射……按照蒲伯的设想，这个岩洞被设计用于"像一个墙壁上暗箱式针孔摄像机那样运作，在其中所有的客体如河流、山峦、树木、小舟形成了一个在它们的视觉放射中的移动的图画"，通过描述"镜子的丰富"的"非凡效果"，在一个罕见的时刻中如画风景被说成是超越了大师级画家的技巧。[①]

显而易见的是，在这个"岩洞"所构造的暗箱的例证中，使风景看起来像风景画、甚至成为超越了大师级画家的技巧的图画的真正根据在于，受过文化艺术训练的"如画的观看之眼"对风景的再现。如画的阐释和论证必须被引导入文化的视角，在此能够为这个见解提供更有力的支撑的例证是摄影。

真正意义上的照相机诞生之后，摄影制作的风景相片逐渐地取代了如画旅行时期的风景素描和手绘地景图，这是由于作为机械的"如画的观看之眼"的摄影术在技术层面更完美地行使了眼睛的光学机制。人眼的视觉成像和照相机的成像在如下方面存在着根本性的相似：照相机的镜头相当于人眼的晶状体；照相机的外壳相当于人眼的眼球壁（黑色暗箱）；照相机的光圈如同人眼的虹膜中的瞳孔；照相机的胶片如同人眼的视网膜；彩色胶片相当于视网膜上的视杆细胞；黑白胶片相当于视网膜上的视锥细

---

① D. Marshall, "The Problem of the Picturesque", *Eighteenth-Century Studies*, Vol. 35, No. 3 (Spring, 2002), p. 419.

胞。[①] 虽然人眼与照相机在成像上存在着诸多的差异，[②] 但是照相机（或摄像机）在接受外界事物的光学信息而形成图像的原理上与眼睛是相似的，因而照相机可以被视为眼睛的仿生学仪器，照相机在客观、科学的意义上甚至超过了人眼，用于科学实验和观察的照相机能够捕捉到人眼所不能察觉或者忽视的细微事实。随着技术的进展，计算机视觉、机器视觉用摄像机代替了照相机，并且用计算机的信息处理来实现人脑的运作，从而更完整地实现了视觉的机器仿生技术。[③] 这其实是更进一步地揭示了照相机模拟人眼功能的"逼真"之处。

摄影的诞生对绘画的影响是巨大的，其中的原因不仅在于摄影照片的技术复制在对现实的精确再现上让手工绘画望尘莫及，更在于摄影对绘画艺术的根本性渗透，画家不再采用写生，而是使用拍摄的相片作为绘画创作的底稿，甚至绘画在风格上也尝试着追随摄影。摄影促使绘画不得不重新确定自己的边界并思考自己的本质内涵，现代绘画在摄影的逼迫下从再现现实转向主体表现、抽象构图等创新实践的史实，在某种程度上也算是对波德莱尔的悲观论调的慰藉：

> 在这可悲的日子里，有一门新工业崛起，使人们
> 的愚蠢信仰走火入魔，人们相信艺术必是——且只可能

---

① 参见徐国武等:《摄影与透视》，辽宁美术出版社 2008 年版，第 9 页。

② 例如人眼成像是经过大脑调节的，而照相机是机械成像，对光线明暗的感觉和颜色感觉上的差异，双视点与单视点、光积累以及视角上的差异，人眼具有视知觉上的心理特征而照相机没有等等。

③ 参见赵鹏:《机器视觉理论及其应用》，电子工业出版社 2011 年版，第 1 页。

是——自然的准确复制。复仇心重的上帝应允了民众的祈愿。达盖尔成了摄影的弥赛亚……如果容许摄影取代艺术的几样功能，那么摄影很快就会将艺术完全取代与破坏，因为摄影在群众的愚蠢中找到了她天造地设的伴侣。所以摄影必须重拾她原有的义务，尽她做艺术及科学的女仆之责。①

　　摄影对风景画的影响在创作和欣赏两个方面都有体现，一些画家的风景画创作直接采用拍摄的风景相片做素材，通过摄影制作成的风景明信片、风景邮票、风景导览画册和风景画的复制相片等，也深刻地影响着人们对风景和风景画的感受和理解。这里似乎产生了一种假象，似乎是光学机械的技术规定着艺术创作和文化感知，这样一来单单是眼睛的光学原理就能解释风景如画的原因，然而这种理解是颇成问题的②，能够为我们揭示问题的本质的是摄影术的另一个方面的内涵。

　　摄影以其严格的光学成像原则和对现实的忠实复制宣示了它的客观性和科学性，本雅明就认为，"对相机说话的大自然，不同于对眼睛说话的大自然：首先是因相片中空间不是人有意识布

①　瓦尔特·本雅明、苏珊·桑塔格：《上帝的眼睛：摄影哲学》，吴琼、杜予编，中国人民大学出版社2005年版，第18页。

②　对于摄影术来说，照相机虽然是技术装置，但是其功能是对人眼的模仿，并且它的操作和控制以及风景照片的"阅读"都是由人来完成的，这些都体现了技术之外的重要因素；其次，风景相片作为技术复制的图像之所以能够被视为艺术性的、美的图像，进而被经验和理解为相似于风景画，其根本原因在于技术以外的体制和惯例的"授权"，对此眼睛的视觉功能已不再具有如画阐释的有效性。

局的，而是无意识所编织出来的……这部机器可以在瞬间产生一个视觉的影像，且看起来与自然本身一样鲜活真实"①。这种通过机械技术所固定下来的现实的影像与绘画等人工再现的图像相比，其客观性和精确性使得人们产生一种根深蒂固的误解，由此而认为摄影照片不但是对现实的复制，而且本身就是现实世界的真实呈现，这一点已经成为人们在科学实验和认知的领域对摄影所持有的信仰。然而，这部能够捕捉和固定现实的机器的功能本质却恰恰拆穿了关于它的信仰的"神话"。照相机及其工作原理的真正根据在于对人眼功能的模仿，可以设想的是，如果小孔成像原理不是恰好相通于人眼的光学原理，那么这种技术和装置就根本不会逐渐攀升到图像制造的主导性位置，很难想象在模仿昆虫的"复眼"结构的光学机械里的世界将会是个什么样子。只有能被人们理解的东西才能被看到，画家只画他们希望看到的东西，只有使人们能够看到"人眼中的世界图像"的机械才能成为观看世界和制作图像的工具。因此，事实上是人及其文化的存在决定了作为机械技术的摄影的盛衰，亦即摄影术的存在根据在于人类文化，而不是相反。

对于摄影来说，照相机的图像制造并不是单纯的机械运作，在艺术摄影中摄影师通过确定镜头的焦距来改变放大率和景观幅度，通过光圈调整景深，通过控制每次曝光的速度和次数来调节清晰程度，通过滤镜的使用来改变色彩，②甚至通过直接修改

① 瓦尔特·本雅明、苏珊·桑塔格：《上帝的眼睛：摄影哲学》，吴琼、杜予编中国人民大学出版社2005年版，第5页。
② 参见〔美〕斯蒂芬·戴维斯：《艺术哲学》，王燕飞译，上海人民美术出版社2008年版，第185页。

底片或者照片来进行类似于绘画的"创作";即便是用来做快照的"自动照相机",其在选景、距离和角度的选择上也体现出人为施加的"艺术创作"的影响;在对摄影照片的使用中,对照片的剪辑和配备的图解性的文字也是人的因素的渗透。其操作中的种种人为因素揭示了摄影绝不是对现实本身的纯粹呈现,摄影与绘画一样所实行的无非是对现实的再现。[①] 因而,如果在我们的思维中能够抽象出一个"现实本身"的话,摄影并不是对现实的固定和复制,而只是人借助这种机械所完成的对现实的文化性再现,这种理解对于如画来说是特别重要的。英国 18 世纪的如画的含义除了"风景像画"之外,也意指一种新的审美风格和美学范畴,那些"如画"的风景、绘画、园林、建筑、文学的如画性在于对古典美学教条的颠覆,"粗糙、衰朽、突变"等都是对古典美学的比例、和谐、匀称的背离。与古典传统的诉诸于客体自身的客观规则相反,这种新兴的美学时尚更强调欣赏者主体的组织化、框架化力量,更需要欣赏者在趣味涵养和艺术训练上有一定的修为,唯有如此才能在平常人看不到美的地方发现如画。而摄影由于缺乏绘画的构图和组织能力,其在表现如画上是不完善的,但是通过一定程度的调节和框架化,摄影也是能够表现如画主题的。[②] 摄影可以被视为借助于照相机对世界的再现,而对照相机的操作和控制所展示的是机械技术层面与文化层面的融合。

---

① G. Currie, "Photography, Painting and Perception", *The Journal of Aesthetics and Art Criticism*, Vol. 49, No. 1 (Winter, 1991), p. 23.

② See W. Kemp and J. Rheuban, "Images of Decay: Photography in the Picturesque Tradition", *October*, Vol. 54 (Autumn, 1990), p. 110.

文化渗透了摄影对世界的再现，也就是说，摄影式再现的实质是文化对技术的吸纳，如艾克曼所说："但是也必须注意到把摄影图像仅仅界定为现实的再生产的错误之处，而忽视了选择的因素（主题、定位、框架化、曝光、聚焦等等），这些反映和表达了当时所处时代的意识形态和趣味，以及摄影技术本身能够施加某种结果的程度。"①

因此之故，虽然真正的照相机于 1839 年诞生不久就被应用于风景拍摄，以其对风景的逼真的复制被塔尔伯特称为"自然的画笔"，然而，摄影能够被称为"画笔"和风景照片能够视为艺术类图像的真正原因不在于对风景的精确复制，而在于人类文化所赋予的"命名"力量。正如一段漂浮的枯木、一个坐便器之所以能够被称为艺术，乃是艺术体制或者艺术历史的叙事所授权的，②风景相片被视为艺术性的风景图像的真正原因在于艺术实践领域的规定力量，而"艺术圈"、艺术体制或者艺术惯例的授权力量所代表的正是文化的约束力。正因为如此，作为机械复制技术的摄影在其早期竟然表现出对绘画的刻意模仿，"崭新的再现技术的突然出现并没有立即产生一种新的想象模式，摄影师和公众都已经形成了一个关于风景或者一个建筑的再现应该是什么样的清晰概念，这些概念是从 1839 年前的半个世纪的大量的印刷和绘画中获得的"③。按照本雅明在《摄影小史》中的陈述，最初

① J. S. Ackerman, "The Photographic Picturesque". *Artibus et Historiae*, Vol. 24, No. 48, 2003, pp. 73-74.

② See Noël Carrol, *Philosophy of Art*, London: Routledge, 1999, p. 266.

③ J. S. Ackerman, "The Photographic Picturesque", *Artibus et Historiae*, Vol. 24, No. 48, 2003, pp. 75-76.

的摄影追求相片的"灵光"，^①这里的"灵光"即表达了对绘画的模仿，摄影要实现的乃是如画的效果。因为文化的力量主导着我们的理解和信念，决定着我们该看、要看和能够看到什么，因此摄影必须着力模仿绘画，甚至是摄影在行使其"档案记录"职能的时候。如果不是置身于摄影诞生之前的漫长的制图和读图的文化史经验，摄影就不可能取得其独立的图像生产的地位，如果没有艺术史中的"艺术模仿现实"的传统和绘画在于记录光与影的信条的话，我们将会很难理解摄影能够作为艺术以及绘画后来对摄影的模仿。

摄影本质上只是我们透过照相机的"机械之眼"对世界的一种观看，"很明显，不止存在一种叫做'观看'（由相机记录、协助）的简单、统一的活动，还有一种'摄影式观看'——既是提供人们观看的新方式，也是供人们表演的新活动"^②。摄影既是一种观看，也是一种观看着的生存方式，其本质归属于文化的领域，诚如周宪先生所说，观看的本质乃是一种非常复杂的社会文化现象^③。文化乃是一切感知和呈现的本体，只有在文化的基底上我们才能观看，我们的文化经验教会并训诫我们"什么是可见的"和"应该如何观看"，摄影相片不仅呈现了可见的一切，而且也包含着不可见的观看方法，因此约翰·伯格说"每一图像

---

① 参见瓦尔特·本雅明、苏珊·桑塔格：《上帝的眼睛：摄影哲学》，吴琼、杜予编，中国人民大学出版社 2005 年版，第 10 页。

② 〔美〕苏珊·桑塔格：《论摄影》，黄灿然译，上海译文出版社 2010 年版，第 147 页。

③ 参见周宪：《视觉文化的转向》，北京大学出版社 2008 年版，第 68 页。

都体现着一种观看的方法"①。我们的"看到什么"取决于"怎么看",而"怎么看"建基于我们对现实的理解和信念,这些关于现实的知识解释和信念的持有归建基于我们的文化之中,因此观看之道源于我们的文化。对于风景欣赏来说,文化经验在我们的意识和无意识两个层面上都已经先行为我们描绘了"风景是什么"以及"一种对风景的再现应该是什么样的",因此文化塑造着摄影对风景的"摄影式"的观看方式,这一点可以以亚当斯对风景摄影的论述为例证,按照亚当斯的理解,实质上是我们对处于何种季节的何种风景的理解和认识先行地决定着摄影操作。②

　　因此,我们能把风景相片视为相似于风景画的深层根据,并不在于技术复制层面,而在于我们的文化领域中。同理,我们在风景欣赏中所观看到的风景"图像"之所以能够被视为艺术类的风景图像并且相似于风景画的缘由,必须越过单纯的光学成像机制的范围,进而抵达人类文化的层面。摄影的例证表明,为了进一步探索如画的根据我们必须引入文化视角的阐释。

　　对于自然风景的审美欣赏来说,正是文化经验中关于风景的描述教会了我们"美的风景是什么样子"以及"如何欣赏风景",承载这种文化教养的正是艺术的职能。可以说是风景画教会我们如何欣赏风景的视觉美,兹举王维在《山水诀》中的片段为例:"塔顶参天,不须见殿,似有似无,或上或下。茅堆土埠,半露檐廒;草舍芦亭,略呈樯柠。山分八面,石有三方。闲云切忌芝

---

① John Berger, *Ways of Seeing*, London: British Broadcasting Corporation and Penguin Books Ltd, 1972, p. 10.

② 参见谢汉俊:《A·亚当斯论摄影》,中国摄影出版社 2009 年版,第 184—194 页。

草样。人物不过一寸许，松柏上现二尺长。"①虽然引文谈的是山水画的画法，但是这又何尝不是中国人山水美的标准或者风景审美的原理，中国人对山水的审美观看的方法即植根其中。"当我们把自然景色称作'风景画'的时候，我们实际上在使用一个隐喻，这个隐喻是一个视觉隐喻，因为我们理解什么是一个风景的方法，是由与原初的'风景像画'相关的绘画传统形成的"②，这也即是说如画的深层根据在于观看的文化属性，风景如画的根据在于我们有一双受过文化熏陶、训练和塑造的"画家之眼"，如画是我们透过风景画、艺术和文化的框架来观看自然的结果。关于这一向度，著名的如画理论家理查德·佩恩·奈特从"观念的联想"角度对如画的解释为我们诠释了上述观点。

《牛津哲学词典》对观念的联想（association of ideas）的释义是："不同的事物在意识中一起出现或者接续地出现的模式，这些在意识过程中起作用的法则，正如在自然现象的研究中的自然规律。"③按照这个释义，观念的联想主要指的是意识活动的模式或者法则，人的心灵按照这些法则和模式对意识中的观念、印象进行整合，从而使事物以并存或者接续出现的方式呈现给心灵。观念的联想在亚里士多德那里已经被注意到，后来的英国经验主义哲学将其充分地发展成为一个著名的哲学概念（或原则），最早论及观念的联想的是霍布斯，而后的洛克、艾迪生、贝克莱、

---

① 俞剑华:《中国古代画论精读》，人民美术出版社 2011 年版，第 256 页。

② C. Kwa, "Painting and Photographing Landscapes: Pictorial Conventionsand Gestalts", *Configurations*, Vol. 16, No. 1 (Winter, 2008), p. 57

③ 〔英〕布莱克·波恩:《牛津哲学词典》，上海外语教育出版社 2000 年版，第 27 页。

哈奇生、休谟等哲学家都为推进这个概念的发展做出了贡献，观念的联想的内涵在这些哲学家的思想中也得到不同程度的丰富和发展。

霍布斯在其《利维坦》中曾专门论述过人类的想象活动，如同运动的物体在受到阻力之后不是马上停止运动，而是渐次地趋向静止一样，人的感觉活动也会呈现出逐渐衰退的情况。先前看到的物象不是在眼前立刻消失，而是会留存在心灵中，并且随时能够在意识中被唤起，只不过在清晰度和生动性上大大地逊色于直接感知而已，霍布斯称这种衰退的感觉为想象。想象不仅能够把不在当前的（以前感觉过的）事物召唤入意识，而且能够在意识中把这些对事物的感觉进行联结和复合。比如，我们对一幅画的感知也总是在时间中进行的，左右上下的观看总意味着时间，但是想象却可以在心灵中将这些时间中的感知片段联结成为在空间中相互共属的整体；并且，想象还能够把不同事物的感觉在时间的序列中加以联结，比如在一个大气压下把水加热到100摄氏度，就会看到水会沸腾，这两种在感觉中不相关的事物在想象中能够通过因果关系被联结起来；此外，当我们受某种意欲和情感支配的时候，感觉经验就会在这些目的性意向的引导下呈现出有规律的联结，这一点在设计规划和艺术创作中表现得特别明显。从想象力的这种联结功能出发，霍布斯认为感觉经验通过想象在意识中的联结并不是件随意的事情，其联结是遵循特定的法则和序列的。[①]霍布斯对直接的感觉和衰退的感觉的区分，以及对衰

---

① 参见〔英〕霍布斯:《利维坦》，黎思复等译，商务印书馆1985年版，第13页。

退的感觉在想象中的有规则的联结的论述，都为观念的联想的讨论奠定了理论基础。

在洛克那里，当前的感觉被称为事物在感官中生成的印象，心灵对这种印象的感知生成了简单观念，这种简单观念在记忆、想象、推理、怀疑、信奉等心灵自身的活动中得到再现。被心灵活动复合的简单观念就是所谓的复杂观念，霍布斯的直接的感觉和衰退的感觉在洛克这里被分别称为简单观念和复杂观念。梯利认为，"洛克所谓的观念指的就是心灵在它本身中所知觉者，或者指知觉、思想或理智的直接对象"[①]，对事物的感知和思维之所以被称为观念，乃是为了强调事物在经验中被赋形的特征，观念意指的是事物在心灵觉知中呈现出的样子。按照洛克的思考，事物的外形和运动等属性是属于事物自身的，因为这些性质不受人的感觉和心灵作用的影响，他称之为第一属性；颜色、温度、轻重等属性则因为其必须经由人的感知因素的参与塑造而被称为第二属性，例如，色盲和黄疸病人所看到的事物颜色与正常人必定是有差异的。事物的第二属性凸显了观念的基本特征，即观念是心灵通过知觉、思维而把握到的事物存在。无论是事物与心灵相互作用所生成的事物的印象（第二属性），还是被感知到的事物本身的属性（第一属性），事物在心灵里面被知觉到的存在都是作为观念而存在的事物。后来的贝克莱干脆抹去了事物的第一属性，认为所有的所谓事物属性都是心灵作用的产物，

---

① 〔美〕梯利著、伍德增补:《西方哲学史》，葛力译，商务印书馆1995年版，第347页。

事物就是一束观念复合体，例如，被称为第一属性的运动也同样具有第二属性的规定性，因为如果运动是事物本身的属性的话，那就没有相对的快慢之分（如事物的运动对于乘坐不同交通工具的人显示出的不同速度）。由此可见，观念一词表述的是心灵感知活动对事物存在的作用，事物的存在就是被感知到的观念。

洛克把人的心灵比作一块白板、一个"暗室"，认为所有的观念都来自于我们的后天经验，这个比喻虽然突出了后天经验对于心灵及其活动的重要性，但是也误导了对心灵活动本身的认识。心灵的活动事实上绝不仅仅是简单而又被动地接受、储存从经验而来的观念。不用说思维中的比较、分析、综合、推理等主动活动，即便是在直接感知中就存在着心灵的主动活动，比如在看风景的时候，我们不但会把感知的片段、风景的局部观念按一定的模式主动地联结成为风景的整体印象，而且还会把以往经验中的相似观念以及观念之间的联结也召唤进感知活动，否则我们将不能进行正常的风景欣赏。

心灵的主动活动表现为心灵对观念的联结，此即观念的联想律，也就是霍布斯所说的想象活动，视觉活动也遵循着观念的联想律。按照贝克莱的理解，视觉本身是看不到距离的，而我们之所以能够感知到距离，乃是我们依照过去的经验进行判断的结果。① 而经验无非是观念联想的结果，因为观念在心灵中的存在必须接受心灵活动的干预，其表现为观念有规则的联结。正是通

---

① See George Berkeley, *Philosophical Writing*, New York: Cambridge University Press, 2009, p. 7.

过观念的联想，我们才能在时间和空间中感知事物，才能够将不同属性的观念复合到一个实体上，能够对不同的实体做出种属的划分，并且关联成为一个世界的存在，从而拥有有序的经验和系统的知识。借助观念的联想，英国经验主义哲学将事物的存在归结于心灵中的观念的存在，而事物在空间中的并存以及在时间中的相继则被经验主义哲学家解释为观念的相似、并存和因果等有规则的联结方式，世界本身的规则被休谟置换成为观念在心灵中的习惯性结合的规则，[①] 这就是西方哲学史的从本体存在向认识论、从客观向主观的转向。奈特对如画的理论阐释就归属并置身于这一思想史转向的背景中。

对如画持客观论解释的是与奈特齐名的理论家普莱斯（Uvedale Price），受伯克的《对崇高和优美两种观念的哲学探讨》的影响，普莱斯在具有巨大、威力、模糊等特性的崇高和以平滑、对称、和谐等为特征的优美之间，增添了一个中间性的第三范畴——如画。这一范畴兼具崇高和优美二者的特征，如画的粗糙、突变和不规则等美学特征显示自身为崇高和优美的中和[②]。但是，以客体属性的思路解释如画存在着很大的漏洞，一个简单的反驳就是面对同样的如画客体，没有受过一定程度的艺术训练的人是不能欣赏的，因为他们不知道所如的"画"为何物。普莱斯的问题在于他并没有全面地继承伯克的理论资源，在伯克那里

---

① 参见〔德〕文德尔班:《哲学史教程》下卷，罗达仁译，商务印书馆 1993 年版，第 655 页。

② See S. Ross, "The Picturesque: An Eighteenth-Century Debate", *The Journal of Aesthetics and Art Criticism*, Vol. 46, No. 2 (Winter, 1987), p. 274.

崇高和优美的界定并不是简单地归为客体的外在属性，而是奠基在人类学或者哲学心理学的基础之上，崇高与个体的自我保存相关，而优美与个体的社交和个体繁殖等本能倾向有关，而普莱斯只注意到表面显示出的客体属性。相对于从客观属性出发对如画的客观论解释，诉诸于主体心灵活动的主观论思路更切合于伯克的思考。按照奈特的理解，如画与崇高、优美一样是对外在事物的心理反应，它体现为一种心灵的活动过程，只有从观看者的主观心理活动出发，才能恰当地理解如画的本质。

　　奈特认为，虽然某些特征的客体可能更适合于如画欣赏，但是如画欣赏源于观看者的心灵，如画的效果产生基于客体经验之上的心灵过程和观念联想，而不是客体的属性本身，从根本上说，如画乃是一种观看的方式，①是观看者的心理运作的结果。风景欣赏的实质是，通过视觉观看在心灵中产生的一系列观念及其联结活动，未涉经验的心灵确实是一个"白板"，但是对于先行已经具有经验的心灵来说，先前的经验能够为心灵储满风景的观念以及观念间的联结模式，这些经验可能来自于之前的风景欣赏，也可能来自于风景画以及风景题材的艺术欣赏。当前风景欣赏所产生的观念能够激起以往的观念及其联结序列在心灵中的再现，这些当前出现的观念就会按照过去的模式和序列进行联结，由此我们才能够拥有风景欣赏的经验，才能够经验到风景。风景观看中的观念联结就是欣赏中的想象或者联想，这种观念的联想能够为风景欣赏提供审美快感，因为想象或联想中的相似于过去

---

① See H. F. Clark, "Richard Payne Knight and the Picturesque Tradition", *The Town Planning Review*, Vol. 19, No. 3/4 (Summer, 1947), p. 150.

的（或者相关的）观念联结能够产生想象的愉快。① 对于如画来说，风景的美就在于，当前风景在心灵中产生的观念激起了以往的相似观念及其按照曾经欣赏过的风景画的模式的联结，或者是当前观念与以往相似观念按照一种新的但是类似于风景画的模式所进行的联结，其结果是我们在当前观看中会联想到过去所欣赏的风景画，或者联想到一幅新的风景画，从而使得当前的风景看起来像风景画。上述就是从观念的联想角度对风景如画的阐释，诚如奈特所说：

> 　　如画一词所表达的与绘画的关系，才是给予产生自联想的所有快感，因此这个快感只能被拥有相似观念来进行联想的人所感受到，即是说只能被对艺术有一定程度的精通的人感觉到。这些处在一定的观看习惯中并且从艺术图画中接受审美快感的人，将会很自然地在观看自然中的客体时候也会感受到快感，正是这些客体令人回想起模仿和修饰的力量。……这些客体为心灵回想起技能、趣味、天才所提供的模仿，而这些模仿反过来又为心灵回想起客体自身。②

　　按照奈特的理解，如画的根据在于风景欣赏中的观念的联

---

① See M. Kallich, "The Association of Ideas and Akenside's Pleasures of Imagination", *Modern Language Notes*, Vol. 62, No. 3 (Mar., 1947), p. 166.

② Quoted in S. Ross, "The Picturesque: An Eighteenth-Century Debate", *The Journal of Aesthetics and Art Criticism*, Vol. 46, No. 2 (Winter, 1987), pp. 275-276.

想，这种按照风景画的模式所进行的观念的联想使得风景看起来像风景画。而自然风景与风景画的彼此相像则加强了彼此的美感，风景的美就产生于自然客体与风景画在观念的联想中的交融，自然像艺术或者艺术像自然都会令人更愉快。因此，对于如画来说，其前提乃是观看者具有一定的艺术修养，确切地说是具有风景画方面的欣赏经验和鉴赏训练。如果没有"画"我们是绝不能谈论"如画"的，这里强调的是如画观看的文化内涵，拥有一双画家的"如画的观看之眼"同时意味着具备一定的艺术文化修养，如画欣赏必定植根于一定的文化传统中。①

如画源于观看者的心灵运作，如画鉴赏力是艺术和文化训练的结果，这一点鲜明地体现在奈特身上。奈特受过良好的教育，他本人是皇家艺术学院趣味委员会成员之一，他撰写的美学论文影响了之后几代的艺术家。奈特同时还是一个艺术收藏者，他收集了大量的古典艺术画作，奈特遗赠给大英博物馆的艺术品就价值6万英镑。如画的本质维度在于观看者的内心活动，在于观看的文化内涵，因此，只有那些受过风景画熏陶的幸运的人才能够欣赏如画，或者如画地欣赏自然风景。艾迪生说："如果不是首先通过视觉进入心灵，我们确实不能在幻想中拥有一个印象，但是我们拥有保留和复合这些先前接受的印象的力量，把它们变为适合于想象力的各种各样的美景和图片。"② 对于如画来说，"保留

---

① See S. Ross, "The Picturesque: An Eighteenth-Century Debate", *The Journal of Aesthetics and Art Criticism*, Vol. 46, No. 2 (Winter, 1987), p. 276.

② J. S. Ackerman, "The Photographic Picturesque", *Artibus et Historiae*, Vol. 24, No. 48, 2003, p. 78.

和复合"的"观念的联想"乃是心灵按照风景画的模式组织风景欣赏的结果，这一点既显示了转向主体的现代美学的特征，也揭示了艺术对人的经验世界的组织功能。对于风景欣赏来说，是风景画的模式主导着我们的风景欣赏经验，并教会我们如何观看风景。

奈特的理论揭示了风景画对风景观看的引导和组织功能，其根据则在于，风景画作为艺术及其所代表的人类文化乃是自然再现的中介，自然唯有经过人类文化的中介才能在人的经验中达到存在，才能以美的形式显示给心灵。从这个角度看，艺术是对自然的概括和提炼，艺术源于自然而高于自然（这里的自然指的是作为物质客体的自然），如王尔德在其《谎言的衰朽》中所说的：

> 我们越研究艺术，就越不关心自然。艺术真正向我们揭示的，是自然在构思上的不足，是它那难以理解的不开化状态，它那令人惊奇的单调乏味，它那绝对未经加工的条件……当我观看一个风景的时候，我无法不发现其缺陷。但是，对我们来说很幸运的是，否则我们将什么艺术都不会有……至于自然的变化无穷，那是一种纯粹的神话。变化不会在自然之中发现。它栖身于观看自然者的想象，或幻想，或有素养的盲目之中。①

艺术作为物质自然在心灵中中介化的结晶，它既为物质自然提供了向感官经验显现的理想的典范——美，而且也为物质自然

---

① 〔英〕王尔德：《王尔德全集》（评论随笔卷），杨东霞等译，中国文学出版社2000年版，第321-322页。

提供了表现自身的形式，也就是说使得物质的自然得以显示给心灵，因而"外部的自然也模仿艺术。自然能显示给我们的唯一现象，就是我们通过诗或在图画中所看到的现象"①。

因此，风景画等风景题材的艺术集中地揭示了风景欣赏的经验模式，风景只有透过风景画的框架和界面才能显示给我们的观看，因而自然风景在观看中就表现得像是在模仿艺术。如画所表达的经验就是"自然风景对风景画的模仿"，朱自清先生就认为"'如画'可以说是属于自然模仿艺术一类"②。在这一点上现实的自然风景在美的价值上是不如风景画的，王尔德由此特别强调艺术远离于生活，艺术与现实无关而只表现其自身。另一方面，现实生活却必需在模仿艺术中获得其经验上的形式之赋予和现象之导向，艺术早就行使着对现实进行揭示的功能，这远早于科学的兴盛，而且在科学占统治地位的时代，艺术也仍具有重要的真理性功能。因而那些敢于承认自己在"说谎"的艺术家恰恰是在追求和道说真理者，在这个意义上海德格尔认为，正是艺术开启了历史，"艺术为历史建基，艺术是根本意义上的历史"③。也正是在上述意义上我们认为，风景的美甚至风景的存在本身都可以归功于艺术的揭示，诚如王尔德所说：

　　　　事物的存在是因为我们看到它们，我们看见什么，

---

① 〔英〕王尔德:《王尔德全集》(评论随笔卷)，杨东霞等译，中国文学出版社2000年版，第357页。
② 朱自清:《朱自清古典文学论文集》，上海古籍出版社1981年版，第122页。
③ 〔德〕马丁·海德格尔:《林中路》，孙周兴译，上海译文出版社2008年版，第56页。

我们如何看见它，这依影响我们的艺术而决定的。看一样东西和看见一样东西是非常不同的。人们在看见一事物的美以前是看不到这事物的。然后，只有在这个时候，这事物方始存在。[①]

对于风景的视觉欣赏来说，如果没有风景画，我们将不但不能欣赏风景的美，更有甚者将看不到风景的存在，由此不难理解何以正是等到莫奈绘画的出现才为人们揭示了伦敦雾的存在。超出二维平面的风景图像的层面，人眼的视觉功能（其机械技术上的体现是摄影术）对如画的阐释将失去效力。摄影术在其实质上归属于视觉的文化属性，视觉乃至我们的全部经验都是由文化调节和塑造的。奈特从观念联想角度对如画的阐释论证了艺术、文化对风景欣赏的组织功能。

第二节 先验图型、视觉思维、图式投射与如画

从认知的角度看，如画的确应该归因于观看者的内在活动，如画欣赏的两个主要方面——对风景的感知以及由此对风景画的联想——的根据都在于观看者的心灵活动过程。对于风景感知来说，即便我们承认对外部风景的感官觉知是一种被动的接

---

① 〔英〕王尔德：《王尔德全集》（评论随笔卷），杨东霞等译，中国文学出版社2000年版，第349页。

受性行为（比如，我们的眼睛总是在受光和色的刺激、我们的耳朵总是被各种音响所促迫），但是对风景的知觉却不仅仅停留于此。按照英国经验主义哲学的理解，风景的感官刺激作为印象能够在心灵中产生一个相对应的摹本——观念，只有在这些观念按照以往经验的序列和联结习惯在心灵中被组合起来的时候，我们才能够拥有关于风景的知觉经验，否则我们的情形只是头脑里被各种风景刺激的感觉信息无序地充斥着，此时甚至还根本谈不上有没有风景观看。观念的联想所揭示的就是视觉观看中心灵的主动活动。风景观看所激起的观念及其联结的序列与我们的艺术经验为心灵所储备的观念及其联结模式的相似，必然使得我们在观看风景的时候会联想起曾经所欣赏过的风景画。奈特从"观念的联想"角度对如画的阐释突出了如画欣赏中的主观性特征，这个特征为我们揭示了如画的文化内涵，虽然文化一词在此也意指欣赏如画所必需的艺术修养和训练，但其确切的含义指的却是从人的角度解释世界的哲学人类学的立场，文化本身就包含有"人类心灵培养"与"人类发展的历程"等人类学方面的含义 ①。我们称这种从哲学人类学的角度对如画进行阐释（亦即从人的认知、实践、符号活动等方面出发来对如画的理解）的理论探究为如画的文化阐释，这一文化视角探究的本质性内涵是，从人性的外化、人的自我实现（即文化的广义内涵）的立场阐释如画的根据。

"观念的联想"对如画的解释完成了从自然客体的属性和特

---

① 参见〔英〕雷蒙·威廉斯：《关键词：文化与社会的词汇》，刘建基译，生活·读书·新知三联书店 2005 年版，第 102 页。

征向人心灵的内部活动的转变，这种"人的转向"的实质正是如画的文化阐释的表征，虽然"观念的联想"在某种层面上触及了如画的本质，但是其理论上的不足之处也是很明显的。首先，在风景观看中风景是实存的，否则就不能谈及风景对我们的感官刺激，但是按照"观念的联想"的思路，我们所能观看和所能意识到的仅仅是我们心中的观念而已，这种纯粹的主观化立场是无法解释客体的"被给与性"的，在"被给予的神话"之类的责难面前是很难做出自我辩护的。因为，如果没有现实被给与的自然事物，我们又是如何以及从何处获得这些刺激和印象的呢？这里的问题在于观念的联想对人与外在风景的关系的淡化，这种思考既无意也无力对人与自然客体的关系做出令人满意的解释，其直接的后果就是导致了风景欣赏中的主观任意性。欣赏的主观任意性对于审美来说是对趣味的原则性的违背，18 世纪的英国恰恰是强调趣味、鉴赏力的原则性的，"趣味无争辩"在当时并没有太多的市场。其次，"观念的联想"对观念联结模式的解释仅仅依赖于经验，依赖于人在多次经验中所形成的习惯和信念（休谟即是如此理解），[1] 这就贬低了艺术经验中的那些联结模式的必然性或先验性特征，这种理解不但掩盖了那些联结模式自身的特征，而且致使如画式欣赏的必然性和合法性无法得到论证。"观念的联想"的思路本身是没有问题的，如画在特定的层面确实源于"风景在我们心中所激起的观念按照风景画的模式进行的联结"，但"观念的联想"错估和误认了这些模式的性质。这些模式其实

---

[1]　参见〔美〕梯利著、伍德增补：《西方哲学史》，葛力译，商务印书馆 1995 年版，第 389 页。

代表了我们认知活动中的必然的联结方式，诚如王尔德对自然必定模仿艺术的判词一样，只有艺术揭示了现实之后，我们才能认知现实。这样一来，"观念的联想"对如画在风景欣赏中所具有的必然性问题的应对显然是无能为力的。

因此，我们有必要引入康德对纯粹理性所做的先验层面的批判性研究，以推进文化视角的如画阐释。康德的先验哲学在向主体转向的方向上是对英国经验主义哲学的继承，康德称自己的哲学创造为"哥白尼式的革命"所强调的就是这一点。然而康德的"先验"一词意指的是人的认知能力的主观上的"客观性"和必然性，"人为自然立法"所说的是人的纯粹理性能力为经验立法的存在论规定性具有法则般的非主观任意性（亦即具有客观性）。此外，正如康德"先验逻辑"是区分于主观逻辑的指向客体的知性原则一样，"先验"一词意味着对客体和经验的先行规定与界划。因而可以说，康德的哲学思考既遵循了"观念的联想"的主体化思路，又克服了后者在主客关系以及认识的必然性上的理论缺陷。

康德认为是人的系统的感知和思维能力（即纯粹理性）使得我们拥有对现实客体的经验，一切现实向人的经验的显现都是以人的认知能力的赋形为基础的。康德的表述如下：

> 只要感官的印象提供最初的原因，人们就向这些印象开放整个认识能力，并完成经验；经验包含着两种极不同类的要素，即来自感官的知识质料和来自纯粹直观和思维的内在源泉的某种整理这些质料的形式，纯粹直观和思维借感官印象的机缘才首先运行起来并产生

概念。[1]

经验指的是我们对事物的表象、认知，是我们对事物存在的觉知和采纳。在经验中客体通过感官接触而被给予我们为对象，经验开始于事物对我们的感官的刺激，在纯粹直观和思维相结合的活动中达于概念，最终形成以命题形式表述的所谓的知识——关于事物的存在的揭示和把握。

被给予的客体的存在对我们感官的刺激产生感觉印象，但是这些印象只是杂乱纷呈的感觉之流（比如在风景观看中，风景通过视觉感官呈现给我们的只是杂多的色彩、线条、明暗等），这些晦暗的感觉质料根本不能在意识中呈现出清晰的轮廓和形象，因而仅仅通过感官感觉我们绝不可能经验到事物，充其量只是经验到客体存在的刺激信号而已。而将客体所产生的感觉质料整理成清晰的经验（认识）则需要我们的认识能力的主动活动，这种为质料赋予形式的直观的表象能力根本不可能属于感觉，否则就不可能在感觉质料之外为其提供形式，康德称这种独立于感觉而又能给感觉提供表象形式的认识能力为纯粹直观能力[2]。感性直观的纯粹形式包括时间和空间，"纯粹"指的是理性的完全不依赖于经验而先天规定客体的能力。[3]比如几何证明中所画的一个任一三角形所提供的就是一个对三角形的纯直观，即便没有对应的

---

① 〔德〕康德:《康德著作全集》第三卷，李秋零译，中国人民大学出版社2004年版，第95页。

② 参见〔德〕康德:《康德著作全集》第三卷，李秋零译，中国人民大学出版社2004年版，第46页。

③ 同上注，第7页。

现实中的经验对象，它仍为我们提供了一个不依赖于质料而实存的纯然的直观。然而这种先天的纯粹直观并不是因为独立于经验而对经验有价值，纯粹的数学知识对经验的唯一价值就在于其在经验中的运用，这既是先验知识的有效性，也是其本质规定性。为感性直观赋予先天原则的纯形式（时间和空间）就是所谓的先验的感性，"一门关于感性的一切先天原则的科学，我们称之为先验感性论"①。这里的"先验"一词所强调的就是独立于经验但又必须与经验对象相关，并且为对象提供经验的必然形式条件的性征。②"先验的"指的是"不研究对象、而是一般地研究我们关于对象的认识方式——就这种方式是先天地可能的而言——的知识"③。

用"先验的"来限定纯粹认识能力是很必要的，因为这些独立于经验的先天知识必须被限制在经验领域才是合法的，如果超越可能的经验范围的越界运用将会造成对于理性而言的悖谬，这就是所谓的"先验幻象"。康德把时间和空间称之为先验的感性形式，意在强调时空是事物能够在直观中被给予的先天的形式条件，亦即事物只有在时空的直观形式中才能呈现给表象。因此我们可以设想没有事物的时间和空间，而绝对不可能设想不在时间和空间中的事物之表象。换句话说，时空作为先天形式已经先行

---

① 〔德〕康德：《康德著作全集》第三卷，李秋零译，中国人民大学出版社 2004 年版，第 46 页。
② 参见邓晓芒：《康德哲学诸问题》，生活·读书·新知三联书店 2006 年版，第 19 页。
③ 〔德〕康德：《康德著作全集》（第三卷），李秋零译，中国人民大学出版社 2004 年版，第 40 页。

地在心灵中先天构造了对象，这一点可以以数学知识为例，三角形的事物必然符合三角形所有几何定性。在对事物的现实经验中，正是这种在直观中对事物的先天"构图"完成了对感觉质料的组织和整理，使其作为清晰的形象呈现给经验中的感性直观，唯有如此我们才能在经验中直观到某物、看见有某物。

康德对感性能力的"先验性"的发现，解决了英国经验主义哲学所不能解决的问题——观念的组织或者联合的普遍性和必然性问题。按照经验主义哲学的信条，我们只能认识自己心灵中观念，因此，事物作为如此这般的形象以及与其他事物的形象关联，在任何地点和时间中都必然出现（即其普遍性和必然性）的根据就不能存在于外在事物，因为外部事物本身是什么样子我们实际上无所知晓。但是，由于"心灵是一白板"，它只是在经验中接受如此这般的联结，于是这些联结就只能是我们由多次经验而来的偶然的习惯和信念，我们在此就绝对不能要求这些组合和联结的普遍性和必然性。康德对此的理解是，虽然物的存在是不容置疑的，但是我们对物自身并不能有所认识，我们所能认识的只能是先验的表象能力对事物的感官印象进行加工的结果——显象。我们的心灵在经验中绝不是一块白板，它具有为事物的对象化赋予先天原则的一切能力，正是基于先验的认识能力的赋形作用，事物才能够作为对象而存在，从而在经验中与我们遭遇，这种先天地与对象的意向相关性的认识就是先验认识能力。虽然我们认识、经验的只是物自身的显象，但是只要事物以显象的方式呈现给我们的表象，它就必然遵循这些认识能力的先验原则的赋形作用，对于任何人在任何的时间地点对任何的事物的经验来说，这些先验的认识原则都是同样有效的，因而可以说，康德的先验主体性思路成功地论证了观念的联想中的经验规则的普遍性和必然性问题。如是观之，我们在如画欣赏中所经验到的那些风景画的联结模式就绝不只是一些经验性的或者惯常的关联，而是一些必然、普遍的形式构造，因为时空作为事物表象的必然条件和形式规则，① 赋予了风景对一切人都必然如是显露的外观，我们看到的风景作为显象必然是通过遵循这些形式规则的约束而呈现出来，也就是说我们对风景的欣赏必然接受先验感性能力的立法，否则我们是看不到风景的。

时空的先验直观形式对感觉质料的赋形并不能解释关于风景的知觉经验的全部。在我们对事物的知觉活动中，空间作为外感官形式为我们提供事物在大小、形状、色彩等广袤性的直观表象，这些进入意识的空间表象被心灵知觉为"我思"的心灵状态，康德称之为内感官（即时间）经验，事物的形形色色的空间表象通过内感官而被时间直观能力把握为相继的序列，事物的直观形象就通过这些时间序列中的空间表象而被给予我们。事物必须通过空间和时间的形式赋予而生成为能够被直观表象的显象，但我们的实际感知经验却并不停留于直观表象，在知觉中我们会把这种呈现给直观的如此这般的相关的或者类似的形象都赋予一个名称，这就是所谓的概念。概念不但处在种属关系的经验联结中，而且也处于一些先天的联结规则中，这些联结是不依赖于经验就

① 参见〔德〕文德尔班：《哲学史教程》下卷，罗达仁译，商务印书馆1993年版，第742页。

能够被我们知道的，如"属性是附着于实体之上的特征"和"一切变化都有一个原因"，这是我们对概念进行先天联结的例证。这种联结是一种先天（先行、先于经验）的综合，因为我们不但独立于经验就能够先天地知道这些联结，而且只要事物能在感性经验中被给予，它就必然服从这些联结，这种通过范畴（量、质、关系、模态）对直观表象所归属的概念进行的先验联结能力就是我们的思维，康德称这种对感性直观的对象进行思维的能力为知性。[①] 如若没有这种思维能力，我们将不能拥有完整的经验，经验除了体现出感性直观的规则之外，还表现为量、质、关系和模态等规定性，只有通过知性范畴对时空表象的综合我们才能拥有所谓的经验。因此，作为经验的知觉必然包含着知性范畴的联结作用，由于通过范畴对概念进行联结是思维的活动，我们可以说感知中也包含着思维，或者说存在着一种感知型的思维（这里可类比于艺术创作的形象思维）。荆浩对山水画的理论探讨可以视为风景欣赏中感知与思维相结合的例证："子既好写云林山水，须明物象之源。夫木之生，为受其性。松之生也，枉而不曲，遇如密如疏，匪青匪翠，从微自直，萌心不低。"（荆浩）[②] 要准确地描绘或恰当地欣赏风景必须要探究"物象之源"，而"物象之源"所意指的乃是对风景本性的理解，完整的感知是离不开思维的，否则我们仍将无法经验到风景。

完整的感知经验必然包含着思维的运作，如康德所说："直

① 参见〔德〕康德：《康德著作全集》第三卷，李秋零译，中国人民大学出版社 2004 年版，第 69 页。
② 俞剑华：《中国画论类编》，人民美术出版社 2011 年版，第 262 页。

观和概念构成了我们一切知识的要素，以至于无论是概念没有以某些方式与它们相应的直观、还是直观没有概念，都不能提供知识。"①康德说的知识指的是呈现给意识的清晰明确的经验、呈现给主体的存在。我们的感知经验是由相关于感性感官的直观和相关于认识的原则能力的知性共同赋予形式的，感性直观离开知性则将会是一团晦暗的感知质料，直观无思维的指引则是盲目的，而思维无直观的支撑则是空洞的，实际的经验是由直观和知性等认识能力共同对感官感觉赋予形式的结果。康德认为直观是为感觉质料赋予时空的表象形式的认识能力，而知性则是通过范畴对直观对象进行综合统一的能力，"一切联结，无论我们是否意识到它，无论它是感性直观的联结还是各种各样的概念的联结，都是一种知性的行动，我们把综合这个普遍的称谓赋予这种行动"②。知性的综合行动是主体在接受感官印象的基础上的一种自主活动，事物对感官的刺激在知性的综合活动中被整合成为直观表象（这个表象会拥有一个概念），进而通过范畴的联结而被把握为对象，到此时事物才能作为存在着的对象出现在我们的经验中，也就是说才能被我们经验到。在我们的经验中起支配作用的就是我们的主动认识能力（这就是纯粹理性按照先天原则赋予规则的能力），无论是直观表象的综合，还是概念思维的综合，起基础性作用的就是认识能力的这种综合统一的行动，感性直观和知性范畴都是它的行动的体现，因而康德称之为"源始的统

---

① 〔德〕康德：《康德著作全集》第三卷，李秋零译，中国人民大学出版社2004年版，第69页。
② 同上注，第102页。

觉"①。从空间表象开始到知性的范畴联结，其中必然伴随的要素就是"我思"，正因为"我思"伴随一切表象，所有的表象不但是"我"的表象，而且是通过"我"被综合成为一个对象，对象之所以能够在经验中被给予我们的根源就在于"我思"对事物的先验构造，因而源始统觉也被康德称为先验自我或者先验的自我意识②。我们的感知经验之所以可能的条件就在于源始统觉或者先验自我的主动活动，如康德所说："一切直观的可能性与感性相关的至上原理就是：直观的一切杂多都从属于空间和时间的形式条件。一切直观的可能性与知性相关的至上原理就是：直观的一切杂多都从属于统觉的源始综合统一的条件。"③

我们在感知中经验到的对象是源始统觉对事物感觉质料的杂多进行综合统一的结果，这就是康德所说的："这种综合的统一性不可能是别的统一性，只能是在一个源始的意识中按照范畴来联结一个被给予的一般直观的杂多的统一性，只不过是被运用于我们的感性直观罢了。"④源始统觉运用知性范畴的联结作用于概念上是没有问题的，因为抽象思维乃是从概念到概念的活动，范畴作为概念的联结是思维活动的本质特征。但知性范畴在作为经验感知的感性直观上的运用却是需要进行演绎的，即这里需要论证

① 〔德〕康德:《康德著作全集》第三卷，李秋零译，中国人民大学出版社 2004 年版，第 103 页。
② 参见〔德〕奥特弗里德·赫费:《康德的〈纯粹理性批判〉：现代哲学的基石》，郭大为译，人民出版社 2008 年版，第 129 页。
③ 〔德〕康德:《康德著作全集》第三卷，李秋零译，中国人民大学出版社 2004 年版，第 105 页。
④ 同上注，第 120 页。

知性范畴运用于感性直观的合法性，因为感知作为经验直观意味着始终与感性显象相关，而知性范畴则是属于思维的（因而范畴是不能被呈现给感性直观的，例如我们绝不能直观到因果范畴），因此，经验感知作为这两个不同质的东西（显象和范畴）在源始统觉中的综合是需要进一步地论证的。

对于知性范畴在感知上的运用来说，康德认为，"如今显而易见的是，必须有一个第三者，它一方面必须与范畴同类，另一方面必须与显象同类，并使前者运用于后者成为可能"[①]。康德称这个第三者的表象为"先验图型"，康德提出这一概念的目的就在于解决知性范畴如何运用到感性直观中的问题。[②] 先验图型的规定性来自于时间，是时间提供了知性范畴运用于感性直观的先验图型，因为时间作为一种先验的规定性与作为先验原则的知性范畴同类，因而所有的范畴都能通过时间来说明其规定性；[③] 同时，时间作为内感官形式必定与感性表象相关，显象的空间形式总是以时间的方式排列，鉴于这种第三者角色，时间就成为源始统觉依据知性范畴对直观表象进行综合统一的先验图型。先验图型存在于源始统觉将知性范畴运用于感知的活动中，由于一切感性直观必定要在知性规则中被给予经验，可以说先验图型乃是我们的感性经验成为可能的必要前提。

先验图型是以时间的规定性呈现于感性直观中的知性范畴，

---

① 〔德〕康德:《康德著作全集》第三卷，李秋零译，中国人民大学出版社 2004 年版，第 128 页。

② 参见戴继诚:《康德"纯粹概念图式"说述评》，《现代哲学》2001 年第 3 期。

③ 参见〔美〕梯利著、伍德增补:《西方哲学史》，葛力译，商务印书馆 1995 年版，第 445 页。

因为即便抽掉内感官中所有的空间表象，我们的意识中还存有作为纯粹直观形式的时间之点的相继性，如果不能在思想中划出一条这样相继的点所组成的直线的话，我们就根本不能表象时间。时间性的先验图型在感性直观中的运用是通过想象力的先验综合做到的，想象力是一种即便当对象不在场时我们也能够对其加以表象的能力，仅仅将以往的直观表象带到当前的想象力是再生性想象力，不依赖于经验性的联想而自发地产生的源始统觉的行动（即依照知性范畴对显象的主动综合）的想象力则是生产性的想象力。[①]康德称生产的想象力的经验性运用——即我们通过想象力的综合而在经验中进行直观——所生成的事物形象为图像，它是生产性想象力的经验运用的一个产物，而图型则是"纯粹先天想象力的一个产物"[②]，即不依赖于经验而先行地在意识中对对象表象的描画，这种先验的形象描画是源始统觉通过想象力对对象之表象的综合，因而能够为事物图像的产生提供原型，也就是说，我们只有通过先验图型的中介才能够经验到现实事物的形象——图像。这样一来，我们可以把先验图型理解为生产性想象力对对象的直观形象的先行描画，只有通过这个先行描画的原型，我们才能够在经验中直观到事物的形象，因为"生产性想象力决不和对象的图像形象活动有什么瓜葛，而是和对象性之一般条件的纯粹外观相关联。它不受经验制约，它是经验首先得以可能的纯粹

① 参见〔德〕康德：《康德著作全集》第三卷，李秋零译，中国人民大学出版社2004年版，第114页。

② 〔德〕康德：《康德著作全集》第三卷，李秋零译，中国人民大学出版社2004年版，第130页。

生产性想象力"[①]。

在这个意义上我们可以把先验图型理解为事物能够以显象呈现给感性直观的原型。正如柏拉图所说的理式（相或看到的共相），理式是想象力先行看到的外观，它为事物的显现提供形象原型，不但木匠对床的制造需要精通于这个原型,[②]而且我们能够经验到现实的床从根本上说都依赖于现实之物入于这个外观的设置。外观不仅仅意指对事物共相的感性表象，而且也意指事物存在的感性表象，因为"图型化"的核心内容是源始统觉在表象上的统摄活动,[③]将时空表象综合于概念之下是一种统摄，将事物在世界背景中的存在关联综合统一地呈现出来也是统摄。因而知性范畴运用于其上的经验世界也具有一个先验图型，任何时代的人都拥有一个关于世界形象的纯粹想象，在其中存在者整体的形象及其存在关系都得到了先行的描画。从这个角度看，先验图型乃是一切经验性直观之可能性的条件，亦即先验图型是一切事物能够在感性直观中被给予的前提。先验图型是源始统觉的综合统一活动在先天直观中的表象，因而它可以视为源始统觉通过想象力对世界形象的先天筹划，我们在现实经验的条件下所经验到的一切事物都是在这个"背景"中显现的。借用柏拉图的模仿论来说，那就是一切现实事物都是对先验图型的模仿，现实事物通过模仿先验图型而拥有一个外观，从而才能够以呈现给意识的方式

① 〔德〕马丁·海德格尔:《康德与形而上学疑难》，王庆节译，上海译文出版社2011年版，第126页。
② 参见朱光潜:《柏拉图文艺对话录》，人民文学出版社1963年版，第71页。
③ 参见〔德〕马丁·海德格尔:《康德与形而上学疑难》，王庆节译，上海译文出版社2011年版，第105页。

公开自身的存在，亦即，正是这些先验图型中介作用才使我们能够感知到现实世界。

　　按照我们这里的探究主旨，更进一步的问题是：先验图型是否存在于艺术中呢？康德在谈到图型的时候列举了一个关于狗的例子，他认为现实中的狗都是狗的概念的一个特殊的图像，而只有通过想象力才能够先天地描画出关于狗的图型，这种图型通过想象力的综合作用能够以普遍的概念呈现给感性直观。[①] 这正是康德在其《判断力批判》中所谈到审美理念的特征："审美理念是想象力的一个加在被给予的概念上的表象，这表象在想象力的自由应用中与各个分表象的这样一种多样性结合在一起，以至于为它找不到任何表示一个确定概念的表述。"[②] 审美理念的形象之所以具有言（概念语言）不尽意的特征，乃是因为在其感性形象上结合着普遍的东西，虽然现实中的狗的形象只能作为狗的概念的一个例证性图像，但是艺术所提供的审美理念却能够为这个概念提供一个先验的图型，而审美活动作为判断力的一种应用能够为概念展现出一个相应的直观。[③] 这就是康德所说的审美想象力对世界统一性的概念（即理念）的展示功能。

　　上文曾提到"先验图型是通过生产性的想象力而成为可能的"，而这种生产性的想象力正是审美活动中的想象力的特征，

---

① 参见〔德〕康德：《康德著作全集》第三卷，李秋零译，中国人民大学出版社2004年版，第130页。

② 〔德〕康德：《康德著作全集》第五卷，李秋零译，中国人民大学出版社2007年版，第330页。

③ 参见〔德〕康德：《康德著作全集》第五卷，李秋零译，中国人民大学出版社2007年版，第202页。

康德在《判断力批判》中再次提到了这一点："想象力的自由正是在于它无需概念而自行图型化这一点，……（审美）不是把直观归摄在概念之下，而是把直观或者展示能力（亦即想象力）归摄在概念的能力（亦即知性）之下。"[①] 艺术就拥有这种图型化的能力，康德在谈到诗艺的时候，认为这种艺术具有把理念性的、超感性的东西图型化的能力，[②] 事实上不仅仅是诗艺，所有类型的康德所说的美的、自由的艺术的本质性因素，都是生产性的、自由的想象力的活动，艺术形象作为一种想象力的"纯象"就是一种先验图型。因此我们认为，艺术就是一种（康德所说的）能够为事物的感知经验提供的先验图型，对于风景欣赏来说，风景画代表的就是关于风景的先验图型（从而也就是风景的原型、理式），唯有如此，我们才能理解何以只有在艺术揭示之后我们才能经验到现实，何以我们必定以风景画的模式感知风景，何以我们必须透过艺术的模式的观看风景，上述的一切最终导致风景在欣赏中必然是如画的。对于风景欣赏来说，由于风景画提供了风景感知的先验图型，所以现实的风景必然要在对风景画的模仿中才能被经验到。"先验"指的是先于现实经验的对对象存在的构造或者筹划，而"图型"则是源始统觉通过想象力对事物表象的先天直观，先验图型不但是风景呈现给可能的感性直观的必要条件，而且是风景感性呈现的理想原型。因此，我们必需在风景画的模式

---

① 〔德〕康德：《康德著作全集》第五卷，李秋零译，中国人民大学出版社 2007 年版，第 299 页。

② 参见〔德〕康德：《康德著作全集》第五卷，李秋零译，中国人民大学出版社 2007 年版，第 341 页。

下才能看到风景，而风景在风景画所提供的先验图型的赋形中必然是看起来如画（像人工创作的风景画）的。

　　上述见解对于风景审美来说尤为重要，按照康德的理解审美乃是想象力与知性、理性的和谐游戏，[①] 审美作为反思判断力的活动其实就是对我们心灵状态的意识，即所谓审美快感。知性和理性虽然是不同种类的综合，但是其本质都是源始统觉的综合统一活动。想象力与知性、理性的和谐活动标志的是想象力对事物表象的综合统一，因此，审美无非就是想象力对事物形象的综合统一的活动，艺术就是作为这种纯然的想象力的综合活动而存在的。对于风景审美来说，现实的风景通过时空的直观形式把直观的杂多呈现给感官，由此刺激了我们的想象力的主动活动，其活动却无非是生成先验图型（风景画就是这些图型中的一种）。因此，风景感知如果是审美的——风景感知诱发出想象力与知性、感性的自由活动——其必然会在风景直观中表象出风景的经验图型——风景画，也就是说现实的风景必定激发起对风景画的想象或者联想，由此我们才能够进入风景审美，因而美的自然风景看起来必定是如画的。

　　根据康德的先验图型理论对如画所做的阐释，不仅论证了奈特的观念联想学说，而且也论证了如画在风景欣赏中的普遍性和必然性。如果说我们从康德的哲学学说中直接移植过来的这种阐释过于生涩的话，我们将会在阿恩海姆和贡布里希的艺术理论中

---

① 参见〔德〕康德：《康德著作全集》第五卷，李秋零译，中国人民大学出版社2007年版，第254页。

更为切近地看到康德的思考在艺术美学上的回响和应用，这种演绎性的探究同时也将会为如画提供一个更为具体的理论阐释。

对感官和思维的区分在西方文明史上有着悠久的传统，希腊早期的思想家（如巴门尼德）早就对知觉活动和理性活动做出明确的区分。① 他们认为感官的知觉活动总是晦暗混乱的，只有理性认识才是明晰可靠的，感官经验唯有经过理性思维的审查才能被称为真实的，这就是统治着西方思想史的关于人的感性和理性的区分。理性代表着规律和秩序，犹如天上的星体，其运动总是按照一定的法则做圆周运动，符合严格的数学的规定，理性的知识作为理智活动的产物是以清新明确为特征的；而感性则代表着无序和混乱，犹如地上发生的事情，没有秩序规则可言，感官意识或者感性经验作为感性活动的产物是混乱和无意识的。近代哲学家鲍姆加登在承认感性认识也具有一定程度的完善性的基础上，为感性知识做出了一定程度上的辩护，由此开创了一门关于感性知识的新的哲学学科——美学。但是，即便在这个所谓的美学之父看来，感性认识的清晰完善性也是低于理性认识的，逻辑学作为占有完善性的理性认识的科学是居于美学之上的，"美学，并非出自对其对象的兴趣而是对其对象的坚决的蔑视，作为哲学知识的一支而成长起来了。逻辑把美学当作'异父同母姊妹'，很不理解她的特性，待之冷若冰霜，迂腐挑剔"②。

---

① 参见〔美〕鲁道夫·阿恩海姆：《视觉思维》，滕守尧译，光明日报出版社1987年版，第44页。

② 〔德〕文德尔班：《哲学史教程》下卷，罗达仁译，商务印书馆1993年版，第667页。

我们且不去评论关于感性和理性在认识方面的地位和价值的争执，这种单单是把人类的经验在抽象中划分为感性和理性两个层面的区分行为本身就是颇成问题的。虽然从形式上对经验认知做出区分对于理论分析来说是很必要的，但是在实际的认知经验中，此二者并不能截然分开，其真实的情况是感知中包含着思维，思维离不开感知。如阿恩海姆所说："为了观看，我们必须思考，而如果我们不观看的话就没有什么东西可用来思维。"① 这就是典型的康德式的表述，即所谓的直观无概念则盲，概念无直观则空。知觉活动决不缺乏清晰明确的理性特征，知觉过程本身也包含着"理智思维"的活动，如阿恩海姆所说：

> 被称为"思维"的认识活动并不是那些比知觉更高级的心理能力的特权，而是知觉本身的基本构成成分。我所说的这些认识活动是指积极的探索、选择、对本质的把握、简化、抽象、分析、综合、补足、纠正、比较、问题的解决，还有结合、分离、在某种背景或上下文关系之中做出识别等。②

作为知觉活动中最重要的一种，视觉具有尤为明显的"知觉思维"的特征。视知觉通过突出、简化、抽象、记忆、选择、完

① R. Arnheim, "A Plea for Visual Thinking", *Critical Inquiry*, Vol. 6, No. 3 (Spring, 1980), p. 492.
② 〔美〕鲁道夫·阿恩海姆：《视觉思维》，滕守尧译，光明日报出版社 1987 年版，第 56 页。

形、比较、图底关系等主动的活动过程，能够在知觉中像思维那样捕捉事物的本质，[①] 而不仅只是被动地摹写外在世界的印象，因此视知觉本身就是一种归属于理智活动的视觉思维，阿恩海姆的大作《视觉思维》正是旨在"通过揭示视知觉的理性本质，来弥合感性与理性、知觉与思维、艺术与科学之间的裂缝"[②]。称视觉为思维意在强调视知觉是心灵的主动的理智活动，视知觉也具有判断、对比、理解等思维特征，我们观看到的对象乃是视觉思维主动活动的产物，如印象主义画派所认为的，我们看到的东西乃是心灵对事物解释的结果，埃及人之所以把池塘画成正方形的，是因为在他们的视觉思维中池塘应该是方形的。阿恩海姆的视觉思维理论从艺术心理学角度论证了心灵在视觉经验中的主动活动，因而可以说是"自下而上"地印证了康德所断言的范畴对直观的作用、源始统觉在感知中的综合统一活动，这正是康德的先验图型理论对格式塔心理学派的影响的一个方面。[③] 一位《视觉思维》的评论者表达这样一种观点：正是康德关于范畴和直观的相关理论支持了阿恩海姆的理论思考。[④]

　　康德认为源始统觉在知觉中的活动是通过想象力来完成的，其结果是提供先验图型，阿恩海姆把知觉活动中的理性运作统称

[①]　参见〔美〕鲁道夫·阿恩海姆：《艺术与视知觉》，滕守尧译，四川人民出版社 1998 年版，第 50 页。

[②]　〔美〕鲁道夫·阿恩海姆：《视觉思维》，滕守尧译，光明日报出版社 1987 年版，译者前言第 27 页。

[③]　关于这个观点可参见陈世骧：《康德"知性纯粹概念图型法"思想的价值》，《学术研究》2009 年第 4 期。

[④]　M. Bornstein, "Visual Thinking by Rudolf Arnheim", *Philosophy of Science*, Vol. 40, No. 1 (Mar., 1973), p. 143.

为视觉思维，其成果是生成"图"，[①] 即所谓的意象（这是中译本译者的翻译）。意象就是知觉思维所生成或依凭的概念性的形象，它具有一般性的东西感性化的特征，因此与先验图型相通。阿恩海姆认为意象的三种功能分别是绘画、符号和记号，[②] 它们的共同特征是为抽象的观念赋予具体可见的形象。对于纯粹的记号功能来说，它只能代表某种特定的内容，而不能反映这种内容的典型的视觉特征，因此记号不是概念感性化的理想模式；符号只是用某一特定的图像来代表某一类的事物，这种"标本式"地赋予概念以可见形象的功能，很明显不可能具有将普遍与特殊必然地结合在一起的理想形象（比如所谓的典型）的特征。因而只有绘画的功能才是意象的最高形态，绘画诉诸视觉感官的特征使其与感性相关，而抽象性（即便再现类的绘画其所表现的也是抽象的力的图式）则使得它与理性必然相关联，并且艺术想象力的活动使得艺术形象成为概念、普遍、抽象的感性化的典型，也就是说，绘画所体现的是普遍与特殊、理性与感性、抽象与具象的完美结合。即便是摹写现实事物的绘画也具有这种特征，用阿恩海姆自己的话说就是："每一件绘画再现都是一种特殊的理性活动——一种把感性表象和一般普遍性的概念融合在一个统一的认识性陈述之中的理性活动。"[③]

---

① 这个见解可参见王楠：《视觉图像的心理规律初探：从阿恩海姆的"图"到贡布里希的"图式"》，上海师范大学硕士论文，第 17 页。

② 参见〔美〕鲁道夫·阿恩海姆：《视觉思维》，滕守尧译，光明日报出版社 1987 年版，第 216 页。

③ 〔美〕鲁道夫·阿恩海姆：《视觉思维》，滕守尧译，光明日报出版社 1987 年版，第 232 页。

　　"高级"的意象（或者意象的理想功能）指的就是康德的"先验图型"，无论绘画是作为源始统觉、想象力的活动及其产物，还是作为阿恩海姆的视觉思维的活动及其产物，其实质都是心灵对于事物形象的主动的先行描画，即便是这种活动只能在感知经验中才会产生（即不是时间上的在先），但它至少必定在逻辑上是一种先行的筹划，因为感觉经验只有进入心灵为事物先行描画的外观之中才能被把握为对象，从而才能在经验中抵达其存在。按照阿恩海姆的思考，我们只有凭借这些心灵所产生的"视觉意象"才能辨识事物，[1] 才能以视觉感知到事物，"观看完全是一种强行给现实赋予形状和意义的直观性行为。事实上，没有一个从事艺术的人能够否认，个人和文化是按照它们的'图式'来塑造世界的"[2]。由于风景画代表着风景呈现的意象、图型、图式，我们在风景欣赏中所看到的必定是视觉思维（按照风景画的模式）塑形而生成的风景，这使得风景在审美中必定显得像风景画，这是着眼于阿恩海姆的视觉思维理论对如画的根据的阐释。

　　阿恩海姆的视知觉和视觉思维理论印证了康德关于直观与范畴、感知与思维必然相统一的论断，在阿恩海姆那里，联结感知和思维的是图或者意象，在康德那里则是先验图型。关于先验图型论，恩斯特·汉斯·贡布里希的图式（shema）和图式矫正理论通过艺术史的纵向研究论证并发展了康德的学说（至少在艺术

---

① 参见〔美〕鲁道夫·阿恩海姆：《视觉思维》，滕守尧译，光明日报出版社1987年版，第163页。

② 〔美〕鲁道夫·阿恩海姆：《艺术与视知觉》，滕守尧译，四川人民出版社1998年版，引言第6页。

理论领域是这样一种情形）。为了标明康德的影响，贡布里希在其《艺术与错觉》的"真实与定型"一章中刻意地引用康德《纯粹理性批判》中关于先验图型的论述作为其章首语："我们的悟性用以处理现象世界时所凭借的那种图式……乃是潜藏于人心深处的一种技术，我们很难猜测到大自然在这里所运用的秘诀。"[①] 这里的图式（shema）就是康德所说的先验图型（shemata）。[②] 上述引文足以显示贡布里希图式理论与康德先验图型论之间的思想渊源。贡布里希的图式主要指的是艺术家能够进行艺术创作的程序和模型，画家的绘画创作的本质是图像的制作，这种制作活动无论是通过翻译和转录来再现现实，还是通过画家的观念（如郑板桥的"胸中之竹"）图像化来表现内心，都必需以一定的制作程序和理想的模型为参照才能进行。如果说图式是我们的图像制作必然遵循的程式和范型的话，那么它同时也是绘画创作和绘画欣赏的先验条件，正如游戏规则使得现实的游戏成为可能一样，没有这些在一定时期为艺术家和艺术欣赏者所共同接受的制图范式的话，就不可能有所谓的艺术活动，更不可能有艺术家的存在。因而，贡布里希认为图式即是图像制作的准则（当然也是图像欣赏的准则），"我们知道古人把他们的图式看做什么，他们把那些图式叫做准则，即艺术家为构成一个似乎可信的人像不能不知道

---

① 〔英〕E. H. 贡布里希:《艺术与错觉》，林夕等译，浙江摄影出版社1987年版，第72页。

② 中文版《纯粹理性批判》的对应段落是:"我们的知性就显象及其纯然形式而言的这种图型法是人类灵魂深处的一种隐秘技巧，我们很难在某个时候从自然中猜测出它的真正操作技巧，并将它毫无遮蔽地展现在我们眼前。"〔德〕康德:《康德著作全集》第三卷，李秋零译，中国人民大学出版社2004年版，第130页。

的基本几何关系"①。

　　图式对于贡布里希的艺术理论具有相当重要的意义，贡布里希认为艺术是制作梦幻或者形象错觉的活动，艺术的错觉能够与现实世界和人的心灵产生关联的原因在于二者的等效性，对于实现艺术创造现实的错觉效果——即艺术的皮革马利翁效应②——来说，作为制造艺术形象的准则的图式无疑是一个必要条件。图式对于图像制作的这种关系等同于康德的先验图型与经验之间的关系，对于图像制作来说，贡布里希的图式乃是"先验性"的。同时，作为图像制作的程式和习惯的图式也包含着图像的范型，这个意义上的图式倒不是任何一个图像，而是某一种风格类型或者艺术史分期上的众多图像的理想模型，它是作为众多绘画的审美理想而存在的。因此，从图像而不是制像角度看，图式乃是某一特定历史时期的艺术家们对艺术图像的"观念性"理解，如一位研究者所说："（贡布里希的）图式描述了我们的概念上的分类和通过一个天然的形象等价物对世界的感知习性，它像一个象征符号一样运作。"③ 由于代表了不同历史时代对理想图像的观念性理解，图式能够被用作艺术史分期的参照系，古希腊艺术、文艺复兴艺术都有不同的图式。但图式并不是概念式的，图式必须体现在形形色色的具体图像中，因而，尽管有种类众多的绘画标

---

① 〔英〕E. H. 贡布里希:《艺术与错觉》，林夕等译，浙江摄影出版社，1987 年版，第 178 页。

② 参见〔英〕E. H. 贡布里希:《艺术与错觉》，林夕等译，浙江摄影出版社 1987 年版，第 110 页。

③ K. Nanyoung, "Ernst H. Gombrich, Pictorial Representation, and Some Issuesin Art Education", *The Journal of Aesthetic Education*, Vol. 38, No. 4 (Winter, 2004), p. 36.

准和绘画方法教科书——如诗歌创作中的诗句图、诗式一样——
但真正要认知某种图式就必须依赖于归属于某种图式下的具体
作品。不难看出，贡布里希的图式与康德的先验图型一样，包含
着普遍性的观念和具体感性形象的统一，图式的观念性质所指
的就是对理想的形象——即范型——的先验理解，它为被制作的
图像的"应该如何"提供形象上的观念、心理的预期和定向，如
贡布里希所说"艺术家的倾向是看到他要画的东西，而不是画他
所看到的东西"[1]。画家要看到的东西是由图式所提供的范型所引
导的，正是它标识了制像的理想，艺术家在艺术上的努力无非
是为了追求图式的实现，"他们总是期望看到他们所谓的'理想'
形象"[2]。

　　在康德的思考中，先验图型是人们先天拥有的知识，这种类
型的知识像柏拉图在《美诺篇》中所表达的，童奴之所以能够学
会几何学知识的原因在于在他的心里早就拥有这些知识，[3]学习和
训练的作用在于使灵魂回忆起这些先天的知识。但图型的现实存
在并不是如哲学家所展望的那样，是作为纯粹、恒定的理想形式
（如柏拉图的理式）而存在的，图型必须在人类文明史中"不纯
粹"地向"纯粹"演进，学习和训练恰恰就是这一过程的展开和
实现。即便是纯粹的几何学知识也是如此，如欧几里得几何学向

---

① 〔英〕E. H. 贡布里希:《艺术与错觉》，林夕等译，浙江摄影出版社 1987 年版，
　　第 101 页。
② 〔英〕E. H. 贡布里希:《艺术的故事》，范景中译，生活·读书·新知三联书店
　　1999 年版，第 630 页。
③ 参见〔古希腊〕柏拉图:《柏拉图全集》（第一卷），王晓朝译，人民出版社
　　2002 年版，第 516 页。

非欧几何的演进。因而纯粹的图型只是一个理想，现实的图型只是处于人类文明史的某阶段的"具体的"范型。从这个方面看，我们认为贡布里希的图式论从艺术史的角度发展了康德的图型论，康德所描述的那种理想条件下纯粹、恒定的图型在贡布里希这里成为在艺术史上演进的图式系列。艺术家的图式是先验的，因为唯有这些先在的图式才使得具体的图像制作成为可能，但图式同时也是经验的，这些图式只能源于艺术家的创作经验、艺术训练和艺术传统，艺术家如果不经过一番师古、师法的努力而立足于传统，他们就不能够成功地进行创作和创新。艺术家只有在继承已有图式的前提下才能够进行艺术创作，这就是贡布里希所说的"先制作再匹配"[①]。艺术家必须在已有的图式传统中创作，然后再将这些实现了的图式与现实进行匹配，这里的现实不是外在世界，而是人的心灵对外部世界进行反映的"现实"。当已有的图式不能符合心灵感知的"真实"的时候，就需要矫正图式以达到匹配。这里能够看到波普尔的"试错理论"的影响，科学研究是一个不断探索、尝试的过程，不是去发现、证明真理，而是一个证伪的活动，是一个不断调整以适应反例的过程。人类艺术史上不同风格类型的图式的演进也是这个道理，人类艺术史就是一个图式矫正的历史。贡布里希的图式可以被理解为画家心中的图像的理想范型，由于图像的范型和标准总是具体的、历史的、文化的，图式的确切含义乃是特定时期的特定文化群落中的画家

---

① 〔英〕E. H. 贡布里希:《艺术与错觉》，林夕等译，浙江摄影出版社 1987 年版，第 138 页。

的图像理想。

贡布里希的图式正如一套编码本或者函数式，通过它画家可以将现实的可见世界或心灵中的观念转录成为可见的图像，图式就意味着心灵的主动整理和组织的活动及其所遵循的规则，因为"外出再现可见世界的艺术家不单单面对着他试图'模仿'的中性形式的庞杂事物，我们描绘的是有结构的宇宙"[①]。这个宇宙之所以是有结构的是因为可见的世界是我们的图式对其加工的结果，这一点与康德的理解相通，显象的世界是我们心灵中的先天认识能力赋予形式的结果，是知性范畴通过先验图型对感知经验加以整理的结果。在这个意义上，图像制作可以被视为画家心灵中的图式向现实图像投射的结果，这样一来我们才能解释为何面对同一处风景，不同文化传统的风景画家能够通过写生而描绘出不同风格的风景画。在这里最有说服力的解释是，在他们的心中储存着不同的图式，当其投射向同一个题材的时候，所生成的图像必定会是迥然有别的。

图式的投射不仅仅发生在画家的制图过程中，甚至在可见世界的观看中同样发生着图式投射。在某种意义上可以说，"我们看到的世界是由我们的绘图经验建构的"，我们对现实的观看像画家那样不是看到所见的，而是只看能够被描绘的东西。在对现实世界的观看中，图式意味着视觉的组织，视觉的组织为感觉质料赋予形式，而唯有与观看者心灵中图式相符合的形式才是"存

[①]　〔英〕E. H. 贡布里希:《艺术与错觉》，林夕等译，浙江摄影出版社1987年版，第573页。

在着的",进而才能进入我们的注意范围之内。虽然在观看可见世界的活动中的实际情况是,事物先刺激了我们图式,然后才有图式对感觉信息的整合式的组织和加工,[①] 但是,由于图式乃是心灵中早已拥有的,现实的图式化乃是心灵主动活动的结果,我们看到的可见世界本身就是心灵中的图式和图式能力对世界赋形的结果,因此,即便在对世界的观看中也发生着图式投射的运作。

按照上面的阐述,我们看到的风景乃是自己心中的风景图式在自然中投射与匹配的结果,对于视觉经验来说,这里的图式专指风景画的图式。贡布里希在其《图像与眼睛》中提到风景欣赏中的如画经验的时候,认为如画产生的原因在于记忆和辨认,就是说当面对自然风景的时候,我们会回忆起出自某个画家的某种风格类型的风景画,这种回忆也是辨认,辨认出这是某某的风景画。[②] 虽然风景欣赏中包含着辨认、记忆、联想等活动,但是审美毕竟不是纯理智的回想、比较和识别,它始终是一种感性的知觉活动,并且,只有在已经把风景知觉为"一幅画"的前提下,才有可能对其进行"像某某的画"的辨认。因此如画的根据在于我们的风景画的图式在风景欣赏中的投射,这就是贡布里希在《艺术和错觉》中所说的:"因此,难得有什么实例比科曾斯'新方法'的示范更清楚地表现出(图式的)制作和匹配、暗示和投

---

① See J. A. McMahon, "Perceptual Constraints and Perceptual Schemata: The Possibility of Perceptual Style", *The Journal of Aesthetics and Art Criticism*, Vol. 61, No. 3 (Summer, 2003), p. 266.

② 参见〔英〕E. H. 贡布里希:《图像与眼睛》,范景中等译,浙江摄影出版社1989年版,第37页。

射之间相互作用的复杂过程。如果对于克劳德的风格一无所知，英国的绘画爱好者绝不会想到在本国风光中发现他们所谓的'如画母题'(Picturesque Motif)。"[1]

按照贡布里希的理解，风景如画的根据在于风景欣赏中的图式投射与匹配，图式投射使得风景看起来像画，而匹配则使其看起来像"某某或某类"风景画，关于这一点马歇尔在其《关于如画的问题》的开篇为我们提供了一个典型的例证：一位风景画家认为他们透过阳台所看到的风景中有人物在房屋四周活动，而事实上那些只是塑像而不是人物，然而当远观房屋顶端的时候，似乎它们就是在房屋周围活动的人物。[2] 这里的风景画家把塑像误认为活动的人物的原因就在于风景画图式的投射和匹配，因为点景人物乃是画家的风景画图式里的组成部分。当我们在墨迹、斑点等视觉形象而不是风景中看到风景的时候，图式投射理论将会显得更加具有说服力，这就是贡布里希在《艺术与错觉》特意引用的中国画论中的例证：

> 汝先当求一败墙，张绢素讫，倚之败墙之上，朝夕观之。观之既久，隔素见败墙之上，高平曲折，皆成山水之象，心存目想：高者为山，下者为水；坎者为谷，缺者为涧；显者为近，晦者为远；神领意造，恍然见其

---

[1]　〔英〕E. H. 贡布里希：《艺术与错觉》，林夕等译，浙江摄影出版社 1987 年版，第 222 页。

[2]　See D. Marshall, "The Problem of the Picturesque", *Eighteenth-Century Studies*, Vol. 35, No. 3 (Spring, 2002), pp. 413-414.

有人禽草木飞动往来之象，了然在目。[①]

按照贡布里希的理论，如画源于我们心中的风景画图式在风景欣赏中的投射，这种投射乃是人类的一种习惯性行为，因为视野本身是"文明人长期习惯把世界看作一幅图画所产生的"[②]。因此，在对现实风景的观看中我们绝不可能具有一双"纯真之眼"，一切的观看都已经先行地受到图式的规范和约束，图式的背后乃是人类文化及其传统的规定作用，我们所拥有的只是一双受过熏陶和教育的"文化之眼"。如画作为图式投射的结果，其实质在于人类文化在自然风景中的投射，这个层面上所理解的如画的根据在于人的外化，因为作为人的心灵的培养或者人类的自我发展与实现的文化，其本质是人性、人的本质在现实世界中的外化或者投射。康德的先验图型理论和阿恩海姆的视觉思维理论都是从人类主体性出发对现实的理解，这就是文化视角的基本立场，其实质在康德的"人为自然立法"中得到宣示，文化视角的如画阐释的实质就是人化自然。贡布里希的图式投射理论对如画的阐释更鲜明地体现了文化视角的特征，人化自然乃是人类文化在风景中的投射，正如波普尔的"探照灯比喻"，可见的现实世界只是我们投出的光线所照亮的区域。

文化视角的如画阐释的实质是人化自然，是人的本质的自我

①　〔英〕E. H. 贡布里希:《艺术与错觉》，林夕等译，浙江摄影出版社 1987 年版，第 224 页。

②　〔英〕E. H. 贡布里希:《图像与眼睛》，范景中等译，浙江摄影出版社 1989 年版，第 200 页。

实现，而作为人的自我实现的人类文化就是人不断向外在世界外化的历程，这就是费希特所说的，自我通过"自我设定一个非我与自我对立"来达到自我的绝对的自我意识，[①] 在这里非我即是"我"的异己存在物——自然。自我设定非我的活动就是自我在外在自然中的投射，也就是自我的对象化活动。在"对象化"的层面，马克思美学中的相关命题（如人化自然、美是人的本质力量的对象化）将为如画的文化阐释提供更进一步的理论视界。

第三节　对象化、符号形式、文化实践的建构与如画

马克思认为人的本质是一种对象性的存在物，人的存在是一种其自身不断对象化的存在，这个见解在《1844 年经济学哲学手稿》中得到表述：

> 当现实的、肉体的、站在坚实的呈圆形的地球上呼出和吸入一切自然力的人通过自己的外化把自己现实的、对象性的本质力量设定为异己的对象时，设定并不是主体；它是对象性的本质力量的主体性，因此这些本质力量的活动也必须是对象性的活动。对象性的存在物

---

① 参见〔德〕黑格尔：《哲学史讲演录》第四卷，贺麟等译，商务印书馆 1978 年版，第 317 页。

进行对象性的活动，如果它的本质规定中不包含对象性的东西，它就不进行对象性的活动。①

所谓的对象性活动指的是，人通过实践把自己的本质力量外化为对象的活动。人的对象性存在的本质在于人的生存必须依赖于对象性的关系，缺乏对象性的人将会是非感性、非现实的，亦即不存在的："一个存在物如果在自身之外没有对象，就不是对象性的存在物。一个存在物如果本身不是第三存在物的对象，就没有任何存在物作为自己的对象，就是说，它没有对象性的关系，它的存在就不是对象性的存在。非对象性的存在物是非存在物。"② 作为人的存在本质的对象化活动在人的实际生存中表现为感性的生命激情，"对象性的本质在我身上的统治，我的本质活动的感性爆发，是激情，从而激情在这里成了我的本质的活动"③。

正如我们必须通过左手触摸右手（抑或反之），才能够意识到自身一样，人的本质及其求存在的力量只有通过与对象感性"接触"的存在关系才能够达到自我意识，亦即才能拥有存在。任何割裂这种感性的对象性存在关系的思考都是一种抽象，而将存在本身抽象成为主体和客体、存在和思维的所有做法都是对存在的歪曲，因为人和对象世界在抽象中都是非感性、非现实

---

① 〔德〕马克思：《1844 年经济学哲学手稿》，中共中央马克思恩格斯列宁斯大林著作编译局译，人民出版社 2000 年版，第 105 页。
② 同上注，第 106 页。
③ 同上注，第 90 页。

的——也就是说不存在的。人是通过自己的身体及其生存活动能力而拥有对象的，而人的身体及其求生存的自然力都归属于更大的对象全体——整个自然界，但自然界作为对象的整体乃是人的"我的身体"，从这个意义上说，自然界乃是人的"无机的身体"。"无机的身体"既意味着人的本质通过自然而获得存在，也意味着自然是人的本质力量的确证，正如我们通过举手投足来证明自己的自由自觉的活动一样。自然作为人的本质力量的对象化就是一个对象性的人、对象化的自我，因而马克思说："直接的感性自然界，对人来说直接是人的感性（这是同一个说法），直接是另一个对他来说感性地存在着的人；因为他自己的感性，只有通过别人，才对他本身来说是人的感性。"[1]自然作为"人的感性"或者"感性的人"指的是，自然既是人的对象又是人的本质的对象化，因为人的对象性存在从根本上说就是人的本质力量的对象化。

　　人的本质力量的对象化表现为人的历史性的实践活动，在这种自觉能动的主观见之于客观的实践中，人与自然不是漠不关心的外在关系，而是植根于感性"接触"中的自我与自我的关系。人的本质力量（自我）在实践（对象化）中成为自然，而自然则在这个过程中（人化）成为人的（感性存在），这就是马克思所说的：

---

[1]〔德〕马克思：《1844年经济学哲学手稿》，中共中央马克思恩格斯列宁斯大林著作编译局译，人民出版社2000年版，第90页。

> 随着对象性现实在社会中对人来说到处成为人的本质力量的现实，成为人的现实，因而成为人自己的本质力量的现实，一切对象对他来说也就成为他自身的对象化，成为确证和实现他的个性的对象，成为他的对象，这就是说，对象成为他自身。①

自然是人的存在的感性对象，是人的本质力量对象化了的感性存在，人和自然都是在人的对象化的实践活动中拥有其存在的。因而在理想的状态下——例如马克思所说的共产主义社会——人与自然是同一的，人是感性的自然人，自然是人化了的自然界。

在马克思看来，人是"类的存在物"。而人作为类的存在物的规定性在于他是"自由的存在物"，有生命的自由的存在物是能够将自己的本质力量对象化的存在物。马克思使用"本质力量"一词而不是本质，意在突出生命活动是人的本质的自我实现的活动。通过这种自由的对象化活动，人将自己的本质力量外化为现实存在，从而使"他自身的类和其他物的类"能够成为自身的对象。这种实现了的人的本质力量就是人化了的自然界，自然只有在人的对象化的活动——社会的、历史的实践——中才能成为自然，离开人的历史性生存的抽象的自然只是虚无。对此，马克思认为"在人类历史中即在人类社会形成过程中生成的自然

---

① 〔德〕马克思:《1844年经济学哲学手稿》，中共中央马克思恩格斯列宁斯大林著作编译局译，人民出版社 2000 年版，第 86 页。

界，是人的现实的自然界"①，而人类历史则是人的本质力量对象化自然史。②美的本质就植根于人的本质力量对象化的自由活动中。

美归属于人的本质力量对象化活动的根据在于："人懂得按照任何一个种的尺度来进行生产，并且懂得处处都把内在的尺度运用于对象。因此，人也按照美的规律来构造。"③马克思是在比较人与动物的区别的基础上得出上述结论的，"任何一个种的尺度"是自然界中事物的内在本质或者本性，唯有掌握了事物所属的种的本质规律，人才能够实行朝向这个事物的所有实践活动。"内在的尺度"则不是任何一个物种的尺度，因为如果这个内在尺度是某一个事物的内在尺度的话，那么我们甚至无法解释为何按照事物尺度进行生产的工人的异化劳动却为自己带来了畸形、贫困和丑陋。同时，虽然"内在尺度"表现为人的尺度，④但是它绝不可能是人的尺度，因为人作为"类的存在物"的自由能够将人的类和事物的类都作为对象来对待，因而人的物种的尺度只是"内在尺度"的一个组成部分。"内在尺度"只能是人类自由存在的尺度，这个尺度也是自然整体的尺度，因为人本身也归属于自然界，如施密特在谈到这个问题的时候所理解的，人与动物最大

---

① 〔德〕马克思：《1844 年经济学哲学手稿》，中共中央马克思恩格斯列宁斯大林著作编译局译，人民出版社 2000 年版，第 89 页。

② See Sean Sayers, *Maxism and Human Nature*, London and New York: Routledge, 1998, p. 4.

③ 〔德〕马克思：《1844 年经济学哲学手稿》，中共中央马克思恩格斯列宁斯大林著作编译局译，人民出版社 2000 年版，第 58 页。

④ 参见朱兰芝：《论马克思所谓"内在尺度"》，《山东社会科学》2000 年第 4 期。

的区别是"人的普遍性的特征在于人至少能占有整个自然界"①。人能够占有包括他自身在内的自然界的根据在于，人是自然界实现自身的"自然之手"或者"自然的目的"，人的历史性的实践活动就是自然界实现自身的力量的展开。人与万物就在这个无法探究的命运中被关联起来，正是从自然界整体的尺度出发，才有《中庸》中所说的"尽人之性，能尽物之性"，而人的"内在尺度"只能是"赞天地之化育"，在这个意义上而且唯有在这个意义上理解的"内在尺度"才是人的自由存在的根据。因此，我们把马克思所理解的"美的本质"表述为"人的本质力量通过历史实践而实现的自由的对象化"，"自由"刻画的是人作为"类的存在物"（社会的、自由的）的存在物的特征，因为人能够处处按照"内在尺度"进行实践活动。按照这个定义，作为对象化活动的一种极端形式的工业生产中的异化劳动就不能是美的，因为这种历史实践剥夺了人的自由及其"类的存在物"的特征。②

　　作为"人的本质力量的自由的对象化"的美并不局限于人类实践活动的某个领域，例如，按照马克思的理解，消除了异化劳动的共产主义社会中的社会性生存的一切都将是美的。但美的最典型的表征却毫无疑问地展现于艺术实践中，这样说的理由不仅在于在社会分工的条件下主要是艺术承载着审美功能，而且更多归因于艺术的本质。马克思在其《〈政治经济学批判〉导言》中是把艺术作为掌握世界的一种方式来理解的，他在谈论思维的时

---

① 〔联邦德国〕A. 施密特：《马克思的自然概念》，欧力同等译，商务印书馆1988 年版，第 80 页。
② 参见董学文：《马克思与美学问题》，北京大学出版社 1983 年版，第 71 页。

候说，"这个头脑用它所专有的方式掌握世界，而这种方式是不同于对世界的艺术的、宗教的、实践精神的掌握的"①。掌握世界的活动也就是人本质力量对象化的活动，艺术作为一种掌握世界的方式也是一种生产，即艺术的生产。而作为人的本质力量的对象化活动的艺术的本质是，通过感性形象和直观而实现的人的作为"类的存在物"的活动。由于资本主义工业生产中的异化劳动仅仅囿于有用性的范围，"在异化范围内活动的人们仅仅把人的普遍存在、宗教，或者具有抽象普遍本质的历史，如政治、艺术和文学等等，理解为人的本质力量的现实性和人的类活动"②。因为仅仅关注于外观，艺术能够自由地面对对象，因为艺术是人的"本质力量的实现和人的'类的活动'"，艺术具有普遍性的本质（这也是黑格尔把艺术、宗教和哲学划归于绝对精神的运动阶段的根据）。在审美的领域，人作为"类的存在物"的自由的生命活动最典型地体现在人类的艺术实践中，作为人的审美存在的本质力量对象化的结晶，艺术作品凝聚着美的规律。

作为人的对象的整体、"无机的身体"的自然的美同样归因于人本质力量的对象化活动，③由于艺术典型地体现着在审美活动中得到对象化的人的本质力量，在美的自然风景中所发生的对象化活动必然表现为，人类的艺术所代表的美的规律在风景中的对象化。对于视觉观看来说，风景欣赏中的美的自然风景必然表现

---

① 参见董学文:《马克思恩格斯论美学》,文化艺术出版社 1983 年版,第 47 页。

② 〔德〕马克思:《1844 年经济学哲学手稿》,中共中央马克思恩格斯列宁斯大林著作编译局译,人民出版社 2000 年版,第 88 页。

③ 参见董学文:《马克思与美学问题》,北京大学出版社 1983 年版,第 101 页。

为风景画所代表的人的审美本质力量（美的规律）在风景中的对象化，这使得美的风景必定看起来是如画的。上述就是从马克思的美学理论出发对如画的阐释。

从马克思的视角对如画的阐释深化了贡布里希的思考。根据马克思的思考，人类的艺术史是人的本质力量审美的对象化的历史，艺术图式从根本上说归属于人的本质力量，因而审美感知中的图式投射乃是人的本质力量对象化的历史性展开，正如马克思所说的，"五官感觉的形成是迄今为止全部世界历史的产物"[①]。马克思从人的本质、人类历史出发的思考，为贡布里希的图式投射理论提供了历史和哲学上的进一步论证，提升了之前的阐释的思想层次，因而我们认为，以马克思的理论对如画的阐释进一步推进了如画的文化阐释。

基于马克思理论的如画阐释体现了文化视角的典型特征，文化的本质是人的本质的外化、对象化，马克思的哲学实质上是一种哲学人类学的形态，甚至马克思本人应该被称为一个人类学家。[②]哲学人类学意义上的"人的本质力量的对象化"的本质乃是一种文化哲学的立场，这种视角的如画阐释的本质特征就是从人化自然的角度出发对如画的解释。文化视角的本质就是哲学人类学意义上的文化哲学的思想视界，因而我们有必要把如画的文化阐释推进到文化哲学的理论层面。在文化哲学的领域里最有代表性的思想家无疑是恩斯特·卡西尔。

① 〔德〕马克思:《1844 年经济学哲学手稿》，中共中央马克思恩格斯列宁斯大林著作编译局译、人民出版社 2000 年版，第 87 页。

② See Thomas C. Patterson, *Karl Marx, Anthropologist*, New York: Berg, 2009.

康德通过对人的先天认识能力的批判为人类知识寻找到一个可靠的地基，这个所谓的"哥白尼革命"是以向人的转向完成的哲学变革，其实质是把解决一切哲学问题的思考基点置于人的主体性之上，因此康德的理性批判乃是一部人的批判。在《逻辑学讲义》中，康德为《纯粹理性批判》中提出的三个主要哲学问题——"我能够知道什么"（形而上学）、"我应该做什么"（伦理学）、"我可以期待什么"（宗教）——增加了"人是什么"的最后一个问题，康德认为人类学为第四个问题做出回答，并且"从根本说来，可以把这一切都归结为人类学，因为前三个问题都与最后一个问题有关"①。理性批判的所有问题都可以归结为人的问题的根据就在于，人类理性认识及其实践活动都根源于人的本性，在这个意义上可以把康德的哲学理解为一种哲学人类学，卡西尔的文化哲学所遵循的就是这种哲学人类学的思想路线，"回到康德"不仅是卡西尔乃至整个新康德主义的口号，而且是他们所共同遵循的思想纲领。

按照卡西尔的理解，康德哲学的贡献主要在数学和自然科学领域。②康德在这些领域发现了人类认识能力的先天原则和秩序，并且把这种规则性归结为人的知性能力（即通过概念范畴赋予原则的统一性能力）。但是能为人类生存提供意义的那些原则和结构不仅存在于自然科学领域，而且也存在于所谓的人文科学之中，在语言、神话、历史、艺术等所有文化领域都存在着源于

① 〔德〕康德:《逻辑学讲义》，许景行译，商务印书馆1991年版，第15页。
② 参见〔德〕恩斯特·卡西尔:《人文科学的逻辑》，关之尹译，上海译文出版社2004年版，第59页。

人性的精神结构、形式和原则。卡西尔严格地遵循康德的"先验哲学"的思路，将所有文化领域的活动归因于人的本性中的赋予形式的能力，其哲学思考的宗旨就是探究文化活动中的感知和理解的"先验形式"。鉴于卡西尔把康德的思考扩展到包括人文科学在内的整个人的文化实践（如一研究者所说，卡西尔是在文化科学的事实领域提出了康德的问题——即先天的综合形式如何可能[①]），我们可以在这个意义上说卡西尔的哲学学说乃是康德的"哥白尼式革命"的深化和扩展。关于这一点加达默尔的评论是：

> 恩斯特·卡西尔把新康德主义狭窄的出发点，即科学事实，扩展成一种符号形式的哲学，它不仅包括自然科学和人文研究，而且为全部人类文化活动提供了一种先验的基础。
>
> ……卡西尔把以下思想作为他的出发点，即语言、艺术和宗教是表现的"形式"，即以感性形式表达思想的东西。通过对所有这些被具体化了的精神形式的超验反思，超验唯心主义也许可以被提升到一种新的真正的普遍性。[②]

文化一词在卡西尔这里获得了最宽广和恰当的定义，甘阳认

[①] See E. T. Gadol, "The Idealistic Foundations of Cultural Anthropology: Vico, Kantand Cassirer", *Journal of the History of Philosophy*, Vol. 12, No. 2 (April, 1974), p. 222.

[②] 〔德〕汉斯－格奥尔格·加达默尔：《哲学解释学》，夏镇平等译，上海译文出版社 2004 年版，第 78 页。

为卡西尔所理解的文化就是"人的外化，人的对象化"①，卡西尔本人也有过类似的说法："我们称之为文化的东西，也许可以定义为我们人类经验逐步向前客观化，定义为我们的情感、情绪、欲望、印象、直觉、思想和观念的客观化。"②在他看来，"客观化"是通过符号形式来完成的，而客观化即是所谓的对象化、外化。按照这种定义，人乃是文化的根本要素，不仅文化形态是人的本质客观化的结果，而且这种文化活动（符号活动能力）的功能本身也属于人的本性，因此，对应于康德的"纯粹理性批判"，卡西尔的哲学是一种"文化批判"。如果把卡西尔的哲学视为文化哲学的话，其哲学思考的基点则定位于对人的定义。③

在某种"认识论"的意义上来谈论，人的自我认识是所有哲学的牢不可破的阿基米德支点。虽然德尔菲神庙的神谕"认识你自己"早就成为苏格拉底所开启的希腊思想的新时代的标志，然而关于"人是什么"的自我认识却长期处在争议中。每一种对人的定义都是从特定的哲学思考出发对"人是什么"的回答，卡西尔的出发点是自己的文化符号哲学：

> 人的突出特征，人与众不同的标志，既不是他的形
> 而上学本性也不是他的物理本性，而是人的劳作。正是

---

① 〔德〕恩斯特·卡西尔：《人论》，甘阳译，上海译文出版社 1985 年版，中译本序第 8 页。
② 〔德〕恩斯特·卡西尔：《符号、神话、文化》，李小兵译，东方出版社 1988 年版，第 114 页。
③ 参见张玉能：《"人是符号的动物"：符号诗学与西方美学传统》，《学术月刊》2008 年第 10 期。

这种劳作，正是这种人类活动的体系，规定和划定了"人性"的圆周。语言、神话、宗教、艺术、科学、历史，都是这个圆的组成部分和各个扇面。因此一种"人的哲学"一定是这样一种哲学：它使我们洞见这些人类活动各自的基本结构，同时又使我们把这些活动理解为一个有机整体。①

卡西尔对人的理解并不是从实体性的立场——即从形而上学角度把人定义为一个"什么"，这个"什么"就是人的不变的现成本质或者本性——出发的，而是从功能角度着眼的。从功能角度看，人的本质是由其活动"描述"出来的，人的活动乃是一种劳作。卡西尔所理解的"劳作"是人的符号活动，即人的心智活动、生命内涵、人性的整体通过创造和使用符号来解释、描述实在世界：

　　自我、个体心智不能创造实在。人被一种并非由他创造的实在所包围，他必须接受这一根本事实。但是，他又要解释实在、使之井井有条、能被人理解和认知——这项工作以不同的人类活动实施着：在宗教和艺术、科学和哲学中实施着。②

---

① 〔德〕恩斯特·卡西尔:《人论》, 甘阳译, 上海译文出版社 1985 年版, 第 87 页。
② 〔德〕恩斯特·卡西尔:《符号、神话、文化》, 李小兵译, 东方出版社 1988 年版, 第 144 页。

　　人的本性通过符号活动的劳作为自己构筑了一个符号的宇宙，这个宇宙就是人类的文化活动及其结果构成的，其表现为文化的所有领域——宗教、艺术、科学、历史等等。不但每一种特殊的符号形式都为实在赋予统一性的形式（符号形式揭示了事物的本质性的意义和关系），[①] 而且所有的符号形式本身就体现出一种统一性的特征。[②] 按照卡西尔的理解，诸种符号形式的统一性源于人的活动的统一性，源于人性的整体。符号形式的统一性能力以及符号形式之间的统一性（相通于康德的知性能力）既为我们提供了一个统一性的符号世界，也为我们提供了对实在的统一性解释。由于我们不能接触到本然的实在，而只能透过符号的、文化的"面纱"（类似于"摩耶的面纱"）在世界中生存，我们接触到的现实只能是在文化、符号形式的中介作用中生成的现实。在这个意义上也可以说，人通过符号形式构造了现实世界。[③]

　　卡西尔的文化哲学和人的定义为我们揭示了艺术的本质，艺术作为"人性"圆周上的一个扇面，是人的符号活动的一种，是

---

① 卡西尔的符号指的是能够提供出事物的普遍本质的客观记号，也就是说符号是事物普遍性和统一性的客观化。参见〔德〕恩斯特·卡西尔:《语言与神话》，于晓等译，生活·读书·新知三联书店 1988 年版，第 222-223 页。而卡西尔的形式概念同样具有这种符号的功能，作为人文科学的主要"逻辑"特征的形式，是事物共相的客观化，它使事物具有一个外观，只有进入这种外观之中，事物才能既是特殊的同时又归属于普遍的。参见〔德〕恩斯特·卡西尔:《人文科学的逻辑》，关之尹译，上海译文出版社 2004 年版，第 139-140 页。

② See D. P. Verene, "Kant, Hegel, and Cassirer: The Origins of the Philosophy of Symbolic Forms", *Journal of the History of Ideas*, Vol. 30, No. 1 (Jan. - Mar., 1969), p. 33.

③ 参见〔美〕纳尔逊·古德曼:《构造世界的多种方式》，姬志闯译，上海译文出版社 2008 年版，第 2 页。

人类文化活动的一个领域，艺术不仅是某一领域的符号形式，而且是一种为实在赋予符号形式的文化功能。艺术通过形式的创造为现实提供了可供感知和理解的秩序，[①]这一点相通于康德的"先验图型"，[②]可以说正是艺术的"赋形"能力为现实进入人的感知和情感提供了门槛。艺术作为符号形式的一种也参与了对世界的构造，卡西尔认为艺术预期地构造了实在的领域，艺术是对象化程序的一种途径。[③]艺术作为符号形式中的一种其特殊性就在于，艺术是在"可听、可感、可触的外观把握中给我们以秩序"，艺术为感性感知赋予形式，艺术的形式是生命情感的结构和秩序。[④]

艺术为我们对实在世界的知觉提供形式，这些符号形式指向世界的可能性、理想和意义，因而艺术乃是感性的思想。卡西尔说它"是自足的、原初的人类功能和活动能量。正是借助这些能量，我们才成功地建构和组织起我们知觉、概念、直观的世界"[⑤]。由于艺术从知觉形式和意义上构造了人类活动的对象和直观的世界，在艺术创造为事物赋予形式以前，我们是不会去注意这些形式及其对事物的组织的，并且这些形式不仅仅存在于艺术领域，它们在全部的人类知觉经验中都存在着，如卡西尔所说：

---

① 参见〔德〕恩斯特·卡西尔:《符号、神话、文化》，李小兵译，东方出版社1988年版，第134页。

② 参见刘珂珂、张梅:《人·符号·文化》，《江苏社会科学》2012年第5期。

③ 参见〔德〕恩斯特·卡西尔:《人文科学的逻辑》，关之尹译，上海译文出版社2004年版，第49页。

④ 参见马国柱:《卡西尔符号论美学评述》，《社会科学辑刊》1992年第6期。

⑤ 〔德〕恩斯特·卡西尔:《符号、神话、文化》，李小兵译，东方出版社1988年版，第111-112页。

歌德毫不犹豫地说，艺术并不打算揭示事物的奥秘之处，而仅仅停留在自然现象的表面。但这个表面不是直接的感知的东西。当我们在大艺术家的作品中发现它以前，我们根本就不知道它。然而这种发现并不局限于某一特殊领域，……艺术可以包含并渗入人类经验的全部领域。在物理世界或道德世界中没有任何东西，没有任何自然事物或人的行动，就其本性和本质而言会被排除在艺术领域之外，因为没有任何东西能够抵抗艺术的构成性和创造性过程。①

艺术在人类经验世界中的无所不在的（知觉）形式创造力量，使得作为质料的事物的实存在被艺术赋予形式之前是不能被我们感知到的，这在审美领域表现得更为突出。按照这种理解，在风景欣赏中自然唯有通过艺术的赋形作用才能进入我们的感知经验之中。不仅如此，自然美就在于自然在感知中的符号形式化，也就是说是艺术的符号形式为我们揭示了自然之美的存在。对于视觉经验来说，由于风景画这种艺术符号揭示了自然风景的美的形式，因而，只要自然欣赏是审美的，那么自然风景就必定是在风景画所赋予的符号形式之下得以呈现和被感知，从而使美的风景看起来必然会像风景画。而这种理解就清楚明白地出现在卡西尔本人的表述中：

---

① 〔德〕恩斯特·卡西尔:《人论》，甘阳译，上海译文出版社1985年版，第200—201页。

　　自然景观的美丽并不同于审美之美。我们可以漫步于美丽的风景区而感受它的全部魅力。我可以享受空气的和缓和轻柔，色彩的闪亮、变换和悦人，小溪的婉婉细语和花儿的阵阵飘香。所有这些，都给我一种有其具体和特定形态的极为强烈的快感。但审美经验并不就是这类快感。审美经验开始于我们心智框架的突然转变。我们用于风景观察的并不是一个观众的眼界，而是一个艺术家的眼界。在我的眼界中形成了一幅风景的"画面"。在这幅画面中，其先前的任何性质都没有被忘记或去除。即便是最有力和最强劲的想象力也不能创造一个新的世界——不能无中生有。但是，当一位艺术家切近自然时，所有的自然成分都获取了一种新的形态。艺术想象和冥想并不给予我们以僵死的物理事物或沉默的感觉属性的某方面认识，它给我们的是一个活生生的、运动着的形式的世界：即给我们一个光和影、音和律、线和图、形态和设制的世界。[①]

按照卡西尔的符号形式的文化哲学的思路，作为人的本性的外化的劳作就是创造符号形式的活动，人只能生活在文化所创造的符号形式的宇宙中，现实对于人来说就是符号形式所构造的实在。对于审美活动来说，美的事物都是由艺术所揭示的形式所赋

---

① 〔德〕恩斯特·卡西尔：《符号、神话、文化》，李小兵译，东方出版社 1988 年版，第 164 页。

形的结果，因而在视觉欣赏中自然的"艺术形式化"必定使得风景看起来像画。从卡西尔的角度对如画的阐释的实质就是，现实世界乃是人通过符号形式构造的结果，我们必须通过人的本性的外化（符号活动）的符号形式来看世界。而人性外化的全部就是文化，因而这种阐释是（以人及其文化为基点的）文化视角的最突出和典型地体现。在《人论》的结尾，卡西尔从哲学人类学角度对人类文化做出了如下的断语：

> 作为一个整体的人类文化，可以被称之为人不断自我解放的历程。语言、艺术、宗教、科学，是这一历程中的不同阶段。在所有这些阶段中，人都发现并且证实了一种的新的力量——建设一个人自己的世界、一个"理想"世界的力量。①

作为整体的人类文化之所以是人的自我解放的历程，是因为这个历程本身是人性的自我实现的过程，人类的文化实践的整体就是人类自我实现的历史，因而最广义的文化就是人类整体的历史实践活动。人的社会性本质使人在其历史实践中必然从事社会的建构活动，但是社会作为人对象化的结果反过来也构建着人本身，虽然更为公允的说法是社会活动是人的活动与社会结构整

---

① 〔德〕恩斯特·卡西尔：《人论》，甘阳译，上海译文出版社1985年版，第288页。也有译本译为"语言、艺术、宗教、科学，是这个历程中的不同方面……"参见〔德〕恩斯特·卡西尔：《论人》，刘述先译，广西师范大学出版社2006年版，第323页。一词之差却有不同的理解，但两个译本都有其可取之处。

体的相互建构（二者相互作用体现为一种"结构化"的倾向）[①]，但是在人类历史中社会文化整体对人的构建是更为显突的，毫不夸张地说，任何个体的人都是被社会构造的一个自我的"他者"，"我是谁"的问题需要在社会历史实践的整体中寻找答案。然而这个答案毋宁说是对个体人格的消解，正如米歇尔·福柯所宣称的，随着语言及其代表的结构性力量在地平线上逐渐强烈地闪耀，人的面孔最终会被抹去。[②] 人本身不是在其本质的外化（外化活动及其结果）的文化实践的整体中确证自身，而是在其中丧失了自身，福柯的"人之死"所揭示的正是作为人类的历史实践的整体的广义的文化对人的构建作用。从一定的层面可以说，人本身正是通过文化的历史实践整体构造出来的，人的身体、感知、思想观念、信仰等"自我"的扇面，都是在这个"无脸的大他者"（无此人的历史实践整体）的强力下被规训、塑造、约束的结果，这个"他者"的无所不在的威力甚至渗透到自我的无意识和习性的领域，即使弗洛伊德式的"本我"也难以摆脱其影响力。鉴于此，福柯的系谱学研究已经不再考虑人的因素，而是更专注于从文化实践的整体来阐述历史："我说的系谱学，即能够阐明知识、话语、客体领域等事物之构成的一种历史形式，它无需参照某个主体，不管这个主体超越了事件场，还是顶着空洞的身体贯穿于历史。"[③] 虽然从人的本质、人性外化的意义上理解

[①] 参见〔英〕安东尼·吉登斯：《社会的构成》，李康等译，生活·读书·新知三联书店 1998 年版，第 89 页。

[②] See Michel Foucault, *The Order of things*, New York: Vintage Books, 1971, pp. 385-386.

[③] 杜小真：《福柯集》，上海远东出版社 1998 年版，第 434-435 页。

的文化整体反过来吞噬了人，但是这种局面却是哲学人类学意义上的人的文化发展的必然结果，因而文化视角的如画阐释也必定包含着人类的文化实践整体这一层面。

从文化实践活动的塑造力量来看，是人类文化的实践整体构建了人，人的审美活动作为人的感知体验同样也经受着文化实践整体构建。人的审美活动表现为人类文化实践的整体对身体的控制和思想观念的训导结果，这就是特里·伊格尔顿在其《审美意识形态》中所表达的理解，"在本书中，我试图通过美学这个中介范畴把肉体的观念与国家、阶级矛盾和生产方式这些更为传统的政治主题联系起来"。[①] 意识形态是文化实践整体的约束力在人的观念和行为习性上的体现，是文化实践整体构建出来的人的观念、行为、习性等的总和，它表现为对现实的想象性关系或者一种社会领域的"先验构造"，人只有通过意识形态的中介作用才能与现实产生关联，才能进入现实世界，从而才能够作为社会的人而实际地生存，如伊格尔顿所说：

> 在描述性的或"人类学"的意义上，意识形态是由推论性或非推论性的要素组成的特定社会群体或阶级的信仰系统。我们已经看到，这种政治上无害的意识形态意义是如何接近于"世界观"的含义，即一个相对完好地系统化的范畴系列，它为人类个体的信仰、感知和身

---

① 〔英〕特里·伊格尔顿：《审美意识形态》，王杰等译，广西师范大学出版社2001年版，第8页。

体行为提供一个"框架"。[①]

伊格尔顿认为，作为纯感性领域的审美活动也渗透着意识形态的影响，从根本上说，作为文化实践的一个组成部分的（艺术和非艺术的）审美也是一种意识形态，这种审美的意识形态与其他意识形态一起归属于一般意识形态。[②]"审美本身也是一种意识形态"所表达的就是文化实践整体对人的审美感知、审美活动的构建作用。在这个意义上，审美并非一个自律的领域或者漂浮于世俗之外的纯净之所，审美不但参与了社会历史的权力运作，而且它本身就是文化实践整体设置的结果。在这种理解所投置的视线之下，作为一种审美活动的如画欣赏亦是人类文化实践的整体构建的结果。[③]

按照安·伯明翰的观点，18 世纪英国的如画趣味不只是一个审美时尚，它也表征着当时的意识形态。[④] 如画的兴起并行于由圈地运动和先进的农耕技术所导致的农村地区人口的下降，但是它的鼎盛期却出现在由法国大革命引起的热切追求农业利润的农业景气年代，如画的流行伴随着经济结构的改变，但是却繁荣于特别的危机时刻，因而英国国内的如画旅行的兴盛绝不仅仅是因

① Terry Eagleton, *Ideology: An Introduction*, London: Verso, 1991, p. 43.
② Terry Eagleton, *Criticism and Ideology*, London: Verso, 2006, p. 60.
③ See Stephen Copley and Peter Garside, ed., *The Politics of the Picturesque: Literature, Landscape and Aesthetics Since 1770*, New York: Cambridge University Press, 1994, p. 1.
④ See K. I. Michasiw, "Nine Revisionist Theses on the Picturesque", *Representations*, No. 38 (Spring, 1992), p. 78. Also see Ann Bermingham, *Landscape and Ideology*, Berkeley and Los Angeles: University of California Press, 1989.

为战争阻断了到欧洲大陆的旅行。在当时苏格兰高地的如画旅行中，人们对自然风景的欣赏必须接受旅行指南的调节，而这个调节是在政治和经济的框架下进行的，在以改善风景为理由的将当地居民驱离居住地或者将高地以及高地上的人口都作为经济交易和大英帝国的商品的如画改造中，如画都体现着各种政治经济势力的渗透和操控。

　　从政治角度看，如画的风行首先表现为特定社会阶层的审美趣味在社会文化中的主流化，正如布尔迪厄在《区分：趣味判断的社会批判》中所认为的那样，审美趣味不仅可以区分为不同风格类型，而且趣味本身就是阶级区分的一种标志，趣味也参与了社会的阶层分流。[①] 布尔迪厄的观点是适用于如画的，在某一特定的社会形态中，如画趣味不仅是某一特定的阶层的社会和文化身份的标识，特定阶层正是借助于这种时尚来区分自身和自我认同的，而且同一社会中不同阶层的成员会持有不同内涵的如画体验，在这个意义上可以说如画通过风景审美参与了社会的阶级编码。在 18 世纪的英国如画趣味是绅士阶层的文化时尚，当时实践的欧洲大旅行就是绅士教育课程的一个部分，而且要欣赏那些以粗糙、破败、不规则、野蛮人、文明的废墟为特征和主题的如画风光，欣赏者必定需要具备相当程度的文化和艺术修养，忧心忡忡的穷人是既没有必要也没有条件欣赏如画风景的。对于土地拥有者从美学角度对风景的如画改造来说，其政治意图既有对土

---

① 　Pierre Bouraieu, *Distinction: A Social Critique of the Judgement of Taste*, Translated by Richard Nice, Cambridge: Harvard University Press, 1984, p. 6.

地和土地上居民的占有或者驱离，又包含着将这种土地所有权在意识形态上加以合法化的宣示。如画美学对于无利害距离的强调，对于强盗、吉普赛、破旧的农舍、衣衫褴褛的牧羊人的形象的偏好，其意识形态内涵就在于，宣称这些地区（至少按照绅士的标准）的贫困和痛苦对于任何想在这些土地上维持生计的人口是不可避免的，因此如画成为绅士阶层的政治利益的美学辩护。从民族关系角度看，英国的如画时尚可以被视为摆脱法国影响的美学上的一种政治实践，人们在英国本土寻找如画风景的行为不仅是因为战争阻断了欧洲之旅，而且是因为如画风景所带来的身份认同迎合了英国人的民族自尊心，如画风景在这里成为大英民族身份的象征。此外如画还与殖民主义产生牵连，[1] 这一点在美国对西部风景的如画改造中表现得尤为显著，在白人对北美西部风景的如画性设计和营造中，如画被牵连进殖民主义权力话语之中。从经济角度看，如画的观看方式充当了地主乡绅开发土地的经济努力的必要前提，也就是说如画美学允许把乡村人口看作一个客体，这促进了把人口作为一类人的动产和实产。[2]

上面的论述表明，在如画趣味中交织着各种社会力量的博弈，按照福柯的系谱学思路，我们会看到英国的如画不仅参与了社会权力和话语的运作，而且如画趣味本身就是由整体的文化实践构建出来的，即如画乃是文化实践整体构造出来的一种自然审

① See K. I. Michasiw, "Nine Revisionist Theses on the Picturesque", *Representations*, No. 38 (Spring, 1992), p. 76.
② Ibid.

美经验。正如社会构造了人类的阶层差异一样，文化实践整体也构建了人的如画审美的差异性，不同社会的不同阶层会有不同的如画经验。例如，穷人的如画是为贫困劳苦的生活装点的幻美面纱，让人觉得这艰辛的生活还是值得过的，而"江山如画"则更多的意味着家国之思和爱国之情。

* * * * * *

文化视角的如画阐释是一种哲学人类学或文化哲学的立场（文化一词是在人的本性的外化、人的自我实现的宽广意义上理解的），在这种视角下所理解的如画是人通过作为其本性之外化的文化塑造自然的结果，因而其实质是"人化自然"。也许一双"纯真之眼"真的能够让人纯然地观看风景，然而在现实的风景欣赏中，人不可能拥有一双"纯真之眼"，更不可能看到所谓的本真的风景，人只能在自己的主体性（知觉的先验原则、本质力量、人性等）及其外化所形成的文化的基底上观看自然，人必须要透过艺术、文化的框架进行自然审美，①这使得风景在审美欣赏中必然显得是如画的。按照这种视角，从"艺术的感知框架"这个"同一"层面来看，自然和艺术的边界是模糊的，即自然和艺术是同一的。这种理解的基础在于"人化自然"，即人类文化、

---

① 正如玛格利特的《人类的处境》（La Condition Humaine）极富寓意地揭示的那样，绘画与窗子是重合的，而窗子隐喻的是作为心灵之窗的眼睛，正如现实中我们总是透过眼睛这个窗子看世界一样。我们对现实的感知（审美抑或非审美的）乃是透过艺术这个窗子进行的，我们只能透过自己的眼睛、艺术文化的框架看现实，这就是人类的处境。

艺术对自然的同化——亦是从人的主体性出发所理解的人与自然的同一。在上述意义可以说，如画的文化阐释从"人化自然"的角度揭示艺术与自然、人与自然的同一性。

第三章
风景如画的现象学阐释

如画的文化阐释的有效性仅仅限于"人化自然"的层面，超出这个范围文化视角将失去自身的阐释合法性。文化视角既无法解决如画的文化阐释所招致的认知真理性和伦理上的人类中心主义问题，也无法为"人化自然"的合法性进行认识并做出辩护。文化视角的如画阐释的问题的症结在于思想层面的哲学人类学、文化哲学的立场，其病根在于主体性问题。鉴于此，本文引入海德格尔的存在论现象学视角，以克服如画的文化阐释所存在的问题，以更源始地揭示如画及其根据。

第一节　文化视角的问题和现象学视角的引入

从文化视角看，风景如画归因于我们必须透过艺术的框架观看自然，我们对风景的审美感知必须以（作为人的本质的外化的）文化为中介才得以可能。这也就是说，文化视角的实质在于"人化自然"，基于这一视角，风景如画乃是以艺术、人同化自然的结果。文化视角在如画阐释中自有其哲学根据，从认识论的角度看，人只有在继承下来的认知经验及其先天原则的基础上才能进行实际的认知活动，人只能以文化作为中介来再现和接触世界。在存在论的层面，自然的存在与否以及如何存在都必定是与人相关联的，正如普罗泰戈拉所做的断言，人是万物的尺度。自然风景的存在与不存在以及如何存在都必须在人在场的当前呈示出来，自然离开了人将是纯然抽象的虚无——即不存在，诚如萨特所说：

> 人是万物借以显示自己的手段；由于我们存在于世界上，于是便产生了复杂的关系，是我们使这一棵树与这一角天空发生关联；多亏我们，这颗灭寂了几千年的星，这一弯新月和这条阴沉的河流得以在一个统一的风景中显示出来……这个风景，如果我们弃之不顾，它就失去了见证者，停滞在永恒的默默无闻状态之中。①

然而，从"人是万物借以显示自己的手段"这一命题及其所道出的实情出发，我们很难在任何语境中都能为文化视角的如画阐释的合法性做出令人满意的论证。虽然人的生存及其觉知活动是自然借以显示自身的手段，但是人及其文化绝对不能决定自然的存在以及如何存在，诚如海德格尔所说："存在者是否显现以及存在者如何显现，上帝和诸神，历史和自然是否以及如何进入存在之澄明中，是否以及如何在场与不在场，凡此种种，都不是人决定的。"② 因此，从"人化自然"的立场对如画的解释必定存

---

① 让-保罗·萨特：《萨特文学论文集》，施康强译，安徽文艺出版社1998年版，第94-95页。
② 〔德〕马丁·海德格尔：《路标》，孙周兴译，商务印书馆2000年版，第388页。

在着其自身所不能解决的问题。从认知的角度看，如画的文化阐释根本无能于论证感知和认识的真理性根据，借用康德的思考和术语来说，我们从人的主体性出发所看到的自然风景仅仅是自然的"显象"（Ersheinung），"人为自然立法"的合法性仅仅在显象的疆域里才是有效的，至于自然风景的"自身"（本体）是绝对不可能在人的感性经验中被给予的，因而人所看到的只是自然的显象，而绝非本真的自然自身。若无法阐明"人的文化之眼"所看到的风景就是"自然本身"的话，我们就必须要接受当代环境美学对如画的指责——如画没有把"自然作为自然来欣赏"①，从而承认如画是一种误入歧途的自然审美模式。既然从人的立场无法论证经由文化中介了的自然就是本真之自然（即自然本身、自然之所是），那么如画就必须接受来自伦理层面的如下质疑：如画在人与自然的关系层面扭曲了二者的存在关联，进而错误地实施了对待自然的行为，从而在伦理上表现为人从其自身立场出发对自然的控制和侵犯。正如米查西所做的评论：

> 这样一来如画违反了浪漫主义的最初原则，或者后康德主义美学，即在感知行为中主体和客体之间的相互决定，无论这个指责的精确性如何，有效的假定是，任何美学如果否定和质疑了相互牵连都是肤浅的，并且是危险的人类中心主义。在如画的例子中，拒绝沟通主体

---

① See Malcolm Budd, *The Aesthetic Appreciation of Nature*, Oxford: Oxford University Press, 2002, pp. 1-19.

和客体形成了这个模式的"人类控制的最高美学"。[①]

　　文化视角的如画阐释在认知上遭遇的真理性质疑源于其主客二分的表象性思想观念。"人化自然"立场的实质是人对自然的客体化，这意味着首先把人从与自然的存在关联中抽离出来，塑造成"无世界"的主体，然后从这个主体出发来审视、打量、表象、算计、支配（与主体分离的、被抛至主体对面而站立的）客体（对象）——自然。由于"惟在人变成为主体，主体变成为自我，而自我变成为 ego cogito［我思］的地方，才会有客体（Objekt）意义上的对象"[②]，因而"人化自然"层面的如画的文化阐释（从人类主体的立场来支配作为客体的自然）的必然前提在于，人与自然的主客二分的表象性思想，表象（vorstellung）是把一切存在者摆置到自身面前加以审查和确定的思想方式，这种把人设立为主体的主客二分式的对自然的认知经验在真理性问题上面临着自身无法解决的困境。首先，从人的主体性出发我们甚至都不能证明外部自然的存在，这在康德那儿被称为"哲学的耻辱"[③]，我们通过自我意识、"我思"只能确知自身的确切存在，然而对于在我们之外的、并不是我们创造出来的自然来说，我们并不能从"我思"出发确定或者论证其存在。其次，作为主体的

①　K. I. Michasiw, "Nine Revisionist Theses on the Picturesque", *Representations*, No. 38 (Spring, 1992), p. 79.

②　〔德〕马丁·海德格尔:《演讲与论文集》，孙周兴译，生活·读书·新知三联书店 2006 年版，第 85 页。

③　〔德〕康德:《康德著作全集》第三卷，李秋零译，中国人民大学出版社 2004 年版，第 22 页。

人如何能够越过自身而通达一个"非我"的他者——自然？这是一个十分棘手的哲学问题。按照英国经验主义哲学的观点，我们所感知、思考、意识到的仅仅是我们通过感官所生成的"我们自己的"关于物的观念而已，我们在对物的感知中从来没有越过自身的界限而突入外物的领域，因为我们所遭遇的始终是人类自身的印象、观念和意识。然而自然作为外在物是确然地存在着的，自然的存在为我们提供了感官刺激和感性接受的来源，在感官感觉中我们确实能够感性地触摸到它物的存在，只是从人的主体的立场出发我们无法认识"真实的"它们，自然的"物自身"总在或远或近地闪避着人类的理性之光，逃避着作为主体的人的把捉（概念能力），因为没有人能够跃出自身（的文化）的界限而观看到本然的自然自身。

在主客二分式的思想观念中，主体的表象的正确性取决于主体的认识、判断与事物的符合。由于主客二分在人的表象和外部自然之间造成的裂痕（甚至是张裂出来的鸿沟），这种以"符合""肖似"为规定性的人的认知之真理性就必定要超出作为主体的人去寻求，人的表象和事物之间符合的根据只能奠基在一个比人和自然更高的存在及其概念中，这就是海德格尔所说的：

> 表象意味着让物对立而为对象，作为如此这般被摆置者，对立者必须横贯一个敞开的对立领域，而同时又必须保持为一物并且自行显示为一个持留的东西……表象性陈述与物的关系乃是那种关系的实行，此种关系原始地并且向来作为一种行为表现出来。但一切行为的

特征在于，它持留于敞开域而总是系于一个可敞开者，
offenbares，之为敞开者。[①]

　　基于"人化自然"立场的文化视角为自身所提供的唯一有力
的辩护是一种类比性的论证：因为"纯然的自然"是不存在的，
我们遭遇的自然都显示为人类历史活动塑造的自然性生存，按照
"人的本质力量的对象化"的观点，即便是遥远的星空也在人的
意识中被观念性地"人化着"，因而人类历史性生存中所遭遇的
自然乃是经由人所创造的"第二自然"。由此，我们就可以拿自
然与人工制品相类比，使得人具有像上帝创造万物那样的为自然
事物赋予形式的能力，从而使人具有一种上帝的"理智的直观"
与"全知全能"，此时我们就能够从"人眼"（文化视角）中见出
自然的本质和本然的自然。但是这种天真的想法即便是在人工制
品那里也遭到了强烈地抵制和否定。黑格尔如是说：

　　　　（人类）精神就是这种自己变成他物、或者变成它
　　自己的对象和扬弃这个他物的运动。而经验则被认为恰
　　恰就是这个运动，在这个运动中，直接的东西，没经验
　　过的东西，即是说，抽象的东西，无论属于感性存在的
　　或属于单纯的思想事物的，先将自己予以异化，然后从
　　这个异化中返回自身，这样，原来没经验过的东西才呈

---

① 〔德〕马丁·海德格尔:《路标》，孙周兴译，商务印书馆2000年版，第
　　212-213页。

现出它的现实性和真理性，才是意识的财产。[①]

黑格尔的思考乃是一种典型的文化哲学路子，理性主体性（精神）在对作为理性的非同一性之物的现实存在物的操纵中将现实事物"人格化"，也就是说将现实之物"制作"成人的产品（意识的财产），由此理性主体性在人的文化产品上实现了自身的对象化或者异化。异化既包含着感知、思维，也包含着物质性的实践活动。由于作为"文化制品"的现实之物是人类理性主体性制作的结果，因而人自己在跟自己打交道（因为人的制作物是人类理性主体性的对象化），这样一来，人就能够从自身出发认识自然，因为这种精神的对象化解释了人与自然的同一性问题。然而，事实情况并没有如黑格尔所设想的那样乐观，在阿道尔诺看来，"黑格尔凭借他们中的典范（quintessence）将现实和理智等同起来，他把存在的主观的预成论实体化为绝对，因此对于他来说，非同一之物仅仅表现为主体性的枷锁，而不是他所界定的非同一性之物的经验是美学主体的目的和解放"[②]。阿道尔诺的评论是中肯的，现实之物确实一直在以主体的非同一性的他者对抗着人的同化力量。在马克思的《1844 年经济学哲学手稿》对异化劳动描述中我们不难见到所谓的"主奴辩证法"的展示。在异化劳动中，人不仅遭到自己的制作物的排斥，并且在它们的奴役之

---

① 〔德〕黑格尔:《精神现象学》（上册），贺麟等译，商务印书馆 1979 年版，第 23 页。

② Theodor W. Adorno, *Aesthetic Theory*, Translated by Robert Hullot-Kentor, London and New York: Continuum, 2002, p. 76.

中丧失了自身。因而，即便在人工制作物那里，其存在对人来说也并不是绝对透明的和可以控制的，人的主体性并不能穿透事物的不屈不挠的抵抗，文化哲学的信念即便在人工制品的领域也是无法实现的。既然从"制作—认知"的角度（即制作为事物赋予认知的形式）对人工制作物的文化视角的认知都难以取得其合法性，那么对于作为"纯然的物"的自然来说，文化哲学在这个方向上将更难以置喙。因为，自然并非是通过人的创作而存在的存在者领域，而且以其在时间和空间上的广袤无垠，我们永远只能以有限的领会和觉知与自然打交道。

认知上的主客二分所导致的人与自然的对立，使得"自然本身"向人的感知的呈现成为不可能。从主体在感知中为客体立法的角度看，我们所看到的只是"人眼"所能见的自然，作为有限的存在者，人在这里绝不会具有上帝的那种"理智的直观"[①]，因为自然事物的本质特征在于它们并不是由人创造出来的。由此可见，从文化视角出发是不能解释如画在认知上的真理性问题的，也就是说，在文化哲学、哲学人类学的视野里我们无法看到"作为自然的自然"，或者即便在这种视界里我们依然能够"看到"本真的自然，但文化视角由此也绝不能为其观看的合法性和真理性作出论证。在这个意义上我们认为，如画的文化阐释在认知真理性上是成问题的。

以文化哲学、哲学人类学为其思想本质的文化视角在认识的

---

① 由于是上帝创造了万物，所以万物对上帝是透明的，存在与思想、现象和本质唯有在上帝的面前才是同一的。

层面根本上就是一种充斥着迷误的思想观念，其认知上的迷误在人们对待自然的伦理行为上尤为突出地凸显出来。当仅仅被视为人们对世界的看法的时候，认识本身是中性的，我们对世界可以拥有多种的观点和看法，这本身是无可厚非的。然而人们的所知决定着人们的意愿和行动，按照苏格拉底的道德基本原理，人们的"德行基于对善的认识"①，反过来就可以说实践和伦理上的危险乃是来自于错误的知晓。当我们的世界观、所知决定着我们对待自然的伦理行为的时候，认知上的对错就被无限度地彰显出来，行为的对与错乃是认知上的是与非的直接和显明的体现。文化视角认为如画是认知上的"人为自然立法"的结果，这种"人化自然"的世界观所产生的对自然的态度和行为必然如是：人从其自身的主体立场出发对自然的支配和控制。因而，在当下的后现代语境中，从文化视角理解的如画必然招致环境伦理、环境美学在伦理层面的激烈的质疑和批评，指责的矛头所指乃是如画所表现出的明显的人类中心主义特征。②在反思现代性的当代思想语境中，文化视角理解的如画确实归属于现代性立场，其在人与自然的关系中的哲学人类学立场明确地表现为与人类中心主义、人类主体性、掠夺和统治自然的观念的合谋。从这个角度的理解来说，如画体现了典型的西方现代历史的特征，它应当为人类统治地球所导致的恶果做出自身反思，因为，在环境伦理学看来，

---

① 〔德〕文德尔班：《哲学史教程》上卷，罗达仁译，商务印书馆1987年版，第110页。

② See Allen Carlson, *Aesthetics and The Environment*, London and New York: Routledge, 2000, p. 46.

正是人类中心主义导致了自然灾害、生态环境恶化、物种灭绝等灾难，[①]而文化视角下得到理解的如画显然归属于这种人类中心主义的范畴之下。

文化视角所理解的如画意味着，在主客分离的前提下以人的统治性的表象式观看为基础把客体化的自然看作一幅图画，因而如画是自然被人的表象图像化的结果。而世界成为图像则意味着"惟就存在者被具有表象和制造作用的人摆置而言，存在者才是存在着的。在出现世界图像的地方，实现着一种关于存在者整体的本质性决断。存在者的存在是在存在者之被表象状态中被寻求和发现的"[②]。"世界图像化"既是人成为主体的伴生现象，也是存在者成为受人摆置的客体的进程，这些都是进入西方现代社会历史之后发生的事情，其在哲学上奠基于西方思想所步入的形而上学的现代阶段——主体性形而上学阶段。因此，海德格尔在其《世界的图像时代》中宣称："对于现代之本质具有决定性意义的两大进程——亦即世界成为图像和人成为主体——的相互交叉，同时也照亮了起初看起来近乎荒诞的现代历史的基本进程。"[③]

按照海德格尔的理解，形而上学是一种将"存在""有存在这回事"表象为存在者的思想形态。[④]在对世界的理解上，形而

---

① 参见王灿斌："人类中心主义与生态伦理"，《湘潭大学学报》（哲学社会科学版）1999 年第 3 期。

② 〔德〕马丁·海德格尔：《林中路》，孙周兴译，上海译文出版社 2008 年版，第 78 页。

③ 同上注，第 81 页。

④ 参见〔德〕马丁·海德格尔：《形而上学导论》，熊伟等译，商务印书馆 1996 年版，第 19 页。

上学意味着从存在者出发对与存在者相区分并且为前者奠基的存在进行解释的思想形态，而所谓的"主体"就是作为世界存在、呈现、呈放的基底的那个基础性的存在者。在西方形而上学的现代形态之前的中世纪，这个主体是由一超凡的存在者（上帝）来承担的，上帝创造了人和万物，并且赋予这个世界以秩序，因而上帝就是存在者整体呈放的基底———一般主体。乃至于现代阶段，人就取代了上帝而成为万物存在的实体或基底，存在者必须通过"具有表象和制造作用的人"的摆置才能拥有存在，人成为完全意义上的万物的尺度。在人成为主体的同时，存在者整体（世界）就在作为主体的人的表象中被"图像化"了，这个进程必然伴随着人关于存在者整体的本质性决断的转变。成为主体的人在态度、意愿和行为上被设立成为世界的统治者，人的存在从此被置换为对存在者的支配和摆置。彼得拉克作为近现代西方登高看风景的第一人，其行为所宣示的乃是人作为地球和世界的主人的现代意识的觉醒。由此可见，"自然的图像化"意义上的如画的文化阐释在伦理形态上是归属于现代性范畴的，我们可以借助于现代性的后果来审视其在伦理上所造成的危险和灾难。

哲学人类学、文化哲学、人类中心主义、人之主体性问题在现代的急剧膨胀导致了人对自然的绝对统治，其后果不仅是日益恶化的生态和环境问题，而且更包括人本身的灾难。人既没有在对万物的统治中成为主体，也没有在现代进程中获得启蒙所允诺的自由、自主、解放等。在霍克海默等人看来，"启蒙总是把神人同形论当作神话的基础，即用主体来折射自然界"，但是人并没有因此成为自然界的主人，非但如此，"人类为其权力的膨胀付出了他们在行使权力过程中不断异化的代价"①。人之主体性的启蒙本身就是或者最终将成为它所攻击的神话，这就是所谓的"启蒙的辩证法"。主体性、文化哲学、哲学人类学对于人来说也是一种灾难，其表现为人类中心主义的反人类性，齐美尔的"文化的悲剧"论为我们揭示了这一惊人的事实：

> 心灵（die Geist）创造了无数的构作；然而，这些被创造出来的构作，却独立于创造它们的心灵（Seele）和独立于接受它们或拒绝它们的其他心灵之外，以一种独特和独立的方式恒久地存在下去。如是地，主体不但与艺术和法律形成了对立，并且与宗教和科学、技术，乃至道德风俗形成了对立。……心灵自己一旦成为客观对象后，便无法控制地以一些凝固僵化的形式，和恒久存在的形式，去与其不断涌动的生命力，与其内在的责任和主体心灵不断更替的张力对抗。心灵在与其他心灵之间获得内在结合之余，却尝透了无数由这些形式上之对立而引起之悲剧：对立的一方是无休止地在搏动而却于时间上为有尽的主体生命，对立的另一方乃是那些生命的具体内容，这些内容一旦被创造出来以后，并从此静止地停留于一种于时间上为无穷的有效性之上。②

---

① 参见〔德〕马克斯·霍克海默、西奥多·阿道尔诺：《启蒙辩证法》，渠敬东等译，上海人民出版社 2006 年版，第 4、6 页。
② 转引自〔德〕恩斯特·卡西尔：《人文科学的逻辑》，关之尹译，上海译文出版社 2004 年版，第 174—175 页。

如画的文化阐释所造成的伦理上的危险源于哲学人类学的思想形态，哲学人类学的实质是形而上学的现代阶段，其实质是主体性形而上学的完成形态，如海德格尔所说，"在完成了的形而上学时代里，哲学就是人类学"①。自然被把握为图像是人通过表象和制造摆置自然的后果，从人出发对自然的征服和统治的哲学根基在于人成为形而上学的主体。从思想史上说，现代的本质就是西方形而上学发展到现代的思想形态，这个阶段的一个根本性现象就是："人类活动被当作文化来理解和贯彻了。而文化是通过维护人类至高财富来实现最高价值。文化本质上必然作为这种文化来照料自身，并因此成为文化政治。"②文化视角的思想实质体现在主体性、哲学人类学、文化哲学上，可以说文化视角的思想形态烙印了西方历史的现代性。鉴于上述我们认为，如画的文化阐释所存在的问题及其解决之道可以在西方现代性问题的反思中得到启示。

多尔迈认为"自文艺复兴以来，主体性就一直是现代哲学的根基"，加塞特甚至认为整个的现代性的根基就是主体性。③主体性思想为现代性所做的奠基，决定了现代性规划的首要问题是人的自由问题，因此，哈贝马斯认为"现代的首要特征在于主体的

---

① 〔德〕马丁·海德格尔:《演讲与论文集》，孙周兴译，生活·读书·新知三联书店 2006 年版，第 88 页。
② 〔德〕马丁·海德格尔:《林中路》，孙周兴译，上海译文出版社 2008 年版，第 66-67 页。
③ 参见〔美〕弗莱德·R. 多尔迈:《主体性的黄昏》，万俊人等译，上海人民出版 1992 年版，前言第 1 页、导论第 1 页。

自由"①。从维护人的自由、生命价值和生存出发，现代人依靠理性、科学、权力来追求人类自身的解放，哈维对此的思考是：

> 科学对自然的支配使摆脱匮乏、愿望和自然灾害肆虐的自由有了指望。合理的社会组织形式和理想的思维方式发展确保了从神话、宗教、迷信的非理性中解放出来，从专横地利用权力和我们自己的人类本性黑暗的一面中解放出来，只有通过这样一种规划、全人类普遍的、永恒的和不变的特质才可能被揭示出来。②

这项颇具"人道主义"特色的现代性规划和工程的后果却是人自身被理性奴役，人在这个工程的理性之网中被个体化为"工具"，成为理性"总体性"中的一个玩偶。正是因为这一点，后现代的哲学话语以"反人道主义"的旗号向总体性宣战，其先驱者尼采正是借助对理性的批判以及通过酒神精神对主体性的遗弃而成为后现代思想的先行探路者③。

事实上，人之主体性绝不可能成为世界的基石，人及其文化绝不是真理性认知的终极根据。一切存有之根据在海德格尔的思考中被称为存在及其真理，其在西方形而上学的思想中被表述为

---

① 〔德〕于尔根·哈贝马斯：《现代性的哲学话语》，曹卫东等译，译林出版社2004年版，第96页。
② 〔美〕戴维·哈维：《后现代的状况》，阎嘉译，商务印书馆2003年版，第20—21页。
③ 参见〔德〕于尔根·哈贝马斯：《现代性的哲学话语》，译林出版社2004年版，第96—97页。

哲学的"上帝"，海德格尔对于这一点的论断是："在根据的意义上，存在者之存在完全仅仅被表象为自因。借此道出了形而上学的上帝概念。形而上学必须从上帝出发来思考，因为思想的事情乃是存在，而存在以多重方式现身为根据：作为逻各斯，作为基础，作为实体，作为主体。"[①]在现代之前的形而上学思考中，人正是在对上帝的归属中拥有其存在和本质的，一旦人顽固地将自身设立为一切存在者存在的根据、主体的时候，人必定会杀死形而上学的上帝。但是"上帝之死"并没有将一般主体的位置赠予人，事实情况却是（按照福柯的判词）随着上帝的死去人也烟消云散了。[②]福柯的判词并非危言耸听，西方现代历史确实演绎了这个历程，文艺复兴之后的西方人对启蒙的允诺深信不疑，以为作为"自然之光"的人的理性对世界的照亮揭示了所有的真相，理性就是存在之真理，正是这种信念使人摆脱了宗教的蒙昧，赋予了人作为世界的统治者的位置。然而在随后的主体性的冒险中，理性、意志、权力等并没有确保人的生命存在的价值，具有反讽意味的是，人却在主体性的张扬中耗尽了自身，在现代之后的境遇中消散成为自我的碎片，这就是所谓的"（作为主体的）人之死"。

---

①　孙周兴：《海德格尔选集》，生活·读书·新知三联书店1996年版，第832—833页。

②　原文是："由于末人杀死了上帝，所以，正是末人应该对它自身的限定性负责；但正是由于末人是在上帝之死中谈话、思考和生存的，所以，末人的谋杀注定是要死亡的，新的、相同的诸神早已使未来的海洋上涨了；人将消失。"（〔法〕米歇尔·福柯：《词与物》，莫伟民译，生活·读书·新知三联书店2001年版，第503—504页。）

因此，疗救现代性痼疾的关键就在于主体性之克服，正如尼采在对"现代"的"病症"的诊治中所做的：

> 在尼采看来，所谓的酒神精神，意味着主体性上升到彻底的自我忘却，……只有当主体失去自我，从实证主义的时空经验中脱身出来，并被偶然性所震惊，眼看着"真正在场的欲望"（奥克塔维奥·帕斯语）得到满足，一瞬间意识到丧失了自我；只有当理智的行为和思想的范畴被瓦解、日常生活的规范被打破，习以为常的规范化幻想已破灭——只有如此，难以预料的并且十分惊人的世界，即审美表象的世界才会敞开。[①]

而一切形态的"后"现代思潮所致力的正是消解过分突出的主体性，"存在之天命"、生活世界、游戏、交往理性、环境等概念所代表的思想筹划都是要把不安的现代人置回到人本该归属的位置和命运中，在这个意义上的"主体之死"恰恰意味着对本真意义上的人之复活的召唤。对如画的文化阐释的问题的克服同样需要遵循这个思想路线，我们需要把人及其文化的过分凸显回收到一个其所归属的真理之域中。在这个更高的敞开域之内，文化视角不但不会被消除，反而恰恰至此才获得了其认知和伦理上的合法性，诚如海德格尔在与文化哲学的领军人物卡西尔所做的著名的"达沃斯辩论"中所宣讲的：

---

① 〔德〕于尔根·哈贝马斯：《现代性的哲学话语》，曹卫东等译，译林出版社2004年版，第109页。

对于哲学家来说，人的问题只有以哲学家完全放弃自己的方式，以便不允许以人类为中心而设置问题时才是本质性的。而且必然表明：由于人是超越的存在者，即面向存在者之整体并面向自身开放，于是，人通过这种生存特性同时也被置入到一般存在者的整体之中——只有这样才具有了某种哲学人类学的问题和理念。①

通过把感性的东西设定为真实的世界和把超感性世界把握为非真实的东西，尼采完成了对柏拉图主义所烙印的形而上学的颠倒，迈出了主体之人的"消隐"的第一个步骤，从感性的存在出发，思想使得我们接近于那个为人的本质和真理性观看提供根据的自行发生的事件。然而，海德格尔认为"尼采心目中的以及在19世纪实证主义意义上的一种形而上学之克服，尽管是在一种更高的转换中发生的，但只不过是与形而上学的最终牵连而已"②。表面上看，进入超感性领域的"超越"因为对感性要素的坚持而被取消，但事实上这种取消只是对作为"求意志的意志"的强力意志的超感性领域的释放和推动，因而尼采仍归属于（把上帝思考为一特异的存在者的）形而上学的传统，同样实施着对本真的真理运作的遗忘。也就是说，在形而上学自身范围内的思考是无法认识形而上学的本质，从而更无法实现形而上学的完成阶

① 〔德〕O. F. 博尔诺:《卡西尔和海德格尔在瑞士达沃斯的辩论》，赵卫国译，《世界哲学》2007 年第 3 期。
② 〔德〕马丁·海德格尔:《演讲与论文集》，孙周兴译，生活·读书·新知三联书店 2006 年版，第 79 页。

段——现代的主体性形而上学——的"克服"①。在海德格尔看来，形而上学的克服需要一种超越形而上学的思想，这种思想能够消解对作为思想和万物存在的本源的存在（即后期海德格尔的存在概念 Ereignis，意指即自行发生的存在者整体的遮蔽着的解蔽）的遗忘，思想的本质性转变需要实行一种返回的步伐，通过回溯到早期希腊人的此在中去"追忆"那未曾被思及但却本质现身过的存在之真理，唯有如此才能从更源始的真理出发对形而上学进行重演，并在形而上学的克服中向历史的另一个开端过渡，由此才能从根本上救治现代主体性的所有症结。人对本真的存在之真理的归属是"一种本质性的经验"，"它经验到，唯从人能够进入其中的那个此之在而来，历史性的人才得以邻近于存在之真理。于是，一切人类学和作为主体的人的主体性都被遗弃了……"②

"消隐"于存在之真理中宣告的只是作为主体的人的死亡，人通过对存在的归属反倒是获取了自己的真正本质。从人之生存的真理来看，"人是被存在本身'抛入'存在之真理中的，人在如此这般绽出地生存之际守护着存在之真理，以便存在者作为它所是的存在者在存在之光中显现出来"③。人的本质归属于存在之真理（Ereignis），人眼观看的真理性根据同样根源于存在之真理的在场化运作，"（事物）之所以是能够被'体验'和'感受'的，只是因为'体验的人'一向已经被嵌入一种揭示着存在者整体的

---

① 参见〔德〕马丁·海德格尔:《演讲与论文集》，孙周兴译，生活·读书·新知三联书店 2006 年版，第 68-69 页。
② 〔德〕马丁·海德格尔:《路标》，孙周兴译，商务印书馆 2000 年版，第 232-233 页。
③ 同上注，第 388 页。

协调状态中了"①，存在者整体的协调状态即是存在之真理的敞开状态。在西方思想史上，海德格尔是一个上承现代下启后现代的思想家，其《哲学的终结和思想的任务》可以被看作"后现代主义思想"的宣言。②鉴于此，我们选择以海德格尔的存在之思为思想视界和指导线索进行如画阐释，试图克服如画的文化阐释的问题（即主体性问题），事实上，本质性地理解文化视角以及文化视角的合法性论证同样也需要这种视野。③同时，这一探究也将更进一步地揭示如画的美学根据，使得我们能够从一个更为源始的思想层面来洞察风景如画。

这种从存在之真理（即自行发生的存在者整体的遮蔽着的解蔽）而来所规定的思想就是海氏的存在论思想，海德格尔的存在论致力于思想存在本身，鉴于存在与存在者的本质性关联，海氏所采用的方法是"如存在者就其本身所显现的那样展示存在者"的存在，其在方法论上属于现象学的范畴。按照海德格尔的理解，"存在论只有作为现象学才是可能的"，就课题而论，"现象学研究存在者的存在的科学，即存在论"。④在海德格尔那里存在

---

① 〔德〕马丁·海德格尔:《路标》，孙周兴译，商务印书馆 2000 年版，第 221 页。

② 参见孙周兴:《海德格尔选集》，生活·读书·新知三联书店 1996 年版，引言第 20 页。

③ 这个思路也体现在中国当代美学的建设中，按照曾繁仁先生的思考，在国内的美学研究从德国古典哲学的"人化自然"的现代范式向后现代的"生态美学"的转变，其所借鉴的重要的理论资源就是海德格尔的存在论哲学和美学。（参见曾繁仁:"对德国古典美学与中国当代美学建设的反思"，《文艺理论研究》2012 年第 1 期。）

④ 参见〔德〕马丁·海德格尔:《存在与时间》，陈嘉映等译，生活·读书·新知三联书店 2006 年版，第 41-44 页。

论与现象学是二而一的事情，因而我们称他的存在论思想为存在论现象学，这种理解是符合海德格尔的原意的。在其晚年的《我进入现象学之路》中，海德格尔说："仅从现象学的最本己的方面说，现象学并不是一个学派，它是不时地自我改变并因此而持存着的思的可能性，即能够符合有待于思的东西的召唤。"① 很显然，他的存在之思乃归属于现象学自身发展的进程。

胡塞尔在《哲学与现象学研究年鉴》上发表的现象学宣言表述了现象学的主要特征，② 现象学的口号是"朝向事情本身"，这里的"事情"在海德格尔看来就是"存在之真理"（而不是胡塞尔的先验主体的意向性构成物），这是海德格尔与胡塞尔的根本性分歧，③ 也是海德格尔现象学区分自身之处。海德格尔的存在论现象学的本己特征在于，他始终将现象学与存在的问题结合在一起，诚如海德格尔所说：

> 存在论方法作为方法无非就是通向存在本身的步伐，无非就是完善存在之结构。这个存在论方法，我们称之为现象学。说得更确切些，现象学研究就是明确努

---

① 〔德〕马丁·海德格尔:《面向思的事情》，陈小文译，商务印书馆1999年版，第98页。

② "这些编者并没有一个共同的体系。使他们联合起来的是这样一个共同的信念，即只有返回到直接直观这个最初的来源，回到由直接直观得来的对本质结构的洞察，我们才能运用伟大的哲学传统及其概念和问题；只有这样，我们才能直观地阐明这些概念，才能在直观的基础上重新陈述这些问题，因而最终至少在原则上解决这些问题"。参见〔美〕赫伯特·施皮格伯格:《现象学运动》，王炳文等译，商务印书馆1995年版，第40页。

③ 参见张祥龙:《海德格尔传》，河北人民出版社1998年版，第72页。

力于存在论方法，无论其成败与否，取决于现象学已在
多大程度上符合其固有的原则，充分无偏见地面对实事
自身所要求的东西。[①]

　　因而我们应该称海氏的存在论或现象学为存在论现象学，凭
借着海德格尔在存在论现象学上所取得的成就，"对于这个运
动（现象学运动）海德格尔起了极其重大和几乎决定其命运的影
响"[②]。胡塞尔后期的现象学研究实施了从"主体的先验构造"到
（主体归属于其中）的"生活世界"这个"转向"[③]，在这个转向中
我们得以见证的是海德格尔存在论现象学对胡塞尔本人的"反哺
式"影响。

第二节　风景如画的存在论现象学根据

　　海德格尔所理解的现象指的是"就其自身显示自身者，公
开者"[④]。这里的"公开者"的"自身显示"乃是展示，其所展示
的是存在者的存在，因此现象所公开、所展示者乃是存在。"学"

① 〔德〕马丁·海德格尔：《现象学之基本问题》，丁耘译，上海译文出版社2008
　　年版，第449页。
② 〔美〕赫伯特·施皮格伯格：《现象学运动》，王炳文等译，商务印书馆1995
　　年版，第476页。
③ 〔德〕胡塞尔：《欧洲科学危机和超验现象学》，张庆熊译，上海译文出版社
　　1988年版，译序第17页。
④ 〔德〕马丁·海德格尔：《存在与时间》，陈嘉映等译，生活·读书·新知三联
　　书店2006年版，第34页。

或者"逻辑"指的是"把某种东西作为某种东西来让人看"①，因而现象学的含义就是"就公开自身者（存在）的自身显现来观看它"。对于海德格尔的现象学来说，不但现象学观看所朝向的"实事"或"事情"是存在本身，而且现象学观看本身就归属于存在之真理（或意）义，因为人的生存（此在）就是在存在之真理中的居留、绽出，存在通过居有人的生存来公开自身为真理。陈嘉映先生在其《海德格尔哲学概论》中对海德格尔的现象（学）评论道：

> 无论海德格尔与现象学运动的关系如何，他对现象问题的研究从未停顿过，且经历了大幅度的改变和加深。始终如一的则是，他所说的现象不是一般意义上的存在者，而是存在者的存在。现象归根结底是指：威能者原始地升起而卓然自立，phainesthai，这就是有一个世界显圣（Epiphanie）这样伟大意义上的现象。②

以"世界显圣"而现象的"威能者"是存在的自行开启。既然现象学最终的"事情"是存在的自身敞开，那么按照这种存在论现象学的理解，任何事物只有在"存在"中才能成为"存在着的东西"。甚至，即便是不存在也依赖于存在才能成为"不"存

① 〔德〕马丁·海德格尔：《存在与时间》，陈嘉映等译，生活·读书·新知三联书店 2006 年版，第 39 页。
② 陈嘉映：《海德格尔哲学概论》，生活·读书·新知三联书店 1995 年版，第 54 页。

在的。一切存在与不存在的事物只有通过"存在"才显示为自身之所是和如何是。因而，自然的存在以及如何存在绝不是由人来决定的，自然本真的公开自身并不是由人按照文化图式（"观念的联想""图型""图式""符号形式"等）"赋形"的结果。我们只有按照自然自身在"存在"（之真理）中的自行显现着的存在来观看风景，唯有如此，我们才能拥有对风景的本真观看，进而才能看到本真的风景。本真的观看、本真的风景所置身其中的真理就是存在的自行开启自身这回事，此即海德格尔所说的"存在之真理"。根据海德格尔的现象学我们应该这样来解决风景感知的真理性问题的：在现象学观看中，我们是被自然风景的存在的自行显示所居有或占用，其中的实情是我们恰恰是被风景所觉知。[①] 这种解释符合审美经验的"物我互渗"的特征，同时这种解释也解决了"自然自身"的本真现象问题，因为人的感知、人的文化从根本上说只是为了应和与接纳自然风景本身如其所是的自身公开，人的在场被整个的奉献给自然的自行显现了。从而如画的现象学阐释不但克服了如画的文化阐释的问题，而且为如画的合理性提供了一个存在论层面的源始论证。

现象意指存在者的存在，即存在者本身的是其所是。按照这种理解，自然风景的存在指的是自然风景的本真的"是"。然而

[①]　例如海德格尔在论及希腊人的时候说："(在希腊人那里）存在者并不是通过人对存在者的直观——甚至是在一种具有主观感知特性的表象意义上的直观——才成为存在者的。毋宁说，人是被存在者所直观的东西。被存在者所直观，被牵引入存在者之敞开领域中并且被扣留于其中，从而被这种敞开领域所包涵……"参见〔德〕马丁·海德格尔:《林中路》，孙周兴译，上海译文出版社 2008 年版，第 79 页。

且不可把这个"是"理解为一个"所是"（一个"什么"、一个固定下来的现成本质），语词以及概念的危险之处就在于容易将自然风景的"是"转义为一个实体、事物（存在着的东西）。这种将存在误判为存在者的做法就是所谓的对"存在的遗忘"，因此，海德格尔主张从存在论上将存在者与其存在区分开来的，存在绝不是存在者，这就是所谓的存在论上的差异。[①]这样看来，自然风景的存在绝不是此一或彼一自然事物的作为存在者的摆在眼前的现成存在，不是被凝固为"理式""共相""概念"等存在的东西的具体化，也不是摆置在人的面前作为数学计算、科学研究、加工制作的"对象"（这些只是从自然风景的存在的本源中分散出来的东西）。从存在者（即存在着的东西）身上我们只能把捉到自然风景的存在的在场方面的特征，但其存在不仅包含显示为存在者的在场，而且还包含着存在之运作的隐匿的一面，存在本身乃是显示和隐蔽紧密结合的在场化，[②]自然风景的存在就是其在存在之在场化中的现象。

只有在存在的在场化的力量（亦即存在之真理的此之在）中，自然风景才能作为自然风景呈示出自身的存在，万物不可能凭自身而各自"独化"，它们只有在被采集或收藏于存在的运作中才能公开为存在着的东西，才能呈放、显示出各自的存在，因此，自然风景的存在就是在存在之在场化中的存在。这一点并不难理解，

---

① 参见孙周兴:《语言存在论:海德格尔后期思想研究》，商务印书馆 2011 年版，第 276-277 页。
② 参见〔德〕马丁·海德格尔:《路标》，孙周兴译，商务印书馆 2000 年版，第 351-352 页。

即便是日常的知识也知道事物的在场或者事物的命名都是在一个世界的背景中给出的，如果没有世界的这一统一性（其在表达的领域表现为语言整体系统）作为背景，我们根本不能感知或者谈论事物的存在，世界、语言作为敞开域乃是存在者存在的基底或疆界。这个作为背景、根据或者基底的世界化在海德格尔看来就是存在在场化的运作（亦即存在之真理），正如海德格尔所说：

> （存在）是卓然自立这回事，是指停留在自身中展开自身这回事。在这样起的作用中，静与动就从原始的统一中又开又闭又隐又显了。这样起的作用就是在思中尚未被宰制而正在起主宰作用的在场，在此在场中在场者就作为存在者而起本质作用了。但这样起的作用是从有蔽境界中才破门而出的，这就是说，当这样起的作用把自身作为一个世界来争取时，希腊文的无蔽就出现了。通过世界，（存）在者才（存）在起来。[①]

从存在论现象学的角度看，自然风景的存在就是自然事物在存在的在场化中的露面或现象，因为存在才是让一切显现和遮蔽、在场和不在场运作起来的命运性力量，也是一切呈放和隐匿得以发生的基底，因而存在的在场化就是一切存在者照面与显露外观（存在或现象）的基础。自然事物作为存在者必然要在

[①] 〔德〕马丁·海德格尔:《形而上学导论》，熊伟等译，商务印书馆1996年版，第61页。

存在的运作中显示为如此这般的存在着的东西——即存在者，而其存在——即自然的风景的所是（这里的"所是"指的首先不是一个"什么"，而是"是如何""是怎样"）——就是在存在的在场化中的逗留，在这里逗留包含了其在场的全部实情，其中就有自然的显露外观。因此，自然风景的存在指的就是：自然风景在存在（之在场化）中的存在。这里的第一个"存在"指的就是存在的在场化，这是一个自行发生、卓立于自身的事情（但是我们绝不能把存在的在场化表象为一个事件、一个发生，因为我们本身就归属、被扣留于这个发生的命运之中）。第二个"存在"指的是自然事物在存在之在场化中的露面、逗留和自身显示。由于存在（Sein）一词的意义在西方形而上学的长期浸淫中被滥用得面目全非，为了区别于形而上学的语境，海德格尔在后期用"Ereignis"（本有）一词命名存在（海氏用 Seyn 称呼之）的在场化、存在之真理，张祥龙先生对这个词的释义是：

> 海德格尔用这个词表达这样一个思想：任何"自身"或存在者的存在性从根本上都不是现成的，而只能在一种相互牵引、来回交荡的缘构状态中被发生出来。所以，这个词可以被译为"自身的缘构成"，或含糊地译为"缘构发生""缘发生"。①

德文词"Ereignis"本身就具有"发生的事件"的含义，加上

---

① 张祥龙：《海德格尔传》，河北人民出版社 1998 年版，第 269 页。

"自身的缘构成"、自行发生的意涵，海德格尔的"Ereignis"可以被理解为"本来就有""有自己""居有自身的自行发生"。"居有自身"指的是卓立于自身、自身生成自身，"自行发生"说的是以自身为根据的神秘的无根据（即无条件）的自身开启，这就是所谓的"无据深渊"。作为居有自身的自行发生，"Ereignis"给出"存在和时间"[1]，"存在"指的是存在者的存在、现象，它在最宽阔的范围上指的是存在者整体的显露、解蔽；时间乃是虚无化的力量，就是将一切显现遮蔽起来的力量，流逝和消亡就是时间的力量，一切显现、一切存在者都终究会在时间中被扣留于存在之无。因而，"Ereignis"之本有化运作发生为存在者整体的遮蔽着的解蔽，解蔽显示为存在者整体的露面、让存在者存在——即有。遮蔽不但是对解蔽的酝酿和准备，而且是将存在者整体的显现扣留入闭锁之中——即无，"（Ereignis）既'居有''存在'也'居有''无'。海德格尔说:'存在和无一样，很少是（ist）。但它给出二者。'给出'存在'和'无'二者的这个它不是别的，就是Ereignis"[2]。从这个意义上说，自然事物的存在就是在"Ereignis"的自行居有自身中的露面与逗留在场，其表现为自然物在存在者整体遮蔽着的解蔽中的现身。

自然风景的存在揭示自身为自然事物在存在者整体的遮蔽着的解蔽中的现身，在自然风景的显现中必然被牵涉的还有人的

---

① 孙周兴:《海德格尔选集》，生活·读书·新知三联书店 1996 年版，第 666 页。
② 孙周兴:《语言存在论: 海德格尔后期思想研究》，商务印书馆 2011 年版，第 333 页。

存在。如果自然风景的存在不是在由人参与和守护的"Da-sein"
（即此之在，存在的在此发生或者存在之敞开状态的持存）中显
示，如果其存在没有占用人的觉知和敞开行为来自行"居有"和
"发生"的话，那么谈论存在与不存在、谈论此物彼物都是没有
意义的。"Ereignis"的自行发生、敞开或者澄明必定关涉于人，
而人的本质则植根于存在的自行发生中，"人是被存在本身'抛
入'存在之真理中的，人在如此这般绽出地生存之际守护着存在
之真理，以便存在者作为它所是的存在者在存在之光中显现出
来"。存在与人的这种相互关联的本质是存在与人的相互居有、
存在与人的相互转渡。人被抛入存在之真理、托付给存在之无的
"无家可归状态"中的基本情态就是海德格尔所说的"畏"，这种
"畏"将人的此在个别化，从而置于存在者整体的解蔽之中，由
此人才能够觉知和应付存在者的存在。关于"畏"所开启出的
存在者的存在，海德格尔在其《形而上学是什么》中做了如是
描述：

> 万物与我们本身都沉入到一种麻木不仁的境界。但
> 这不是单纯的全然不见的意思，而是万物在如此这般隐
> 去的同时就显现于我们之前。在畏中，此存在者整体之
> 隐去就萦绕着我们，同时又紧压着我们，周遭竟一无滞
> 碍了。所余以笼罩我们者——当存在者隐去之时——仅
> 此"无"而已。①

---

① 孙周兴：《海德格尔选集》，生活·读书·新知三联书店1996年版，第146页。

这种境遇何其相似于宗白华先生所诠释的艺术境界，在其《美学散步》中是这样表达的：

> 儒家哲学也说："大乐与天地同合，大礼与天地同节。"《易》云："天地氤氲，万物化醇。"这生生的节奏是中国艺术意境的最后源泉。石涛题画云："天地氤氲秀结，四时朝暮垂垂，透过鸿濛之理，堪留百代之奇。"艺术要在作品里把握到天地境界！①

按照这种类比我们不难推定，自然在存在者整体的解蔽中的现象（亦即公开自身的存在）在人看来是通于艺术之境的，即自然风景的本真存在必定是美如（风景）画。类比推理所提供的只是一种预先的测度，下面我们以海德格尔的存在论思想为指导来切实地论证这个断言。

自然事物在"Ereignis"（存有［Seyn］之本有化、自行发生的存在者整体的遮蔽着的解蔽）中逗留和露面，就是自然风景的存在的本真显现，也就是说自然事物在"Ereignis"中的现象就是自然物存在的真相。因此，存在的在场化、现象学意义上的显现（现象）和真理是一回事，这里的真理并非认识的正确性或知识与现实的符合性，而是所谓的真理性认识的根据、真理性认识所归属、朝向的事情本身——作为自行发生的存在者整体的遮蔽着的解蔽的"Ereignis"。"Ereignis"发生为自行显现者的

---

① 宗白华：《美学散步》，上海人民出版 2005 年版，第 134 页。

显示自身——即现象，而现象在本真展示的意义上就是真理，因而存在、现象、真理乃是一回事，"存在就是现象而现象有所呈现，这说的已经就是：存在、现象让某种东西从掩蔽状态中走出来，如此出于掩蔽而入于无蔽，就是 aletheia，真理。可见，'真理不是存在的附加物。真理就属于存在的本质'"①。真理作为无蔽是从遮蔽中进入敞开状态（澄明），其意指着存在的在场化（"Ereignis"）的解蔽运作，"存有（存在的在场化）包含着有所澄明的庇护，所以存有原初地显现于遮蔽着的隐匿之光亮中，这种澄明的名称就是希腊的无蔽"。（海德格尔《论真理的本质》）② 希腊的"无蔽"概念即海德格尔所理解的真理，"Ereignis"发生为存在者整体从遮蔽进入无蔽之中（并且这种解蔽始终被扣留在遮蔽之中），因而其自行发生也被称为"存在的真理"。

　　按照海德格尔的理解，存在的在场化所开启的澄明之境既发生为作为无蔽的真理，又发生为作为存在之闪耀的美，这三者的关系可以被表述为：存在在场化即所谓的真理，而美作为存在的在场化的闪耀乃是存在之真理的一种发生方式，在现象学的感性觉知层面三者是相通的。虽然海德格尔没有专门的谈美的论著，但是我们在他谈论美的言论中还是能够找到上述说法的论据的：在《艺术作品的本源》中海德格尔认为"美是无蔽真理的一种显身方式"③；海德格尔在《荷尔德林诗歌阐释》中谈到"美乃存有

---

① 陈嘉映：《海德格尔哲学概论》，生活·读书·新知三联书店 1995 年版，第 200 页。
② 〔德〕马丁·海德格尔：《路标》，孙周兴译，商务印书馆 2000 年版，第 232 页。
③ 〔德〕马丁·海德格尔：《林中路》，孙周兴译，上海译文出版社 2008 年版，第 37 页。

之在场状态"，"美让对立者在对立者中，让其相互并存于其统一体中，因而从或许是差异者的纯正性那里让一切在一切中在场。美是无所不在的现身"①；在《形而上学导论》中海氏认为"一切（存）在者之（存）在就是最显象者，也就是最美者，最常住于自身中者。希腊人所谓的'美'就是约束"②；"美就是这种在自身中对立者，它参与最切近的感官假相，同时又提升到存在之中；它既是令人迷惑又是令人出神的东西。所以正是'美'把我们拉出存在之被遗忘状态，并且把（对）存在（的）观看提供给我们"③。

至此，我们可以把自然美理解为自然的一种本真现象（自然之真）。当我们对自然美的阐释提出"以物观物"的认知真理性和"令自然'如其本然'的存在"的伦理要求的时候，其实质是在强调要把自然美把握为对自然本己的本真存在的一种揭示，亦即把自然美解释为自然的本真现象。根据海德格尔的存在学说，自然的本己存在即是自然的本真现象，于是，我们对自然美的认知真理性和实践合法性两个层面的要求，必然导向把自然美的本质阐释为自然存在的一种本真现象。自然美的本质作为自然存在的一种本真现象，确保了自然美的真理性问题，在认知层面保证

---

① 〔德〕马丁·海德格尔：《荷尔德林诗歌阐释》，孙周兴译，商务印书馆 2000 年版，第 162、62 页。
② 〔德〕马丁·海德格尔：《形而上学导论》，熊伟等译，商务印书馆 1996 年版，第 132 页。
③ 〔德〕马丁·海德格尔：《尼采》上卷，孙周兴译，商务印书馆 2002 年版，第 217 页。

了自然美是自然的真实存在的显现，在伦理层面则保证了自然审美是"如其所是"地与自然打交道。因此，随着我们把自然美的本质阐释为自然存在的一种本真现象，"人化自然"视角自身所难以克服的认知和伦理问题都得以消解。

在现象学的感性觉知中，存在的在场化既表现为"真"又表现为"美"，如果我们把这种感性觉知理解成为审美的话。也就是说，自然风景在自然审美中的现象既是自然事物存在的真实显现，又是自然美的闪耀，自然审美把握到的既是（自然风景的）美也是真。然而在海德格尔看来，从"真理"到"美"的转化和生成还必须有一个中介性的环节，也就是说，风景之真与风景之美的同一依赖于一个中间环节，这个中介就是艺术。在《艺术作品的本源》中海德格尔说："于是，自行遮蔽着的存在便被澄亮了。如此这般形成的光亮，把它的闪耀嵌入作品之中。这种被嵌入作品之中的闪耀就是美。美是作为无蔽真理的一种现身方式。"[1] 这里的"存在被澄亮的方式"就是艺术，"美作为无蔽真理的一种现身方式"的独特性在于，存在之真理在此是以"嵌入作品"的方式发生的，而真理的自行"置入作品"的发生方式即是艺术。也就是说，从真理向美的过渡或者真向美的转化必然要通过艺术这个中介才能发生，正如海德格尔在《演讲与论文集》中所说："从前不只有技术冠有 τέχνη 的名称。从前 τέχνη 也指那种把真理带入闪现者之光辉中而产生出来的解蔽。从前，τέχνη 也

---

① 〔德〕马丁·海德格尔:《林中路》，孙周兴译，上海译文出版社 2008 年版，第 37 页。

指那种把真带入美之中的产出。τέχνη 也指美的艺术的产出。"[1]
在我们的论域中，"τέχνη"作为艺术是把"真"带向"美"的产
出，自然之真向自然之美的生成必然要通过艺术这个中介。

在《艺术作品的本源》的附录中，海德格尔对艺术的本质做
出了一个概括式的论断：

> 艺术是什么的问题，是本文中没有给出答案的诸种
> 问题之一。其中仿佛给出了这样一个答案。而其实乃是
> 对追问的指示，……《艺术作品的本源》全文，有意识
> 地、但未予挑明地活动在对存在之本质的追问道路上。
> 只有从存在问题出发，对艺术是什么这个问题的沉思才
> 得到了完全的和决定性的规定。我们既不能把艺术看作
> 一个文化成就的领域，也不能把它看作一个精神现象。
> 艺术归属于本有（Ereigenis）……[2]

按照海德格尔的思考，"Ereigenis"自行发生为存在者整体的
遮蔽着的解蔽，从解蔽这个方面看"Ereigenis"就是作为无蔽的
真理——aletheia，由于艺术是"真理的一种发生方式"[3]，因而艺
术归属于"Ereigenis"。然而"Ereigenis"作为真理其发生方式还

---

① 〔德〕马丁·海德格尔:《演讲与论文集》，孙周兴译，生活·读书·新知三联
书店 2006 年版，第 35 页。

② 〔德〕马丁·海德格尔:《林中路》，孙周兴译，上海译文出版社 2008 年版，
第 64 页。

③ See Julian Young, *Heidegger's Philosophy of Art*, Cambridge: Cambridge University
Press, 2001, pp. 16-17.

有建国、宗教和哲学，① 在真理的根本性发生方式中，艺术是如何区别自身的呢？

　　作为真理的发生方式，艺术的本己特征乃是"真理的置入作品"②，用海德格尔的原话说就是："艺术就是真理自行设置入作品中。"③ 因而，理解艺术的关键就是"艺术作品"。然而，这一思路表面看来是成问题的，因为艺术作品的本源在于艺术，但我们对艺术的理解却又依赖于对艺术作品的洞察，然而这种"阐释的循环式"的思考恰恰揭示了艺术的真相。按照海德格尔的考证，"作品"一词的古希腊含义是"处于终点的东西、被完成者"④，在作品中被完成的、在终点处接受自身的东西只能是存在者的存在，而存在者的存在奠基于真理的发生，在作品中真正起作用（作品的英语词 work、德语 Werk 的动词都有这个含义）的就是存在者存在的无蔽，即存在者的真理。存在者的真理在艺术作品中发生为"世界"和"大地"争执，二者的争执其实就是"Ereigenis"的解蔽和遮蔽的双重运作，⑤ 世界或解蔽意指揭示性

---

① 原文摘录如下："真理把自身设立于由它开启出来的存在者之中，一种根本性方式就是真理的自行设置入作品。这里现身运作的另一种方式是建立国家的活动。真理获得闪耀的又一种方式是邻近于那种并非某个存在者而是存在者中最具存在特性的东西。真理设立自身的再一种方式是本质性的牺牲。真理生成的又一种方式是思想者的追问，这种作为存在之思的追问命名着大可追问的存在。"（〔德〕马丁·海德格尔：《林中路》，孙周兴译，上海译文出版社2008年版，第42页。）

② See Joseph J. Kockelmans, *Heidegger on Art and Art Works*, Dordrecht: Martinus Nijhoff Publishers, 1985, p. 16.

③ 〔德〕马丁·海德格尔：《林中路》，孙周兴译，上海译文出版社2008年版，第21页。

④ 〔德〕马丁·海德格尔：《路标》，孙周兴译，商务印书馆2000年版，第331页。

⑤ Richard Polt, *Heidegger: An Introduction*, New York: Cornell University Press, 1999, p. 138.

的力量，表现为"存在者之有"，而大地或遮蔽意指的是隐匿性
的力量，表现为"存在之无"的运作。艺术的本质就体现在"存
在者之有"和"存在之无"的共属一体上的，因此，艺术作为
"无"的一面必然牵连着艺术作品之"有"，二者之间的循环本身
归属于一种不可言说的神秘之命运，如海德格尔在谈到存在和存
在者之间的"亲密的区分"的时候所说的：

> 只要存在现身为存在者之存在，现身为差异，现身
> 为分解，那么，奠基（Gründen）和论证（Begründen）
> 的相互分离和相互并存就会持续下去，存在就为存在者
> 奠基，存在者之为存在者就论证着存在。一方侵袭另一
> 方，一方在另一方中到达。袭来与到达相互并存而显现
> 于反光中。从差异方面来讲，这就是说：分解是一种圆
> 周运动，是存在和存在者相互环绕的圆周运动。奠基本
> 身在澄明范围内显现为某种存在的东西，因而这种东
> 西本身作为存在者要求那种相应的通过存在者的论证，
> 也即那种引发作用，而且是那种通过最高原因的引发
> 作用。[①]

奠基（gründen）和论证（begründen）的动词意义是相对的，
存在之无为存在者之有置基，而存在者反过来又为存在之建基，
因为存在之无必须要借助存在者来显示自身的隐匿，即所谓的

---

① 〔德〕马丁·海德格尔:《同一与差异》, 孙周兴等译, 商务印书馆 2011 年版,
第 73 页。

"神本亡端，栖形感类"（宗炳语）。艺术这种真理的发生方式同样需要存在者来"论证"存在之无，而在其中起论证（保存、保持）作用的就是一种独特的存在者——艺术作品。因此，海德格尔在其《艺术作品的本源》开篇花很大篇幅来探讨艺术作品的物性（亦即艺术作品的存在规定性），艺术作品作为物的本质乃是艺术作品是一存在着的东西——即一存在者。艺术作品作为存在者其独特性是其"作品存在"，而作品存在的特征包含着"开启世界"和"制作大地"，即在艺术作品这一存在者身上开启出世界和大地的争执，从而让存在者的存在在作品中得以揭示。从作品存在的另一个特征——被创作存在——来看，"作品的被创作存在意味着：真理之被固定于形态中"①，亦即真理自行设立于一存在者之上而达于持存，并且得到保存。

由此可见，艺术作为真理的一种发生方式的本己特性就在于："真理之发生是在作品中起作用的，而且是以作品的方式起作用。"② 由于美是以艺术的方式发生的真理，而艺术的本质特征是真理通过艺术作品而发生，或者说艺术是以作品的方式发生的真理，这里的"艺术作品"或者"作品的方式"强调的无非就是：真理通过艺术向美的生成必须要通过建基于一个存在者身上才能发生。因此，对于"美是真理之自行置入作品"来说，这里"作品"或"艺术作品"真正的含义是为真理的艺术式发生提供形态的存在者而已。由此说来，不管这一存在者（作品）是人工创作

---

① 〔德〕马丁·海德格尔：《林中路》，孙周兴译，上海译文出版社 2008 年版，第 44 页。
② 同上注，第 51 页。

的狭义的艺术品，还是天然存在的自然事物，只要它能作为存在者为真理的艺术型的发生起论证作用，就都能够被称为"艺术作品"，否则这个世界上将会没有自然美。如果能够这样的话，黑格尔在其《美学》中就不仅仅把自然美排除出美学之外，而且会干脆否认自然美的存在。

因此，如果我们宣称自然风景是美的，这将意味着在自然事物身上发生着自然的存在的被揭示——自然的本真现象，也就是说自然风景的存在或自然存在的真理在此是通过"艺术"的方式而发生，这里的"艺术"是在广义上理解的，它是使人工创制的狭义的艺术作品和自然物成为"美的"东西的本源——亦是指，在存在者身上得以揭示的真理之自行发生，这类似于黑格尔所说的"美是理念的感性显现"。正是通过这个广义的艺术概念贯通作用，狭义的艺术作品和自然事物在审美中是同一的，二者的存在具有某种令人吃惊的相通性，也正是这一点使得自然美必然看起来像艺术（即狭义的人工制作的艺术品）。因此，由于自然风景之真的自行现象向美的生成必须要经过艺术（广义的艺术）的中介，所以自然风景的美必定看起来是像艺术（狭义的艺术）的。这一实情对于视觉观看来说就是，风景的美看起来必定是如画的。这个观点在海德格尔的语言存在论中得到了明确的说明。

自然风景的本真存在是在"Ereignis"的解蔽运作中地现象（这里的现象做动词用），从语言的角度看，"Ereignis"的解蔽运作的本质作为存在之在场化乃是存在之道说，因此海德格尔说：

> 在道说之显示中的活动者乃是居有。它把在场者和

不在场者带入其当下本己之中；由之而来，在场者和不
在场者在其本身那里自行显示并且依其方式而栖留。有
所带来的居有使作为道示的道说在其显示中活动，此
种居有（das Eignen）可谓成道（das Ereignen），它给出
澄明之自由境界……从道说之显示来看，我们既不可把
Ereignis 表象为一个事件，也不可把它表象为一种发生，
而只能在道说之显示中把它经验为允诺者。①

"道说意谓：显示、让显现、既澄明又遮蔽着把世界呈示出
来。"② 正是从 "Ereignis" 的道说而来才有存在者存在的敞开，才
有一个世界的显圣，道说着的 "Ereignis" 发生为语言，本质的
语言就是 "Ereignis" 的道说，正是在这个意义上，海德格尔断言
"语言是存在的家"。语言对存在者的命名才使得存在者以其各自
的外观显露于世界之中，语言对存在者的采集、统一（这在结构
主义语言学那里表现为语言的系统性）使得存在者的存在显示被
置入遮蔽和庇护之中。语言就是存在者整体遮蔽着的解蔽，用海
德格尔的话说就是 "语言之本质乃是作为道示之道说"③。由于本
质性的语言是存在之在场化的发生，因而只有在有语言的地方才
有存在者之敞开。于其中，人正是通过作为 "语言的动物" 而将
自己的本质交付于语言，由此才能够而且必须承担起 "让" 存在
者在 "此" 存在的 "看护者" 的角色。

---

① 〔德〕马丁·海德格尔：《在通向语言的途中》，孙周兴译，商务印书馆 1997
　　年版，第 258—259 页。
② 同上注，第 210—211 页。
③ 同上注，第 253 页。

由于"Ereignis"的道说包含着遮蔽的一面，人从"Ereignis"道说的"寂静之音"而来的倾听和言说必定有谬误伴随着，谬误植根于"Ereignis"的本质的遮蔽的一面，因为有遮蔽所以人必须能够犯错。这一情况也表现为人对语言的长期以来的误解，这里的例证可以参考海德格尔在《存在与时间》中所提到的"闲言"。因此，海德格尔才令人瞠目结舌地宣告要把"作为语言的语言带向语言"。

但是，在"Ereignis"的历史性发生中仍持留着本质性的语言的领地，这个领地就是诗。① 因为"语言本身就是根本意义上的诗"，"筹划着的道说就是诗：世界和大地的道说，世界和大地之争执的道说"②。诗作为有所澄明的筹划就是对"Ereignis"的道说（即存在之在场化、存在之真理的本真显示）的倾听和应和，诗使得人们能够居留于存在的真理之中。因而诗人的作诗乃是"创建"，③ 创建只是从对存在的指令或劝导的接收而来的持存之创建，从而为人类的历史性存在建立地基。因为"作诗"乃是"采取尺度"与"筑造"，通过将人的生存持留于存在之真理中，"作诗"为人在大地上的栖居铺设地基，就此而言才有"诗意地栖居"的说法。

由于"美是存在的在场化状态"，（作为自然事物在存在在场

---

① 这里的"语言"和"诗"都不是从狭义角度理解的，语言不只是符号系统中的一种，它指的是存在者的存在的显示性力量——世界的显圣；诗指的不是作为文学的一种体裁的诗歌，而是指使所有艺术成为艺术的东西——即根本意义上的语言。

② 〔德〕马丁·海德格尔：《林中路》，孙周兴译，上海译文出版社2008年版，第53页。

③ 参见〔德〕马丁·海德格尔：《荷尔德林诗歌阐释》，孙周兴译，商务印书馆2000年版，第44页。

化中的现象的）自然风景的美作为一种本质性的语言（"Ereignis"的道说）就必定是诗，因为"语言本身就是根本意义上的诗"。因而，从语言存在论的角度看，自然美必然是具有"诗意的"，由于"一切艺术本质上都是诗"①，所以风景的美必定会显得像艺术（狭义的艺术），在视觉欣赏中就是风景之美必然是如画的。在这里尤其值得一提的是，在我们的审美经验中普遍存在的"画中有诗、诗中有画"与"自然风景如诗如画"之类的现象。

　　按照海德格尔的存在论现象学，自然风景的存在及其本真现象是在作为存在之在场化的"Ereignis"这个终极事情中的现象，而"Ereignis"是自行开启的存在者整体的遮蔽着的解蔽和存有（存在）之本有过程的自行到时，因而我们可以说，自然风景的本真存在就是自然的自行显现。由于从自然风景的本真现象到自然风景之美的生成必须要通过艺术作为中介（这种生成在海德格尔语言论那里是通过"作诗"来实现），因此，自然风景的美必然会自行地显现为像艺术，在视觉欣赏角度就是风景在审美中的本真现象必然会自行地显得是如画的。之所以说风景的"自行呈现"，是因为从现象学视角看审美感知倒不是作为主体的人（从其自身以及自身外化的文化出发）对自然客体的体验、表象和算计，而是人的觉知能力乃至所有敞开行为被自然风景的存在的自行公开所占用，也就是说人是被风景所觉知与直观的。人的本质及其存在之自由被系缚于存在者的自行解蔽之中，即所谓的"让存在者存在"，"因为人之为人，只是由于人接受语言之允诺，只

---

① 〔德〕马丁·海德格尔：《林中路》，孙周兴译，上海译文出版社2008年版，第51页。

是由于人为语言所用而去说语言"①。正是从这个意义上我们说，现象学视角之下的风景如画的根据是，自然风景的本真的自行呈现在审美中必然显得是如画的。

海德格尔的这种现象学视角在中国哲学和美学的思考中也有类似的表现，鉴于本书探索的意图，我们在此也可以简略地加以援引，以中国古典美学中的相关理论资源来辅助论证如画的现象学根据，以此作为现象学视角的补充阐释。张祥龙先生认为"海德格尔思想与中国天道观之间确有一个极重要的相通之处，即双方最基本的思想方式都是一种源于（或缘于）人生的原初体验视野的、纯境域构成的思维方式"②。由于这种思想方式的相通性，台湾学术界就尝试过中国美学中的意境理论与海德格尔现象学之间的比较研究，在赖贤宗先生看来，鉴于中国美学和海德格尔早期的诠释学现象学以及海德格尔晚期从存在出发理解艺术和美在思想上的相似性，意境美学和海德格尔思想是可以会通的。③

相通于海德格尔的存在概念，《周易》认为天地万物的存在的本根在于太极，④ 太极的运作显示的是天道的运行，其表现为阴阳两仪的运行，即所谓"一阴一阳之谓道"⑤。太极的运作（"形

---

① 〔德〕马丁·海德格尔:《林中路》，孙周兴译，上海译文出版社2008年版，第189页。

② 张祥龙:《海德格尔思想与中国天道》，中国人民大学出版社2011年版，第10页。

③ 参见赖贤宗:《海德格尔与禅道的跨文化沟通》，宗教文化出版社2007年版，第216页。

④ 参见张岱年:《中国哲学史大纲》，中国社会科学出版社1982年版，第25-26页。

⑤ 周振甫:《周易译注》，中华书局1991年版，第234页。

而上之谓道"）和万物的存在（"形而下之谓器"）是同一的，二者通过天文和地理而得以显示，也就是说太极之道和万物的存在都是通过"象"来显现的，这就相通于海德格尔的存在即是"入于外观的设置"①，"入于外观的设置"即是一种现象。正是因为这一点，圣人通过"仰观天文俯察地理"创作了《易》，"《易》者，象也，象也者，像也"②，而"《易》与天地准，故能弥纶天地之道"③。因此，在这个意义上我们可以将《周易》的思想视为一种中国式的"现象学"。

按照这个思路，自然风景的存在即是在太极所演示的天道中的"现象"，其现象为自然之文，如刘勰所说："夫玄黄杂色，方圆体分；日月叠璧，以垂丽天之象；山川焕绮，以辅理地之形：此盖道之文也。"对这种现象的观看既是观道也是审美，由于人"为五行之秀，实天地之心。心生而言立，言立而文明，自然之道也"④。人参悟自然之文而生成人文，这同样是"自然之道"，按照刘勰的观点，自然风景现象的"自然之文"与作为人文的艺术必定是同一，这种同一的根据就在于二者同样是"自然之道"。从这种同一性出发，风景在审美中必定会显得像是艺术，对于视觉欣赏来说就是风景在审美中的本真呈现必定是如画的，这就是杨慎所说的"会心山水真如画，巧手丹青画似真"⑤。这一点与

---

① 〔德〕马丁·海德格尔：《路标》，孙周兴译，商务印书馆 2000 年版，第 327 页。
② 周振甫：《周易译注》，中华书局 1991 年版，第 259 页。
③ 同上注，第 232 页。
④ 周振甫：《文心雕龙今译》，中华书局 1986 年版，第 10 页。
⑤ 杨慎：《太史升庵全集》卷六十六，明刻本。

《周易》同理，因而"《尔雅》曰：'画，象也。'言象之所以为画尔。《易》卦说观象系辞谓此。"[①]王微则认为"图画非止艺行，成当与《易》象同体"[②]。

从"人化自然"的立场出发获得的"自然与人同一"的文化视角的如画阐释，从认知上说是独断的，从伦理上说是不适当的。现象学视角的如画阐释的实质是从自然的自行显现、"自然的自行人化"的角度回答了"自然与人的同一"这个问题。在现象学看来，人的生存与存在者的存在的自行公开共同归属于存在的在场化。从自然的角度看，是人的觉知能力乃至整个生存被自然的自行敞开所占用，这一实情就是所谓的"自然的人化"，即自然向人的自行生成；从人的角度看，人参与和归属到存在者的自行解蔽中的绽出的生存才是其真正意义上的自由存在，人只有在对存在者整体的自行解蔽的顺应（此即"辅万物之自然而弗敢为"）中才拥有自己的本质，[③]而文化视角、"人化自然"的合法性根据只有在此才能得到洞察和说明。"自然的人化"必然要求着"人化"，只不过"人化"的限度必须得到规定，其合法性界限在于按照"自然的自行人化"去"人化自然"。如此理解的"人"却并非丧失自身于自然之中，按照海德格尔的理解，人的这种"赞天地之化育"的存在规定性恰恰就是人的最高本质和作为人之生存的最高可能性的自由。

① 俞剑华：《中国古代画论精读》，人民美术出版社 2011 年版，第 273 页。
② 同上注，第 253 页。
③ 参见〔德〕马丁·海德格尔：《路标》，孙周兴译，商务印书馆 2000 年版，第 219 页。

＊　＊　＊　＊　＊　＊

为了消除文化视角的如画阐释所存在的其自身难以克服问题，我们乞灵于海德格尔的存在论现象学学说，以之对风景如画及其根据进行一个更为源始的探讨，由此而实行了如画的现象学阐释。如画的现象学阐释不但克服了文化视角在认知真理性和伦理合法性方面所产生的问题，而且通过将"人化自然"置于更本源性的实事领域（即自然的自行人化）之中为文化视角的合法性做出了论证。现象学阐释揭示了自然在审美中向艺术的自行生成，在其中自然的本真现象表现为在审美观看中自行地显示为如画的。从现象学的视角看，风景如画的美学根据在于自然向艺术的自行生成，借助海德格尔的语言存在论，自然向艺术的自行生成的根据则在于自然向人（人文）的自行生成。在上述理解的方向上，我们可以说，风景如画的现象学阐释从"自然自行人化"的角度为我们揭示了自然与艺术、自然与人的同一性。

第四章
风景如画的美感阐释

我们已经分别从视觉、文化和现象学三个角度对风景如画进行了阐释，虽然这三个层次的探讨都在各自的有效性范围内揭示了如画及其美学根据，但严格地说来，它们只能属于如画的美学探究中的"外部研究"层面，我们探讨还缺少一个"内部研究"的层面。公允地讲，美（广义上的美，包括优美、崇高、悲剧、喜剧和丑等范畴在内）乃是在人的一种独特的生存境遇中开启出来的存在境界，也就是说，美是在此在（Dasein）的一种特殊的展开状态中现身的，通俗的说即美是事物在人的审美经验中的照面。从美的主观抑或客观的性质来看，"美不仅在物，亦不仅在心，美在于心与物的关系上面"[①]，而心与物在审美中的交相映衬就是美感；从人类的心灵能力与价值关联角度来看，指向真和善的分别是人的认识能力和欲求能力，指向美的则是人的情感能力，[②]美区分于同样作为人类最高价值的真和善的本己特征就是情感——在这里应该准确地称之为美感（亦即此在式的审美经验），康德正是通过这种区分而实现了现代美学的自律（独立）。鉴于上述，我们认为如画的美学探讨的"内部研究"的范围应该划归

---

① 朱光潜:《文艺心理学》，安徽教育出版社 1996 年版，第 148 页。
② 参见〔德〕康德:《康德著作全集》第五卷，李秋零译，中国人民大学出版社 2007 年版，第 207 页。

于美感的领域，这个领域的探究旨在从纯审美经验（美的现象、美的此在式现身）的角度洞察和揭示如画。根据我们的课题对象和探索规划自行展开的逻辑，我们对风景如画的美学根据的探讨现在需要过渡到"内部研究"的层面，以美感层面的阐释来结束我们对风景如画的美学根据的探究。

第一节　自然美与合目的性

从纯审美的角度看，自然美指的是自然在人的此在的审美经验中的照面，自然美的现身及其被给予是由人的美感经验来承荷的，用宗炳的话说就是自然的美在于"畅神"。虽然"畅神"在《画山水序》中是用来描述山水画的审美功能（即山水画所敞开的美感经验）的，但在宗炳看来山水画和山水的审美功能是相通的（因此有通过山水画来"卧游"山水之说），因而"畅神"所表述的既是山水画所带来的美感经验，也是观看自然山水所经验到的美感。特别值得一提的是，在中国美学史上，正是宗炳的"畅神说"这一着眼于美感经验而对自然美进行纯审美思考的美学观念，宣示了中国自然审美思想的自觉。

在原始宗教观念的影响下，自然的威力使得周朝之前的先民对名山大川产生了神秘的敬畏感，名山大川不仅作为神话传说中的神秘之境而存在，而且也作为现实生活中人们祭祀活动的圣地而存在。徐复观先生认为"我国在周朝初年，开始从宗教中觉醒，而出现了道德的人文精神之后，自然中的名川大山，便由带有威压性的神秘气氛中渐渐解放出来"①，这个阶段的自然与人的亲和关系在《诗经》的景物描写中得到体现。之后的自然审美在儒家文化的影响下形成了所谓的"比德"传统，在这个传统看来，自然山水的美不在于山水美本身，而在于山水譬喻性地表现了人的道德品性，例如，松、竹、梅的美就在于其象征了君子的高洁的道德人格。到了魏晋时期，玄学的影响使得人们开始发现自然山水本身的审美价值，从最初的"以玄对山水"到"山水贵在畅神"，通过"畅神说"对自然美所开启的美感经验的揭示和言说，自然美的本己的审美价值开始得到美学思想的关注和探究，中国美学借此实现了其自然审美思想的独立。在这个意义上我们认为，宗炳的"畅神说"标志了中国自然审美思想的自觉或自律②。鉴于"畅神说"在中国美学史上的这一位置，我们在此选择"畅神说"作为美学范本来进行一种自然美的本质的阐释，借之以从美感角度透视自然美的某种特定本质。

从美学的角度看，"畅神"指的是自然美带来的审美快感——亦即给人带来的自由、解放、愉悦、从有限入于无限等方面的审美经验。畅神的"畅"字并不难理解，其含义是从困境中解脱进

---

① 徐复观：《中国艺术精神》，华东师范大学出版社 2001 年版，第 134 页。
② 这个观点可参见赵红梅：《中国自然审美史一瞥》，《湖北大学成人教育学院学报》2005 年第 3 期。朱良志先生在其《中国美学名著导读》中对"畅神说"的评价也表达了相似的看法，不过朱先生是从绘画艺术史的角度思考的，在这个层面"畅神说"标志了绘画艺术的自觉，原文是："之所以认为宗炳此说是一个有价值的美学观点，是因为在绘画美学上，宗炳之前的画论中主要是将绘画作为载道比德的工具，而宗炳却将绘画看做关乎性灵的形式，绘画不仅能给人'道'的满足，又能安顿人的领会，使人获得灵魂的震荡"。（参见朱良志：《中国美学名著导读》，北京大学出版社 2004 年版，第 66 页。）

而步入喜乐之境，对于作为美感的"畅神"的美学内涵的理解来说，关键在于对"神"字的把握。"畅神"在《画山水序》中出处是："圣贤映于绝代，万趣融其神思，余复何为哉？畅神而已，神之所畅，孰有先焉！"①从字面意思来看，文中所说的"神"可以被理解成观看山水画或者山水的人的精神，"畅神"即是欣赏者的精神愉悦。但是把"神"界说为人的精神显得过于宽泛，精神的畅快也包含着现实致用和道德情感方面的适意感，而美感是截然区分于感官和道德方面的快感的。②

　　宗炳曾拜名僧慧远为师，慧远的"轮回报应"学说的前提就是"形尽神不灭"，宗炳在他的佛学著作《明佛论》中曾论证过"形尽神不灭"的观点。③按照这个渊源，我们确实有理由把"神"理解为理智性的精神实体——灵魂，《画山水序》中确实有过近似的表述："应会感神，神超理得。"但这种理解仍然是成问题的，宗炳在思考"形神之辩"的时候只是把"神"理解成为无形、永恒、"君形"的东西（如"神本无端，栖形感类"），他并没有将其实体化为人的灵魂。因此，"神"不可能指的是人的灵魂。事实上，在《画山水序》的语境中，甚至推置于整个魏晋玄学的思想背景中，"神"字更多地是在与"道""理""灵"等概念交织辉映中表露自身的，因此，我们对其含义的把握必然要回指到《画山水序》的文本及其思想语境中。

---

① 俞剑华：《中国古代画论精读》，人民美术出版社 2011 年版，第 252 页。
② 参见章安琪：《缪灵珠美学译文集》第四卷，中国人民大学出版社 1998 年版，第 194 页。
③ 参见李泽厚、刘纲纪：《中国美学史》魏晋南北朝编，安徽文艺出版社 1999 年版，第 474 页。

然而，当着手从"知人论世"角度为《画山水序》确定一个指引理解的思想维度时，我们遇到的最大的困难是宗炳在儒释道三家中的思想归属问题，这个困难源于宗炳复杂的思想背景。宗炳是南朝有名的隐士，他曾多次回绝入仕的举荐。宗炳酷爱游历山水，史书记载他"栖丘饮谷，三十余年"（《宋书·隐逸传》），从这方面看道家对宗炳的影响是不容忽视的。并且就《画山水序》文本中的用语来看，"玄牝""许由""藐姑射山""澄怀味象"等都是十足的道家的话语，鉴于此，陈传席选取道家思想的角度对《画山水序》进行解读，而徐复观则将之定位在道家的庄学框架之下。[①] 宗炳同时又笃信佛教，精于佛理，曾赴庐山拜名僧慧远为师，并加入"白莲社"研究佛学，他还写出了讨论佛理的长文《明佛论》。而且从《画山水序》整篇的义理来看完全有理由将之视为阐述佛理的文章，它在佛理上与慧远的《万佛影铭》是遥相呼应的，因此李泽厚、刘纲纪编写的美学史就是从般若佛学的角度对《画山水序》进行阐释的。[②] 此外，宗炳虽是隐士和佛教徒，但其本人并未出家，在其兄长辞世后，宗炳担负起赡养家人的义务，而且《画山水序》中所提到的圣人"尧孔（子）"等乃儒家的圣贤。从魏晋时期的思想语境看，玄学其实并不排斥儒家思想，"越名教而任自然"所说的并不是排斥名教，而是希望将名教置于一种更"本然"（自然）的存在境况中，因此我们对

---

①　参见陈传席:《六朝画论研究》，天津人民美术出版社 2006 年版；徐复观:《中国艺术精神》，华东师范大学出版社 2001 年版。

②　参见李泽厚、刘纲纪:《中国美学史》魏晋南北朝编，安徽文艺出版社 1999年版。

《画山水序》的解读也不应回避儒家的思想体系。

对于上述的困境来说一种"折中"的路径似乎更为可取，以魏晋玄学为思想主线完全能够解决关于宗炳的思想归属的所有纷争。不管儒释道之间的思想怎样地在其相互影响中此消彼长，在整个魏晋思想史中起主导作用的"范式"始终是魏晋玄学，无论是《周易》《老子》和《庄子》，还是后来传入的大小乘佛学，在魏晋思想中它们都是经过玄学化了的思想。从何晏、王弼的"贵无论"到向秀、郭象的"崇有论"，再到佛学的援引，我们看到的是玄学为了解决自身的学术问题而生成的玄学发展史，儒释道三家的各种学说之所以能够进入玄学，其根本原因在于魏晋玄学解决自身的理论问题的需要。因此，本文对"神"的理解乃至关于《画山水序》的文本解读选定在玄学的框架下进行，不再考虑儒释道三家学说的纷争，只着眼玄学这个"同一"的框架来解释"畅神说"。

汤用彤对魏晋玄学的本质的阐释如下：

> 不复拘拘于宇宙运行之外用，进而论天地万物之本体。汉代寓天道于物理。魏晋黜天道而究本体，以寡御众，而归于玄极（王弼《易略例·明彖章》）；忘象得意，而游于物外（王弼《易略例·明象章》）。于是脱离汉代宇宙之论，而流连于存存本本之真……魏晋乃常能弃物理之寻求，进而为本体之体会。舍万象，超时空，而究天地万物之真际。以万有为末，以虚无为本。夫虚无者，非物也。非无形之元气，在太始之时，而莫之与

先也。本无末有，非谓此物与彼物，亦非前形与后形。
名万有之本体曰虚无，则无物而非虚无，亦即物未有时
而非虚无也。[①]

按照汤先生的思考，魏晋玄学是从汉代的宇宙论哲学发展
而来的对宇宙本体的探究，在这个意义上玄学可以被称为"本体
论"。哲学中的本体论一词指的是"什么是存在或者什么存在"，
存在指的是，如果世界是存在的话，那么"什么东西是必须首先
存在"，因而存在指的是之所以有存在者的根据、基础，也就是
所谓的事物呈现的基底，哲学家奎因就把这个基底理解为一定条
件下的"语言和理论"[②]。

根据上述，我们把本体界定为，万物在其中成其各自所是的
存在者的根据、基底。万物指的是所有事物的整体，然而一旦谈
及存在者整体，我们就必然越过了存在者之"有"而触及到本体
之"无"，因为只有"无"才能给"有"以界限，从而使得我们能
够说"有存在者整体"。如果本体也是一事物的话，那么必然会
在存在者整体之外另外地存在一物，这与我们所说的存在者整体
是相矛盾的，因而汤先生说玄学所说的本体是"虚无"、是"非
物"。同时，本体也绝不是万物存在于其中的虚空，好像本体是
一个空的容器，作为虚空容纳着万物之有，本体之虚无所强调
的只是"非物"（即不是存在者）的一面。本体作为"非物"的

① 汤用彤：《魏晋玄学论稿》，上海古籍出版社 2005 年版，第 39 页。
② See Nicholas Bunnin and Jiyuan Yu, *The Blackwell Dictionary of Western Philosophy*, London: Blackwell Publishing Ltd, 2004, p. 491.

虚无为万物的存在和呈放提供根据，从而使万物显示为各自的所是，亦即令万物是其所是地存在，因此，本体虽然虚无却是万有之本，即"本无末有"。"本无末有"说的倒不是万物之有是从"无"中生出来，那样的话"无"就会作为另一种"有"与万物相对，"本无末有"指的是万物之有是在一个"并非物"的本根（本体）上呈现的。这一点其实并不难理解，事物的存在作为实存必然包含着质料性的要素，但是单凭这些提供给感官印象以模糊、混杂的感觉的质料，我们并不能说出此物是什么，我们只能凭借其对感官的刺激而断定它们是"有的"，然而单纯的有毋宁说是不存在，如黑格尔所说"纯有乃是无"①。事物的质料性存在的无规定性的"纯有"也就是一种虚无，因此存在者必须要通过被赋予形式而成为存在着的，对于质料来说就是为杂多和模糊赋予一个外观，事物只有在这个外观中才能把自己的存在公开出来。②并且这个外观绝不是一个单个的理式类的东西，外观显示出与"一个世界"的关联，任何事物都是天空之下、大地之上拥有其存在的。很明显，这个事物的外观及其关联而成的世界本身并不是一个事物，否则它将不可能为事物赋予形式，从本体不是事物的意义上可以说本体即无。

但是把本体理解为虚无也挺偏颇的，本体作为万物存在的

---

① 〔德〕黑格尔：《逻辑学》上卷，杨一之译，商务印书馆1966年版，第59页.

② 这里的外观指的是广义的外观形象，它不仅仅限于视觉中的可见形象。比如说不管真马、木马还是石马，其不同的质料只有在马的外观下才可以被称为马，而且在语言中用马来命名它们本身就属于为它们赋予外观，因为语言的词语把马公开地揭示给我们看。

基底必定是独一无二的，不可能形成"对反的格局"[1]。如果本体是无，那么存在者之有就与之形成一个对子，这样本体就不是"一"了。因此，"无"只是本体的一个方面，真正的终极本体是统摄本体之无和事物之有的那个东西，魏晋玄学称这个本体为道。本体之道的特征在老子那里就有过准确的描述："无，名天地之始；有，名万物之母。故常无，欲以观其妙；常有，欲以观其徼。此二者，同出而异名，同谓之玄。"玄即是道之运作的玄妙。[2] 有和无共同归属于这个作为本体的道。玄学自身的发展就是对这个结论的印证，汤用彤先生在其《魏晋玄学论稿》中说：

> 王弼注《老》而阐贵无之学。向郭释《庄》而有崇有之论。皆就中华固有学术而加以发明，故影响甚广。释子立义，亦颇扟其流风。及至僧肇解空第一。虽颇具谈玄者之趣味，而其鄙薄老、庄（见《高僧传》），服膺佛乘，亦几突破玄学之藩篱矣。[3]

玄学从贵无论到崇有之说的演进仍无法解决有无之间差异和同一的关系的时候，玄学思想转而乞灵于佛学，因为般若佛学的有无之辩、色空之思为玄学突破自身的思想困境提供了新的启发，而般若佛学中的"法身"与"涅槃"等词语所意指的正

---

① 参见〔古希腊〕亚里士多德：《形而上学》，吴寿彭译，商务印书馆1959年版，第289页。

② 陈鼓应：《老子注译及评价》，中华书局1984年版，第62页。

③ 汤用彤：《魏晋玄学论稿》，上海古籍出版社2005年版，第49页。

是统一有无的本体，^①这一本体即所谓的万物之宗极。既然真正的本体是有无相统一的道，那么就必须为本体的"无"的一面另行指派一词，这个术语就是"理"^②，这个词语命名万物的本质和存在规定。这在宗炳的《画山水序》中也有所体现，"夫理绝于中古之上者，可意求于千载之下；旨微于言象之外者，可心取于书策之内"^③，"理"作为超越"言象"的"意"乃是与"有"相对的"无"，其所意指的正是本体之道的"无"的一面。我们能够按照"理一分殊"的方式把"理"把握为超越事物的形质之有的"无"的根本原因在于，"理"作为本体之道的虚无的一面能够在人心中存在，正是在这个意义上，萨特认为是人的意识把虚无带到世界中。^④鉴于人与理的这种必然的关联，当我们从人的角度谈论"理"的时候往往将之称为"神"。"神"与"理"在体现道的虚无的一面的时候是同义的，^⑤只不过"神"强调的是"理"在人心中的存在，由此也不难理解顾恺之的见解——绘画最能够"传神"的描绘对象是人。

　　鉴于上述，我们在此把宗炳的"畅神"一词中的"神"解释

---

① 如"一切法毕竟空寂，同涅槃相，非有非无，无生无灭，断言语道，灭诸心行"。参见汤用彤：《汤用彤全集》第一卷，河北人民出版社 2000 年版，第 241 页。

② 而后的张载就针对玄学将理凌驾于万物之上的说法，提出了"万物皆有理"的说法。参见葛荣晋：《中国哲学范畴通论》，首都师范大学出版社 2001 年版，第 209 页。

③ 俞剑华：《中国古代画论精读》，人民美术出版社 2011 年版，第 252 页。

④ 参见〔法〕萨特：《存在与虚无》，陈宣良等译，生活·读书·新知三联书店 2007 年版，第 77 页。

⑤ 参见陈传席：《六朝画论研究》，天津人民美术出版社 2006 年版，第 89 页。

为万物之"理"（即道的虚无的一面）在人心中的显示，《画山水序》中的"应会感神，神超理得""圣人以神法道""夫应目会心以为理"与"神本亡端"[①]等句也只有在上述的义理中才能得到理解。"理"在人心中的存在不仅使得人拥有了"神"，而且也为人心赋予了规定性——即只有"明心见性"而通于"理"的人才能具有"神"，所以唯有圣人才能"以神法道"。在这个意义上可以说，"理"为人和万物的存在预定了一个理想的存在远景，这个远景在人心中的敞开状态就是"神"。当事物或者我们自身的存在符合于这个理想之境（即"神"）的时候，"神"之被应和与被肯定即是我们所经验到的畅快之感，[②]这就是作为美感经验的畅神的美学内涵。由此观之，自然美作为美感乃是自然事物（山水）的存在对"理"和"神"的应和所带来的愉悦之感，由此才有庄子的"原天地之美而达万物之理"之说。

　　从美感的角度看，自然之美在于"畅神"，而"畅神"指的是自然山水对于（作为本体之道的虚无的一面的"理"在人的心中的存在的）"神"的契合，这种契合使人畅通于"神"之境界，因而会表现为人的精神上的审美愉悦。按照宗炳的理解，自然美的畅神的根据在于"山水质有而趣灵"，徐复观先生认为"与道相通之谓灵"[③]，趣通取，指接受之意，[④]"山水质有而趣灵"说的

① 俞剑华：《中国古代画论精读》，人民美术出版社 2011 年版，第 252 页。
② 因而畅神揭示的是一种理想的存在图景，这个图景在佛教看来就是所谓的"涅槃境界"，而畅神表述的是人"通"达（畅即是通的意思）于这种境界的境况，参见谢磊：《画山水序正读》，《美术研究》1999 年第 2 期。
③ 徐复观：《中国艺术精神》，华东师范大学出版社 2001 年版，第 142 页。
④ 陈传席：《六朝画论研究》，天津人民美术出版社 2006 年版，第 101 页。

是山水的形质之有的实存是接受道的主宰的。由于道是统摄有无的宗极、真宰，因而这里的"趣灵"的真正含义是接受道的虚无的一面的主宰，这就是所谓的"山水以形媚道"。上文的分析表明"神"意指的就是本体之道的虚无的一面，因而"趣灵""媚道"说的其实是契合于"神"，我们在"澄怀味象"（自然审美）中体验到的畅神就是自然之形象对"神"的契合。

这个意义上的"畅神"意味着人的一种断定或判断，因为"神"（"理"）为山水的存在预先规定了一个理想的图景、一个"应该"，畅神的根据就在于"澄怀味象"中的山水之形象与这个"应该"的契合、应和，畅神源于对二者之间的契合关系的判断、断定。由于"神"作为"应该"意味着自然山水的本然存在状态——即目的论上的目的，因此作为断定的"畅神"在其实质上表现为一种合目的性。这种理解是符合宗炳的原意的，《画山水序》中所描述的畅神之境是："峰岫峣嶷，云林森眇。圣贤映于绝代，万趣融其神思"①。按照谢磊的说法，"畅神"即是通于神，即达于佛家的"涅槃"之境，②这种所谓的极乐之境所展现的正是万物存在的理想图景，因而也就可以被理解为世界存在的理念，按海德格尔的理解，"'一旦存在被规定为理念，则必有应该（Sollen）出现而成为存在之对立面。'在'理念'王国中，现存事物被赋予一个目的，一种合目的性，一个'应该'"③。从这种

---

① 俞剑华：《中国古代画论精读》，人民美术出版社 2011 年版，第 252 页。

② 谢磊：《画山水序正读》，《美术研究》1999 年第 2 期。

③ 孙周兴：《语言存在论：海德格尔后期思想研究》，商务印书馆 2011 年版，第 143 页。

理解出发，我们把"畅神"把握为一种合目的感，这种合目的感的审美表现就是所谓的美感。因此，自然美作为美感的实质就是其审美合目的性，这个断言对于中国思想史来说并非是没有根据的，李泽厚先生在谈及禅与自然美的关系的时候就曾有过类似的表述："禅宗非常喜欢大自然，喜欢与大自然打交道，……在欣赏大自然风景时，不仅感到大自然与自己合为一体，而且还似乎感受到整个宇宙的某种合目的性的存在。"[①]

从美感经验的角度看，自然风景的美就是畅神，而畅神的实质则在于合目的性，因此，为了从美感角度阐释如画，我们必须进一步引入自然目的论的思想视野。在这个方向上最适当的思想资源是康德的美学，这样说的根据在于：首先，康德美学是以自然美而不是艺术为理论核心的，[②] 不仅如此，"自然的合目的性"的目的论正是康德美学思考美和自然美的理论框架；[③] 其次，更为重要的是，在西方哲学史上"'存在与应该'的这一分离进程要到康德那里才告完成"[④]，而从存在分离而来的"应该"则在形而上学中成为道德、义务、目的论的领域，因此，作为目的论的完成者，康德能够从美学上为我们提供理解自然合目的性的本质性视界。

按照康德的思考，如果我们把审美视为一种判断，那么这种

---

①　李泽厚：《中国思想史论》，安徽文艺出版社 1999 年版，第 214-215 页。

②　See Allen Carlson, *Aesthetics and The Environment*, London: Routledge, 2000, p. 4.

③　参见〔德〕文德尔班：《哲学史教程》下卷，罗达仁译，商务印书馆 1993 年版，第 769 页。

④　孙周兴：《语言存在论：海德格尔后期思想研究》，商务印书馆 2011 年版，第 144 页。

审美判断与逻辑判断相区分的地方在于其谓词是审美主体的愉快与不快的情感，而不是逻辑判断的"对与错"或"真与假"，由于我们对事物的审美评判取决于主观情感上的愉悦与否，可以说事物的美的本质就展示于其所展开的美感经验中。康德认为，审美在人的"出自于先天原则的认识能力（纯粹理性）"的体系中归属判断力的领域，虽然判断力在人的认识能力中并不拥有自身的疆域，即拥有自己能够在其中先天立法的对象领域（知性的疆域是作为显象的"可能的感官经验的对象之总和"的自然，理性的疆域是作为"物自体"的道德实践上的自由），但是康德认为：

> 判断力却同样可以先天地在自身内包含着一条它自己所特有的寻求法则的原则，也许是一条纯然主观的原则。这个原则虽然不应有任何对象疆域作为它的领域，但毕竟能够拥有一个地域，而对于该地域的某种性状来说，恰恰唯有这点原则才会有效。①

也就是说虽然判断力并不像知性和理性那样拥有立法的客体领域，从而并不对客体进行规定，但是判断力毕竟是一种具有自身的先天原则的认识能力，由此它也能够拥有自己的一个领域，审美活动就归属于这个领域。判断力通过其先天原则虽然并不对客体立法，但是却对主体的情感的愉悦与否立法，对于审美来说就是对美感经验立法。因此美感乃是按照判断力的先天原则对对

---

① 〔德〕康德：《康德著作全集》第五卷，李秋零译，中国人民大学出版社 2007年版，第 186 页。

象进行审美评判的结果，这就是康德所说的："对于对象或者对象借以被给予的表象纯然主观的（审美）的评判，如今先于该对象的愉快，并且是对诸认识能力之和谐的这种愉快的根据。"① 如果说美感是判断力按照其先天原则对审美主体的审美经验立法的结果，那么美感的本质就寓于判断力及其原则之中。

康德对判断力的定义是："一般的判断力是把特殊的东西当作包含在普遍的东西之下、来对它进行思维的能力。"② 普遍的东西指的是原则、法则，在判断力的活动中，如果普遍的东西是预先被给予的话，那么按照原则将特殊的东西纳入普遍的判断力就是规定性的判断力，这种判断力对客体是具有立法权的。在规定性的判断力之外还有一种从特殊出发寻找普遍的判断力，康德称其为反思性的判断力，与规定性判断力在被给予的原则、法则的前提下将特殊纳入普遍不同，反思性判断力是一种在没有原则、法则的情况下从特殊推进到普遍的能力。这一点表现在"反思"一词的含义上，在《纯粹理性批判》中康德认为，"反思并不与对象本身相关，以便径直从它们获得概念，相反，它是心灵的一种状态，我们在这个状态中首先要发现使我们能够达到概念的诸般主观条件"③。按照上述划分，审美判断力归属于反思性判断力的概念。首先，审美判断是一种特称判断，审美评判离不开对"这一个"事物的感性的形式直观；其次，审美判断通过无

① 〔德〕康德：《康德著作全集》第五卷，李秋零译，中国人民大学出版社 2007 年版，第 226 页。
② 同上注，第 188 页。
③ 〔德〕康德：《康德著作全集》第三卷，李秋零译，中国人民大学出版社 2004 年版，第 208-209 页。

概念、无利害等限定性对对象实存的悬置所要实现的是，越过对象而把评判活动反抛向主体内部的心灵状态，想象力与知性、理性之间的和谐的游戏状态，这种心灵状态在情感上表现为审美愉悦，在认识上表现为使一般知识成为可能的诸般主观条件，二者在可传达性上是普遍、一般的。审美判断力作为反思性判断力能够为特殊寻找一般，其所依靠的就是自身的先天原则，也正因为如此，审美判断力才有资格位列纯粹理性批判的一个部分，如康德所说："(纯粹理性批判)毕竟是由三个部分构成的：纯粹知性批判、纯粹判断力批判和纯粹理性批判，这些能力之所以被称为纯粹的，乃是因为它们是先天地立法的。"① 先天立法的根据是诸认识能力各自所包含的先天原则。

　　在康德看来，(审美)判断力的先验的原则是"自然的形式的合目的性"②，先验的原则指的是事物能够在经验中作为对象被给予的先天条件，这些原则对于经验具有先天构造的作用。③ "自然的形式的合目的性"中的"自然"指的是与物自体相对的显象的整体，即可能的感官经验对象的总和，包括能够在感性经验中作为显象而出现的人与世界的全部。"形式"一词指的是把感官中给予的事物的质料之杂多综合统一的想象力与将直观综合为概念的知性、将作为知识的判断综合为理念的理性能力及其之间的关系，即康德所说的一般认识之可能性的主观条件，这个形式关

---

① 〔德〕康德：《康德著作全集》第五卷，李秋零译，中国人民大学出版社 2007 年版，第 188 页。
② 同上注，第 192 页。
③ 参见邓晓芒：《康德哲学诸问题》，生活·读书·新知三联书店 2006 年版，第 4 页。

系先验地规定了事物能够作为经验对象被给予的一般性的形式条件。审美作为对直观对象的纯然形式的把握所关注的是，事物的表象与诸认识能力之间的和谐关系的契合性，这种契合性就是所谓的"形式的合目的性"，由于这种仅仅关注于事物表象与主体认识能力的之间的关系的审美评判只是主观（亦即仅只对主体立法）的评判，因此"形式的合目的性"也叫做"主观的合目的性"。①

综上所述，"自然的形式的合目的性"作为审美判断力的先验原则的含义是：在对经验中被给予的一个对象的领会中，为了（先于一切概念地）使该对象在想象力中的表象与概念结合为一般知识的认识能力的协调一致，审美判断力所必须遵循的那些原则。然而，何以事物的表象与主体的诸认识能力的契合被称为"合目的性"呢？康德认为"目的"是对一个概念的表象，"只要这个概念被视为那对象的原因（它可能性的实在根据）；而一个概念在其客体方面的因果性就是合目的性（forma finalis）［目的性的形式］"②。目的作为一个概念表达了一对象的实存之根据，因而目的就是事物实存的"何所向""存在之缘由"，作为事物实存的"终点"的目的从"何所向"这个层面的因果性角度看，恰

---

① 参见〔德〕康德：《康德著作全集》第五卷，李秋零译，中国人民大学出版社2007年版，第199页。康德后来在目的论判断力部分讲到一种"客观的形式合目的性"，这种合目的性虽然也是抛开事物的质料实存，仅仅关注于其空间表象的形式，比如几何图形这些事物。但是由于这种合目的性依赖于事物的概念，如圆必须要有一个作图原则来规定其概念。这种同样是"形式"上的合目的性是有别于审美的主观合目的性的（审美是无概念的评判），因为它要诉诸于事物的概念完善性，因而具有"客观"的形式合目的性特征。

② 〔德〕康德：《康德著作全集》第五卷，李秋零译，中国人民大学出版社2007年版，第227页。

恰不是结果而是事物实存的原因。作为结果的事物之实存与作为原因的实存目的之间的因果关联就是所谓"目的性形式",即合目的性。由此,我们可以把合目的性理解为事物的实存对其实存目的的适合性。

由于事物的目的乃是我们表象出的一个概念,因此,合目的性总意味着一种判断,其所断定的是事物实存与我们对其实存目的的表象之间的相适合。康德认为审美判断也是一种对合目的性的断定,"如果对一个主观对象的形式的纯然把握(apprehensio)无须直观与一个概念的关系就为了一个确定的知识而有愉快与之相结合,……(其)所表达的纯然是客体的主观的、形式的合目的性"①。这里的"目的"就成为一般知识得以可能的认识能力上的主观条件,其表现为人的诸认识能力(想象力、知性、理性)之间的和谐的心灵状态,经验直观中的事物在审美中所引发的形成直观表象的想象力与形成概念的知性,以及把概念综合统一起来的理性之间相适合性就是所谓的"形式的主观的合目的性",审美判断力对这种适合性的断定就是所谓的审美判断,即美感经验。

审美判断力对"自然的主观的形式的合目的性"的断定并不形成关于客体的知识,而是表现为情感上的愉悦,这种对事物形式的纯然评判所产生愉悦就是所谓的审美快感——美感。② 因而可以说"自然的形式的主观的合目的性"既是审美判断力活动的

---

① 〔德〕康德:《康德著作全集》第五卷,李秋零译,中国人民大学出版社 2007 年版,第 199 页。

② 参见〔德〕康德:《康德著作全集》第五卷,李秋零译,中国人民大学出版社 2007 年版,第 199 页。

先验原则，也是美感的先验原则，因为美感作为审美合目的性经验指的是审美判断力在其先验法则（"自然的形式的合目的性"）之下对事物的纯然评判的结果。正是从这种理解出发，我们把美感的本质界定为"自然的形式的、主观的合目的性"，因而自然美的本质从美感的角度看乃是一种"自然的形式的、主观的合目的性"。

从美学的"内部研究"角度看，自然美的本质在于自然在审美活动中产生的美感经验，用宗炳的话说就是自然美贵在"畅神"。"畅神"的实质乃是一种合目的性，自然美作为美感必须在自然目的论的框架中获得其本质内涵，对此，康德美学是我们从自然目的论角度理解美感的最恰当的思想资源。按照康德的思考，美感是审美判断力按照其先验原则对事物的表象进行评判的结果，审美判断力的先验原则是"自然的形式的、主观的合目的性"，对这种合目的性进行评判的谓词或者结果就是所谓的审美快感——美感。我们由此把美感的本质界定为一种"形式的、主观的合目的性"。从美感的角度看，自然风景的美乃是一种合目的性，一种自然的"形式的、主观的合目的性"。这一理解将作为一个理论架构，为我们从"内部研究"的角度探究如画提供研究的视界。

第二节　风景如画的美感根据

从美感经验的角度看，自然风景的美就是自然在我们主观评判中表现出的"形式的、主观的合目的性",自然美作为对自然的审美评判在其本质上归属于自然目的论的领域。从《判断力批判》的结构来看,其中对审美和美进行思考的"审美判断力"部分是以自然目的论为思想基础的。叶秀山先生甚至认为:

> 康德《判断力批判》中的"目的论判断力批判"部
> 分其实是康德从《纯粹理性批判》开始已经构思好了的
> "批判哲学"体系中的组成部分,也就是说,在《纯粹
> 理性批判》中已经预示了这一批判的存在,而"审美判
> 断力批判"或许倒是新增加的部分,甚至是康德思想有
> 所改变的地方,而"目的论"问题则有康德一贯的思想
> 轨迹可寻。①

因此,我们从美感经验层面对如画的美学根据的探讨,必然要在康德的自然目的论的框架下进行,这实情正如康德自己所说:

> (在我们对自然的审美评判中)通常也一起考虑到
> 了客观的合目的性;但是这样一来,就连这判断也不再
> 是纯粹的审美的判断……自然不再是如其显得是艺术那
> 样被评判,而是就它现实地就是艺术(尽管是超人的艺
> 术)而言被评判;而目的论的判断就对审美判断来说充

---

① 叶秀山:《论康德"自然目的论"的意义》,《南京大学学报》2011 年第 5 期。

当了它不得不考虑的基础和条件。[①]

目的论所关注的是合目的性问题，在康德看来，自然的合目的性分为形式的或者主观的合目的性和质料的或客观的合目的性两个层面。按照目的论原则行事的反思判断力由此就被划分为审美判断力和目的论判断力，其分别对应于《判断力批判》的"审美判断力"部分和"目的论判断力"部分。[②]"目的论判断力"部分是对自然的客观的、质料层面的合目的性的探讨，这个层面的目的论探讨所展开就是康德的自然目的论。

自然目的论在康德那里意味着从目的性的因果联结（即终极因的）角度对自然的理解，目的因果性或者终极因指的是与知性因果性颠倒过来的因果联系。如果我们把知性因果性从"原因"到"结果"的下降序列颠倒过来的话，在这个从"果"到"因"的上升的序列中，知性因果性中的"结果"就转变成为目的论中的"原因"。因为在目的因果性看来，知性因果性中所有的原因和条件都是为"结果"的实现这一原因而存在的，在这个意义上知性因果性的"结果"就是之前的所有原因和条件所存在的"原因"。[③]如果说知性的因果性对自然的机械论的解释只是揭示了作为显像（Ersheinung，即可能的感官经验的对象）的自然的特

---

① 〔德〕康德:《康德著作全集》第五卷，李秋零译，中国人民大学出版社 2007 年版，第 325 页。

② 参见李泽厚:《批判哲学的批判》，生活·读书·新知三联书店 2007 年版，第 387 页。

③ 参见〔德〕康德:《康德著作全集》第五卷，李秋零译，中国人民大学出版社 2007 年版，第 387 页。

征的话，那么目的论的因果性揭示的是自然实存之根据，因为自然事物的实存目的是其实存之可能性的终结之处，自然的实存在这个终点上的完成给出了自身的整体，这个整体就是其实存的目的。① 因而自然的目的给出的是自然存在的原因——之所以有自然实存的根据。总而言之，自然的（客观质料层面的）目的论指的是从目的性的因果联系出发对自然事物乃至整个自然界的实存根据的思考，其作为一种评判原则就是所谓"自然的客观合目的性"，即把自然的实存先行地理解为具有一个目的或者意图。②

对此邓晓芒评说道：

> 康德认为，过去的唯理论的自然目的论都把自然目的看成在自然事物、以致在整个自然目的系统之外，直追溯到一个超感性、超自然的上帝，这并不是真正的自然目的论。真正的自然目的论必须是内在的，以自然物本身为目的的。③

"真正的自然目的论必须是内在的"强调的是目的必须是包含在自然自身中的存在根据，在这一方向上最能体现这种目的论特征的存在者就是所谓的自然有机体。鉴于此，康德有意地选择自然有

---

① 参见叶秀山：《康德〈判断力批判〉的主要思想及其历史意义》，《浙江学刊》2003 年第 3 期。
② 参见〔德〕康德：《康德著作全集》第五卷，李秋零译，中国人民大学出版社 2007 年版，第 398 页。
③ 邓晓芒：《康德哲学诸问题》，生活·读书·新知三联书店 2006 年版，第 155 页。

机体作为阐发自然目的论的典范示例。自然有机体的一个突出的特征是在自身中包含着自身的实存根据，其存在规定性表现为：

> 有机体的各个部分不仅是互相依赖、不仅只有在与全体的关系之中才成为部分，而且是互为目的与手段、互相产生出来，因而是"有组织和自组织的"；它并不以外在的东西为目的，只把那些东西当作维持自己生存和延续的手段。①

自然有机体的各个组成部分相互作为目的和手段而存在，彼此相互依赖又相互作为器官而相互产生对方；各组成部分在交替产生的因果性中聚集为一个整体，在这个整体中没有任何东西是多余或没用的。② 这个整体即是自然有机体的实存根据，它包含于生命有机体自身之中，在这一点上自然有机体是区分于人工制品的，例如组成钟表的各零件的统一体就依赖于一个外在的由人来设置的目的。在这里，自然有机体的实存特征表现为显明的"从自身出发而在自身中返回自身"，这就是在自然有机体身上体现出的别具一格的生命、生长的特征，③ 即所谓的生命有机化特征。

亚里士多德认为作为自然有机体的生命化的生长的实质是，

---

① 邓晓芒：《康德哲学诸问题》，生活·读书·新知三联书店 2006 年版，第155 页。

② 参见〔德〕康德：《康德著作全集》第五卷，李秋零译，中国人民大学出版社2007 年版，第 388 页。

③ 参见〔德〕马丁·海德格尔：《路标》，孙周兴译，商务印书馆 2000 年版，第294-295 页

作为其实存根据的形式在其质料中的完成，由于形式"是终结；其余一切都是为了终结，那么形式就该是这个目的因"①。这一解说也解释了如下事实，即自然有机体的实存体现出了鲜明的目的性特征。作为这样一个"有机的和自我组织的存在者"，自然有机体符合成为一个自然的目的的条件。② 从其作为一个自然的目的的角度来看，自然界所有的无机物和有机物都可以被看作为它而在——即以它作为原因或目的。因此，康德认为我们必须把自然有机体视为自然的一个有意图的产品，而这样一来，整个自然界都必须被视为一个目的性的有机整体。自然有机体"必然带有关于它是一个自然目的的概念，因为它的这种特殊形式同时是自然的产品。但是这个概念必然导致全部自然是一个按照目的规则的系统的理念"，否则我们将不能把自然有机体视为自然的一个目的，所以"人们凭借自然在它的有机产品上提供的例子，有理由，甚至有职责从自然及其法则那里仅仅期待在整体上合目的的东西"③。

至此我们不难看出，康德的自然目的论的基本观点是把自然有机体乃至整个自然界的实存理解为拥有一个由其自身来设计的目的或者意图，它主要关注的是自然实存的合目的性问题。康德对自然所做的目的论思考的依据就是自然的现实的合目的性

---

① 〔古希腊〕亚里士多德:《物理学》，张竹明译，商务印书馆1982年版，第64页。

② See Dietmar H. Heidemann, ed., *Kant Yearbook: Teleology*, Berlin: Walter de Gruyter, 2009, p. 25.

③ 〔德〕康德:《康德著作全集》第五卷，李秋零译，中国人民大学出版社2007年版，第394页。

经验，正是立足于实际的关于自然美、自然的客观合目的性的经
验，康德才认为有必要对自然进行目的论的思考，否则仅仅从知
性的机械论的因果联系来看，我们甚至都无法去解释哪怕一棵小
草的实存原因。

按照康德的思考，自然目的论并不提供关于自然的知识，目
的论在此只是我们反思自然的一种先验原则，即按照自然的合目
的性的原则来评判自然的实存。因此，虽然自然美只是对自然所
做的纯然形式的、主观上的评判，但由于审美判断力在此同样是
按照"自然的合目的性"的先验原则来评判的，因而自然美也能
够被包含在自然目的论中。正如康德所说：

> 一旦通过有机存在者提供给我们的自然目的对自然
> 所作的目的论评判使我们有理由得出一个巨大的自然目
> 的系统的理念，就连自然的美，亦即自然与我们的认识能
> 力在把握和评判它的显象时的自由游戏的协调一致，也
> 能够以这种方式被视为自然在其整体中的客观合目的性，
> 视为人在其中是一个环节的系统。我们可以把这看作自
> 然为了我们而具有的一种好意，即除了有用的东西之外
> 还如此丰富地广施美和魅力，因此我们热爱自然，就像由
> 于它广袤无边而以敬重来观赏它，并在这种观赏中感到我
> 们自己也高尚起来一样，这恰恰就好像自然本来就完全
> 是在这种意图中搭建并装饰自己壮丽的舞台似的。①

---

① 〔德〕康德：《康德著作全集》第五卷，李秋零译，中国人民大学出版社 2007
年版，第 395—396 页。

在康德看来，甚至在自然目的论那里所谓的"自然的实存的合目的性"（自然的客观合目的性）也仅仅是一个主观的评判原则，它并非对自然客体进行规定与立法，而只是对我们用以在经验中把握自然客体的目的论判断力来说是先天立法的。目的论要成为关于自然的知识必须要提供与自然合目的性原则相结合的经验直观，而我们仅仅从有限的、偶然的自然合目的性的经验出发，是不能对"整个自然界的实存都拥有一个目的"进行论证的。因为自然根本不可能在经验中作为一个整体被给予我们，作为一种与感性直观必然相联结的理性存在者，作为一种必有一死的有限存在者，人根本不可能在经验中揭开（这个作为所有的过去、现在和将来的整体的）自然的面纱。[①] 因此，自然的客观的、质料合目的性不是一个用来规定自然的"构成性"法则，其实质只是我们的一条反思自然的"范导性"原则，即虽然按照人的认识能力的性状（必须把理性能力与经验直观相结合）我们不能对自然本身有任何认识，但是我们"必须为事物如此明显的按照终极因的联结设想出一种与机械作用不同的因果性，亦即一种按照目的来行动的（有理智的）世界因；哪怕这原理对于规定性的判断力来说会是仓促的和无法证明的"[②]。也就是说，我们毕竟可以按照自身的判断力的把握能力把自然的显象"主观地"把握为合目的性的系统。在作为反思性的、主观的先验原则方面，自然的

形式的主观的合目的性和自然的客观的质料的合目的性是同质的，因此，自然美虽然只是对自然的形式的、主观的（而不是质料、客观的）上的目的论的评判，它仍然能够被归置于自然目的论——按照康德的说法它"对审美判断来说充当了它不得不考虑的基础和条件"[①]——的框架中。毫无疑问，基于这一见识而来的洞察将会深化我们对自然美的美感内涵的理解。

从美感的合目的性内涵来看，自然美的实质是一种"无目的的合目的性"，这在康德的《判断力批判》中有清楚的表述："自然在其美的产品上不是仅仅通过偶然，而是仿佛有意地按照合法则的安排表现为艺术，表现为无目的的合目的性。"[②]在康德在关于优美的第三个契机的论述中，"无目的的合目的"表述的是审美判断的主词与谓词之间的关系，即审美活动的主客体之间的关系。这里的"无目的"包含两个层面的含义：首先，审美主体并不关注事物的实存，因而对事物并未持有实践上的目的；其次，审美主体的评判活动不涉及事物的完善性概念，因而不针对事物的实存目的做理智性的判断。[③]在这里"合目的"指的是事物的形式对人的认识能力的那种适合性，也就是审美对象与审美主体之间的形式上的和谐关系。事实上，"无目的的合目的性"的内涵并不仅仅限于"优美"范畴下的审美评判，其更为深层的含义乃是康德对审美判断力的先验原则、美感的本质的一个规定，这

① 〔德〕康德：《康德著作全集》第五卷，李秋零译，中国人民大学出版社 2007 年版，第 325 页。
② 同上注，第 314 页。
③ 参见〔德〕康德：《康德著作全集》第五卷，李秋零译，中国人民大学出版社 2007 年版，第 229 页。

一点可以以康德对反思性判断力的先验原则的综述为证：

> 判断力为了其自己的应用，必须假定这一点是先天
> 原则，即特殊的（经验性的）自然法则中对人的见识来
> 说偶然的东西，在把它们的杂多结合成为一个就自身而
> 言可能的经验时，仍然包含着一种对我们来说虽然无法
> 探求、但毕竟可以思维的合法则的统一性。因此，由于
> 合法则的统一性是在一个我们虽然按照某种必然的意图
> （知性的某种需要）、但同时毕竟是当做就自身而言偶然
> 的东西来认识的结合中被表现为诸客体（在这里就是自
> 然）的合目的性，所以，就服从可能的（尚待揭示的）
> 经验性法则的事物而言纯然是反思性的判断力，必须就
> 这些法则而言按照我们的认识能力来说的一个合目的性
> 原则去思维自然……①

自然事物在其特殊形式和偶然法则中的经验统一性特征所表
现出的对"知性意图"（即先验统觉的无条件的统一性）的适合
性就是所谓的"合目的性"；而"一种对我们来说虽然无法探求、
但毕竟可以思维的合法则的统一性"所刻画的就是所谓的"无目
的"的"合目的性"，因为自然的这种合目的性只能在思维中被
理解成为造物的一个意图、目的，而不能作为知识被人认识、探
究和解释，所以它既是"合目的的"又是"无目的的"。作为反

---

① 〔德〕康德：《康德著作全集》第五卷，李秋零译，中国人民大学出版社 2007
年版，第 193 页。

思性判断力的先验原则，"无目的的合目的性"当然也是审美判断力的先验原则（反思性判断力分为目的论判断力和审美判断力两个部分），从而也是作为由其所规定的审美判断力的活动及其结果——美感——的本质。

美或美感的本质作为一种"无目的的合目的性"，从美与理念之间的关系来看会得到更清晰地理解。康德在谈到崇高的时候认为它具有一种对理念的"展示功能"[①]，虽然作为超感性基底、物自身的理念根本不可能在经验直观中被给予（它只能被提供给思维），但崇高通过想象力在其展示的无能中把我们心中的理念激活起来，从而可以说是"变相地"把理念展示出来。而作为"想象力与知性的和谐游戏"的优美其实质也是对理念的一种展示，因为"知性永远只是在某种被给予的条件下为理性服务"[②]，而我们的理性能力的"对象"就是理念，因此优美所展示的也是"理念的无所不在的显身"。对于美的艺术来说，康德认为其本质是"审美理念的表现方式"，[③]也就是说美的艺术是理念的"审美地"表现。因此，我们完全可以从美与理念的关系的层面把美理解成为对理念的一种"展示"。如果我们把审美评判中事物的形式（想象力的表象）对理念的契合称为"合目性"的话，那么鉴于康德认为理念及其所指示的整体性是不可经验、不可认识的——本质上是"无目的的"，我们必须把这种"合目的性"限

---

① 参见〔德〕康德:《康德著作全集》第五卷，李秋零译，中国人民大学出版社2007年版，第 255 页。

② 〔德〕康德:《康德著作全集》第五卷，李秋零译，中国人民大学出版社 2007 年版，第 417 页。

③ 参见邓晓芒:《冥河的摆渡者》，武汉大学出版社 2007 年版，第 71 页。

定为"无目的的合目的性"。

构成对美或美感本质的这种理解的深层"基础和条件"就是自然目的论。自然有机体的实存目的性表现为在其自身中包含着各部分的杂多之统一的根据,这种"自为"的特征区别于土壤为了植物、植物为了动物而存在的外在合目的性,康德称之为"内在的合目的性"。[①] 自然中的有机存在者的内在合目的性使我们有理由将其视为自然的一个目的,即自然在其意图规划中的一个产品。以草原上的牧草为例,由于它的"自为"的有机化的实存能力,土壤、空气、阳光等物质、草原上的羊群、控制羊群的狼乃至牧人都能够被视为牧草健康生长所需要的"条件",在这个意义上牧草作为自然的一个产品是能够作为自然设计的一个目的、一个意图而存在的。但是,为了能够把某个事物视为自然的意图的一个产品,我们必须首先拥有一个"自然的终极目的"的概念,这里的终极目的指的是自然界整体的意图和规划,否则我们就不能谈论自然会有某一个别的目的的概念。因为自然有机体作为一个自然目的必须是自然总体规划中的一个产品,仅仅从自然的机械的生产能力来看,我们将不能把任何一个事物视为自然的一个产品。例如,人在某种意义上能够被看作是自然的一个产品,大地、植物、动物等都是为他而存在,但反过来的说法也是成立的,即人的存在是以植物、动物等其他自然存在者的实存为目的的,因而人就不可能是自然的一个目的。因此,自然的目的

---

① 参见〔德〕康德:《康德著作全集》第五卷,李秋零译,中国人民大学出版社 2007年版,第381页。

论能够成立的必然前提就是自然有一个终极目的，自然界的实存整体都是为了这个终极目的而存在的，从而也就是说自然界的实存必定是具有"合目的性"的。然而康德认为"作为自然事物永远不能是一个终极目的"[①]，因为作为自然的终极目的的自然界实存的统一性只能是一个理念，这个作为自然在感性经验中的显象之统一性的基底必须是超感性的。因而我们对自然的终极目的是不可能有所认识的，这个"目的"必定是"无目的的"。从自然的客观目的论来看，自然的合目的性也必定是一种"无目的的合目的性"。

　　鉴于上述，我们把康德所理解的美或美感的本质解释为自然在审美评判中的"无目的的合目的性"。李泽厚对此也持同样的观点，他认为美作为一种"主观的合目的性"指的就是"无目的的合目的的"，因而"无目的的合目的的"其实是"作为美的分析的中心项，以与《纯粹理性批判》《实践理性批判》相联系，而完成他的哲学体系"[②]。

　　现在来看康德的对自然美所做的明确断语："自然在其美的产品上不是仅仅通过偶然，而是仿佛有意地按照合法则的安排表现为艺术，表现为无目的的合目的性。"[③] 由于美或美感的本质乃是一种"无目的的合目的性"，所以自然美或者我们关于自然的

---

① 〔德〕康德:《康德著作全集》第五卷，李秋零译，中国人民大学出版社 2007年版，第 444 页。
② 李泽厚:《批判哲学的批判》，生活·读书·新知三联书店 2007 年版，第 387、396 页。
③ 〔德〕康德:《康德著作全集》第五卷，李秋零译，中国人民大学出版社 2007年版，第 314 页。

美感经验必然表现为"无目的的合目的性"的特征。康德在此不仅为我们揭示了自然风景的美感本质，而且也揭示了如画的美感根据。自然美从美感经验的角度看是一种"无目的的合目的性"，自然风景的本己特征是它们并非是由人工创造而存在的东西（因而我们不能像把人的主观意图像附加到人工制品那样强加于自然之上），因而，即便是我们能够通过反思性判断力在自然风景身上把握到一种"主观的"合目的性，由于自然的目的和意图根本不可能被我们认识（不能成为关于自然的知识），自然风景的主要特征仍然是其"无目的性"。但是，由于从美感角度看美的本质乃是一种"无目的的合目的性"，如果自然风景是美的，它就必然表现为一种"无目的"的"合目的性"。同时，由于自然的主要特征是"无目的的"，我们必须为其中的"合目的性"附加一种描述。康德在此选择艺术来意指"合目的性"，在他看来艺术表现为"有意地按照合法则的安排"的特征。正是鉴于这种思考，康德在讨论"美的艺术"的时候说："自然是美的，如果它同时看起来是艺术的；而艺术只有当我们意识到它是艺术而在我们看来它毕竟又是自然的时候才被称为美的。"① 这里无独有偶的是，如画的基本含义正是"自然的美必然看起来像艺术"。

自然美要必然显得像艺术、艺术美必定要显得像是自然的根据在于，美在美感经验上的本质乃是一种无目的的合目的性，通过在这个意义上理解的美与美感，分别突出了"无目的性"和"合目的性"的自然和艺术就在美的本质中被根本性和必然地关

---

① 〔德〕康德：《康德著作全集》第五卷，李秋零译，中国人民大学出版社 2007 年版，第 319 页。

联起来。自然的突出特征是其"无目的性",而"艺术美要显得像自然"所要强调的就是艺术的合目的性要表现的像自然那样无目的;① 但自然美却是自然在审美评判中的一种合目的性,因此自然美必须要被评判为类似于以"合目的性"为特征的艺术。② 康德用艺术来指代合目的性的考虑在于:美的艺术是通过"自由而生产,亦即通过以理性为其行动之基础的任性而生产成为艺术"③,因而只有人的作品才能被称为艺术作品,动物通过本能创作的作品由于不是以理性和自由生产为基础的,所以不能被称为艺术;艺术创作需要在作品产生之前就对完成了的作品具有一个表象,也就是说已经在头脑中先行地形成这个作品,这个表象作为作品创作的原因就是其存在的目的,因此艺术总体现着人的目的和意图,即艺术所意味的乃是"合目的性";此外,艺术乃是"美的"艺术,如果单单从合目的性来看,钟表、斧子等器具的有用性特征会表现出更显著的合目的性,但它们不是"美的"。在美的领域只有艺术与自然是成基本对举的格局的,在美作为"无目的的合目的性"这个层面自然与艺术是同一的。诚如杜夫海纳所说:"真正的对立在自然和人工物之间,而丝毫不在于自然和艺术之间。"④

---

① 参见李泽厚:《批判哲学的批判》,生活·读书·新知三联书店 2007 年版,第407 页。

② 参见〔德〕康德:《康德著作全集》(第五卷),李秋零译,中国人民大学出版社 2007 年版,第 255 页。

③ 〔德〕康德:《康德著作全集》(第五卷),李秋零译,中国人民大学出版社2007 年版,第 315 页。

④ 〔法〕米盖尔·杜夫海纳:《美学与哲学》,孙非译,中国社会科学院出版社1985 年版,第 44 页。

由于美感的实质是一种"无目的的合目的性",所以自然风景如果是美的,它就必定要同时显得像是艺术,对于诉诸视觉观看的审美欣赏来说,这就意味着自然美必定是如画的,这就是从美感层面对如画的阐释。自然美的"无目的的合目的性"为我们揭示风景如画的美感根据,然而,在上面的探讨中我们却并没有阐明作为一种合目的性的美感的根据,在康德看来美感的合目的性只有在道德目的论的层面才能得到理解:

> 自然在其美的产品上不是仅仅通过偶然,而是仿佛有意地按照合法则的安排表现为艺术,表现为无目的的合目的性;这种目的既然我们在外面任何地方都找不到,我们自然而然地在我们自己里面寻找,确切地说在构成我们的存在的最终目的中,亦即在道德使命中寻找(但是,关于对这样一种合目的性的可能性之根据的追问,要到目的论中才能谈到)。①

按照康德的说法,自然美的合目的性的根据"要到目的论中才能谈到",而康德的自然目的论的最终的归宿则是道德神学。② 从自然的合目的性经验(自然美、自然有机体的合目的性等)出发,我们必须在自然的机械论因果性解释之外对自然进行目的论的思考,对自然做目的论的评判的最终结果是必须把整个自然界

---

① 〔德〕康德:《康德著作全集》第五卷,李秋零译,中国人民大学出版社 2007
　　年版,第 314 页。
② 参见邓晓芒:《冥河的摆渡者》,武汉大学出版社 2007 年版,第 71 页。

视为一个整体的目的系统，也就是说，从目的论的角度看，自然界必然被思考成一个拥有其终极目的的整体存在。自然的终极目的（即自然界的创造意图）不可能归于自然自身，这在康德对"物活论"的反驳中得到了阐明。这个创造目的也不归属于人，因为不但人自身就归属于自然界，而且纯然自然界的原始含义就是非人工创造的存在者区域。因此，我们从自然的合目的性经验以及自然目的论思考出发必定会被指引向一个人与自然之外的元始存在者的概念，正是这个元始的理智的存在者出于某种意图而创造自然界，由此自然目的论将必然导向神学。正是因为此，康德认为自然的一切的合目的性的根据只有在神学的层面才能得到理解。然而在康德看来，从自然的合目的经验出发是不能推论出一个元始存在者的概念的，即自然目的论作为一种自然神学是不可能的：

> 一种自然的（真正说来是自然目的论的）神学却至少可以用做真正的神学的预科，因为它通过对它提供了丰富材料的种种自然目的的考察，为自然不能提出的一种终极目的的理念提供了诱因；因而虽然能够使一种为了理性最高的实践应用而充分地规定上帝概念的神学的需要变得明显，但却不能产生这样的神学并把它充分地建立在其证据上面。①

① 〔德〕康德:《康德著作全集》第五卷，李秋零译，中国人民大学出版社2007年版，第508页。

　　能够作为神学而存在的自然目的论只能是一种道德神学。在康德看来，唯一能够对上帝的存在做出证明的是道德上的论证，而所谓的"真正的神学"乃是道德神学。按照康德的《实践理性批判》的思路，道德义务使得人把恪守道德法则视为其在这个尘世中实存的终极目的，虽然道德义务要求人超越所有的感性条件而义无反顾地履行道德使命，但按照理性的思考，人的道德实践应该在尘世的实存中得到实现，即拥有尘世上的幸福，为德性配上幸福就是所谓的"至善"。"应当力求促进至善"在道德上是必然被公设的，所以必须在人的道德实践与自然的实存之外为"至善"寻找根据，这样一来，"整个自然的一个与自然有别的原因的存在也就被公设了，这个原因包含着上述联系亦即幸福与道德性精确一致性的根据"[1]。由于上帝的概念乃是实践理性的一个必要的公设，也就是说上帝存在是道德实践的一个形式上的必要条件，因此，从我们的道德义务的现实性（我们的义务让我们在实际的道德经验中恪守良知的"应该"）出发就必然要求假定一个元始的理智存在者的存在，虽然这个存在者既不可能在经验中被给予，也不可能被我们认识，但毕竟在逻辑上是可以无矛盾地被思维的。正是这个道德的上帝的创造为自然界赋予一个终极目的，从而为自然的合目的性提供了神学上的根据。也正是在这个意义上康德认为，"道德目的论就弥补了自然目的论的缺憾，才建立起一种神学"[2]。成为一种神学的自然目的论才是完善的，既

---

① 〔德〕康德：《康德著作全集》第五卷，李秋零译，中国人民大学出版社 2007年版，第 132 页。
② 同上注，第 463 页。

然自然美的合目的性的基础和条件在于自然目的论，而自然目的论的完成形态是道德目的论或者道德神学，因而自然美的美感根据也只能在道德神学中寻找。

从道德神学或者道德目的论看，作为"无目的的合目的性"的自然美的"合目的性"的根据在于自然的终极目的，自然美所"合"的那个"目的"就是自然的终极目的——亦即人的道德实践、人之自由，诚如康德所说："如果创造在某个地方有一个终极目的，那么，我们就不能以别的方式来思维它，而只能说它必然与道德的终极目的一致（唯有道德的终极目的才使关于一个目的的感念成为可能）。"① 康德认为只有人才能是作为自然的终极目的而实存的存在者，因为"人就是创造在这尘世上的最终目的，因为人是尘世惟一能够给自己形成一个关于目的的概念，并能够通过自己的理性把合目的地形成的诸般事物的集合体变成一个目的系统的存在者"②。唯有人才能够为自己形成目的的概念并通过意志来实现这个目的，也只有人能够按照道德义务的要求（良知的呼声）形式地、无条件地实践自由（道德使命）这个终极目的。通过道德使命，人作为尘世中的感性存在者同时就拥有了置身于超感性的理智世界中的能力，此时的人就不再是作为"显象"的人，而是"本体"的人，这就是康德在《实践理性批判》的结尾处所说的：

---

① 〔德〕康德:《康德著作全集》第五卷，李秋零译，中国人民大学出版社 2007年版，第 444 页。
② 同上。

　　（我心中的道德律）从我不可见的自我，我的人格
性开始，把我展现在这样一个世界中，这个世界具有真
正的无限性，但惟有对于知性来说才是可以觉察的，而
且我认识到我与这个世界（但由此也就同时与所有那些
可见世界）不是像在前者那里一样处于只是偶然的联结
中，而是处于普遍的和必然的联结中……这种景象则通
过我的人格性无限地提升了我作为一个理智的价值，在
这种人格性中，道德法则向我启示了一种不依赖于动物
性，甚至不依赖于整个感官世界的生活，至少是从凭借这
个法则对我的存在的合目的的规定中可以得出，这种规
定并不局限于此生的条件和界限，而是无限延续的。①

　　恪守道德法则的人是本体意义上的人，而作为"本体"的人
就是自然的终极目的。当人作为自然的终极目的而存在的时候，
所有的自然合目的性就表现为对人这个目的的契合，表现为对人
的道德使命的肯定。以此观之，自然的合目的性在美感上就表现
为一种自由之感，这就是宗炳所说的"畅神"，也正是在这个意
义上黑格尔道出了"审美带有令人解放的性质"②。因此，自然美
也只有在人的道德使命这个自然的终极目的中才能获得其"合目
的性"的根据，对此康德说：

----

① 〔德〕康德：《康德著作全集》第五卷，李秋零译，中国人民大学出版社 2007
　年版，第 169-170 页。
② 〔德〕黑格尔：《美学》第一卷，朱光潜译，商务印书馆 1979 年版，第 147 页。

无论是对美的惊赞，还是一个进行反思的心灵还在对世界的一个有理性的创造者有一个清晰的表象之前就有能力感到的一种由于自然如此繁多的目的而生的感动，自身就具有某种与宗教情感类似的东西……是在它们引起与比纯然理论考察所能产生的更多得多的旨趣结合的那种惊赞的时候，通过激发道德理念而作用于心灵的。①

按照康德的道德神学层面的自然目的论，作为"合目的性"的自然美所契合的"目的"乃是作为人类之自由的道德使命。能够这样说的神学根据在于，一个道德的元始存在者为人类自由（即道德实践）这个目的而创造了人与自然界的存在，因此所有的自然合目的性经验所指向的终极目的就是人的自由。人作为有限的理性存在者的认识能力的性状是其知性能力必须与经验直观结合在一起，因此人对属于超感性的造物的意图根本不可能有所认识，自然的终极目的在认识的层面表现为"无目的的"。但是自然的合目的性经验毕竟是现实地被给予的，在自然美的美感经验中我们能够确实地经验并领会到自然的终极合目的性，并且，由于遵行道德法则的人就是自然的终极目的本身，因此自然美所呈现的无非就是对人的自由的肯定，由之而来的这种合目的性就是美感上的愉悦、畅神。这是从康德的道德神学层面的自然目的论出发对自然美作为一种"无目的的合目的性"的阐明。

① 〔德〕康德:《康德著作全集》第五卷，李秋零译，中国人民大学出版社2007年版，第504页。

从作为现实被给予的自然的合目的性经验的自然美出发，我们没有理由不在思维中假设一个道德的元始存在者的存在，正是这个造物主为了人类的自由（道德实践）的目的而创造自然界，自然美作为合目的性的真正本源就在于这个元始存在者出于道德意图的创造。因此，我们完全有理由从知性的类比角度对自然美做出评判，即类比于人工创作的美的艺术品的合目的性，而将自然美视为超人的艺术，此时"自然不再是如其显得是艺术那样被评判；而是就它现实地是艺术（尽管是超人的艺术）而言被评判"①。虽然从道德神学角度我们能够把自然美视为现实的"超人的艺术"，但是我们所说的艺术所意指的毕竟还只是人创造的艺术，而且"超人的艺术"只是与人类艺术的知性类比的说法，因此，我们必须仍旧宣称这种"超人的艺术"在美感中表现为"像（人创作的）艺术"，借用康德的话说就是"自然如果是美的它同时要显得像是艺术"。很显然，在美感经验的范围内，对于视觉欣赏来说，自然风景如果是美的它就必定是如画的。

* * * * * *

在美学"内部研究"的层面，我们需要从美感经验的角度对风景如画的美学根据进行阐释。从美感经验角度来看，自然美是

---

① 〔德〕康德:《康德著作全集》第五卷，李秋零译，中国人民大学出版社 2007 年版，第 325 页。按照康德在《实践理性批判》和《判断力批判》中都谈到的通过实践理性而在信仰上"视之为真的方式"，从道德义务为自然目的论的奠基出发，我们甚至能够把自然视为现实的艺术品，即超人的艺术。

自然在审美评判中表现出的"无目的的合目的性"，由于自然和艺术分别凸显了"无目的性"和"合目的性"的规定性，所以自然如果是美的，它就必定显得像是艺术，从视觉欣赏角度说就是风景之美必然如画。自然和艺术在美感经验的本质中的必然关联所体现的正是自然美和艺术美的同一性问题，邓晓芒先生对此也持相同的观点。[①] 由此我们可以认为，如画的美感阐释从美感经验的角度揭示了自然美与艺术美的同一性。作为合目的性的自然美归属于自然目的论的框架，其深层根据只能在道德神学层面得到理解。从道德神学层面的自然目的论来看，自然美的合目的性源于一元始的道德存在者为了人类的自由（道德实践）的创造，我们依照一种知性的类比可以把自然美视为这一元始存在者所创作的艺术品，也正是通过这种知性类比，自然美必定在视觉欣赏中显得是如画的。在这个层面，如画所展露的是自然对于作为自然终极目的的"作为本体的人"的合目的性的实质乃是，自然在审美中向人的生成。[②] 在这个意义上可以说，在纯粹审美经验（美感）的层面，风景如画从美的本质上揭示了自然与艺术的同一和自然与人的同一。

[①]　参见邓晓芒：《冥河的摆渡者》，武汉大学出版社 2007 年版，第 66-67 页。
[②]　参见李泽厚：《批判哲学的批判》，生活·读书·新知三联书店 2007 年版，第 423 页。

第五章
风景如画的理论意义

　　我们在"何以美的风景必然会显得如画"这一问题框架下对风景如画进行的美学探讨，既是对风景如画这一自然审美经验和自然美现象的洞察和揭示，也是对如画的美学根据的阐释。这一阐释的过程也是对如画作为一个美学命题的论证，经过论证的如画就成为一个关于美学的问题。对风景如画的美学根据的阐释，同时也为我们揭示了如画的美学内涵。在前几章中，我们循着阐释自身的逻辑渐次从视觉、文化、现象学和美感四个层面分别阐释了风景如画的美学根据，这个探究的过程也在不同的层面为我们揭示了风景如画的美学内涵——如画从审美上揭示了自然和艺术、自然和人的同一性问题。也只有在上述探索的基础上，我们现在才能够并且（随着探索的进展）必须对风景如画的美学和人文意义进行探究和阐明。

第一节　风景如画的美学意义

　　从修辞学的角度上说，修辞格中的明喻通过喻词把两个不同的事物必然地关联起来，这种关联的深层根据则在于本体和喻体两种不同事物之间在某个方面的同一性，其语词上的表征就是喻词"像"以及其他同义的词语。风景如画在修辞上显然是一个明喻，通过其喻词"如"，如画描述了自然与艺术的同一性问题，这个同一性首先指的是自然和艺术在审美层面的同一。正如海德格尔所说的："同一（das Selbe）决不等于相同（das Gleiche），也不等于纯粹同一性的空洞一体。相同总是转向无区别，致使一切都在其中达到一致。相反，同一则是从区分的聚集而来，是有区别的东西的共属一体。"① 如画所展现的自然与艺术的审美同一性可以表述为：自然美和艺术美在审美中是有区别地共属一体的。这既意指着在审美欣赏中自然美和艺术美是相通的（如宗炳所说的山水画欣赏能够"卧游"真实的山水），又意味着关于自然和艺术的美学理论和审美行为的统一性；自然和艺术在审美中的区分着的聚集为一，也表现为自然和艺术在审美或美的本质中的必然关联和扭结，正如下面的表达所揭示的那样：自然如果是美的就必定同时显得像是艺术，如果艺术是美的它必定同时看起来像是自然，自然和艺术会因为彼此的肖似而显得更美。在对如画的美学根据的探讨中，如画的视觉和文化阐释从"人化自然"的层面揭示了自然与艺术的同一，现象学阐释从"自然的人化"的层面展露了这个同一性问题，如画的美感阐释则从美的本质的角度显示了二者的同一。

　　如画通过审美同一性问题把自然和艺术本质性地关联起来，这种关联使得如画成为一个基本的美学命题，从而为美学上的一些基础性问题的解决提供一定的本质性视野。这一点可以以马歇

---

① 　孙周兴：《海德格尔选集》，生活·读书·新知三联书店1996年版，第469页。

尔对英国 18 世纪的如画理论的评论为例证：

> 与其说如画是美学中的一个问题，倒不如说它是关
> 于美学的一个问题。就其本身而论，比起仅仅是园艺中
> 的一个潮流或者是崇高的历史的一个注脚来说，如画意
> 味着更多的东西，如画的产生表征了在 18 世纪关于自
> 然、艺术和审美经验的态度的演进中的一个复杂并且矛
> 盾的时刻。[①]

在我们看来，马歇尔宣称"如画是一个关于美学的问题"的
根据在于，如画能够为统一性的美学形态提供理论上的论证、支
撑和启示。按照"是否通过人工制作而存在"为标准，我们可以
把美学的整个疆域划分为自然和艺术两个基本领域。如此一来，
可以说美只有两种基本的形态——自然美和艺术美。如果一种美
学的形态是完整的话，它将必须以一种统一性的美学思想来对待
自然和艺术，而不是把自然和艺术视为各自无关的两个领域，或
者以基于一个领域的美学理论来同化另一个领域。一种统一性的
美学思想必然关注于自然美和艺术美的同一性问题。[②] 这里的同

---

① D. Marshall, "The Problem of the Picturesque", *Eighteenth-Century Studies*, Vol. 35, No. 3 (Spring, 2002), p. 415.

② 这一点在中国 20 世纪五六十年代的关于美的本质的大讨论中表现得尤为明显，当时的各家学说力图对美的本质进行界定的理论动机在于建构一个完整的美学体系，这样一种体系被要求必须同等对待自然和艺术。当一种理论体系是以艺术哲学为基点建构起来的时候，这种体系必须要放到自然美面前进行检验，因而自然美就成为各家学说的最后的试金石。而且这种从艺术理论建构而来的美学必然会在自然美那里受挫，其结果是自然美成为（转下页）

一指的是"从区分的聚集而来的统一，是有区别的东西的共属一体"（海德格尔），对一种完整的美学思想形态来说，自然美和艺术美的同一即在于二者的有差异的统一，此即自然美和艺术美的同一性问题。在上述意义上，我们能够做出一个预先的猜度，先行地断定风景如画能够为一种完整形态的美学思想提供理论上的论证、支撑和启发。

对于上述的论断，我们可以借助对西方美学史的简要回顾来加以阐述。世界上的任何一个文化群落都有各自的对美的经验和思考的历史，因而可以说世界上的每一个文化群落都有属于自己的审美经验史和美学史。但美学作为真正意义上的学科的形成只是发生在近代西方历史中的事情，因而公认的美学之父被指认给那个时期的德国哲学家鲍姆加登。同时，鉴于在近代以来的世界历史中起主导性作用的是西方的历史进程这一事实，我们在此特意以西方美学史为例证来阐述如画的上述美学意义。

自然美在18世纪以前的西方文化中是一个令人生疑的概念，"在18世纪以前，把自然看作美的是很少见的和很艰难的事情，并且把自然视为美的典范的观念将可能被看作一种另类的观点"[①]。帕森斯认为产生这种境况的原因有三点：古典美学的传统理念对人们的审美经验和美学思考的影响；人们无法接近于原始的自然区域；西方宗教观念的影响。美的理念在西方美学的古典传统中更多地指向所谓的匀称、和谐、完整等，而自然景物

（接上页）本身作为难题的"美的本质"的难题，这在李泽厚、朱光潜的美学理论建构中表现得更为突出。

[①] Glenn Parsons, *Aesthetics and Nature*, London: Continuum, 2008, p. 7.

则更多地表现出多变、不稳定、崎岖、粗糙等特征，因此古典美学中的范畴很难被运用到自然经验身上。第二个原因指的是交通状况、科技水平上的局限，这使得人们很难接近这些原始的险恶的自然区域，例如，后来作为风景名胜的阿尔卑斯山在当时可是人们根本无法接近的"险恶之地"。第三个因素指的是《圣经》的影响，按照《圣经》的说法，亚当和夏娃因犯罪而被上帝从伊甸园放逐到人间，因此山脉就成为人类犯罪和人世堕落的视觉象征，在这种宗教观念的影响下人们很难把自然风景经验为"美的"。①

　　这种境况在 18 世纪发生了重大的改观。经过卢梭的轰动于世的对自然美的热情颂扬的影响，人们开始逐渐关注和经验自然的美，在英国经验主义思想家——诸如艾迪生和哈奇生等人——那里自然美已经开始被纳入美学思考之中。尤为值得注意的是，在这些美学家的思考中作为审美经验理想对象的恰恰是自然而不是艺术。与美学史上的这个转变相伴随的是推动并标志了这种新兴审美经验的无利害性概念的诞生。②借助于无利害观念，人们不仅能够把自然从各种被强化的宗教观念的联想中解放出来，而且能够把鉴赏者从政治、道德、经济和个人利害的考虑中分离出来。这样一来，在无利害的审美态度之下，不只是艺术能够成为审美的对象，自然景色乃至于整个的现实世界都能够被纳入审美的范围内。这种通过一种统一性的审美鉴赏活动（即无利害性的

---

① See Glenn Parsons, *Aesthetics and Nature*, London: Continuum, 2008, pp. 7-8.

② See Allen Carlson, *Aesthetics and the Environment*, London and New York: Routledge, 2000, p. 3.

鉴赏）而把自然和艺术加以整合的美学，在当代的研究者那里被称为综合美学（Aesthetic Synthesis，国内的译者将其译为合成美学）。卡尔松对此的评论是："无利害性直接促进了18世纪的合成美学的兴起，合成美学将无利害性作为核心概念，将自然景观作为审美欣赏的理想对象，并且在欣赏的模式中极力推崇形式主义和如画式欣赏。"①

18世纪的综合美学是以审美无利害性为基础发展起来的美学理论，这种美学以一种统一性的审美理论同等地对待自然和艺术，其实质乃是一种统一性的美学形态，即一种一元论的美学。综合美学在康德的美学理论中达到巅峰，康德的《判断力批判》对于无利害性的强调以及以自然而不是以艺术为核心的美学理论，不仅鲜明地体现了综合美学的特征，而且在哲学美学的范围内取得了综合美学的最终结论。②但在康德之后的美学变革中，自然审美作为审美欣赏的范例和美学理论的基础性经验的局面逐渐地消失，伴随着这个过程的是艺术的地位在美学中上升。这个变革的后果是随后的审美经验和美学理论毫无例外地专注于艺术，以艺术审美经验为基础建构美学理论成为康德之后的西方美学的一个标志性特征。这一点在黑格尔的美学中得到了鲜明的体现，卡尔松说："在黑格尔的哲学体系中，艺术体系被赋予一种显要的地位，从而与自然形成鲜明的对照，并且在整个西方文化背

---

① 〔加〕艾伦·卡尔松:《自然与景观》，陈李波译，湖南科技出版社2006年版，第3页。

② See Allen Carlson, *Aesthetics and The Environment*, London and New York: Routledge, 2000, p. 4.

景中，艺术体系的重要性延伸到人工制品当中，从而与自然物形成鲜明的对比。"① 虽然黑格尔在其《美学》中也谈论自然美，但在他看来自然美比起艺术美来是一种低级的美的形态，因而应该被排除出美学的领域，真正的美学应该是艺术哲学。然而从美学思想体系的完整性来看，艺术哲学必定是一种不完整的美学形态。

黑格尔的观点代表了之后的西方美学的主流思潮，尽管在西方美学史上也有浪漫主义运动和北美文学（如艾默生和梭罗）对自然的近乎痴迷的热爱和赞颂，但是一个无法改变的趋势和事实则是自然美在美学中逐渐地被边缘化了。这种局面在西方 20 世纪的分析美学中达到了极致，分析美学在美学史上完成的重要的范式转变是，从对孤立的艺术对象的感官与形式属性的无利害性地静观，转变到对那些文化性的人工产品进行全身心的感知投入。② 这些文化性的人工制品的主要特征在于它们体现了某种设计和创作的意图，从这个特征出发我们的欣赏就被置于关于艺术史和艺术批评传统中，亦即被放置到艺术的"习俗传统"或者"艺术界"中。分析美学对无利害性观念的抛弃以及对设计意图、艺术史和艺术批评传统的强调，使得自然审美几乎成为不可能的，因为离开无利害观念的传统，自然的审美范畴——优美、如画和崇高——都失去了其理论支撑。并且，由于自然风景的本

---

① 〔加〕艾伦·卡尔松：《自然与景观》，陈李波译，湖南科技出版社 2006 年版，第 3 页。

② 参见〔加〕艾伦·卡尔松：《自然与景观》，陈李波译，湖南科技出版社 2006 年版，第 4 页。

己特征是它们并不是经由人来设计和制作而存在的，因而"自然美"绝不可能出现在分析美学主流的理论框架（设计意图、制作传统和批评实践）中。

因此，虽然也有乔治·桑塔亚纳和约翰·杜威对自然美的探讨，但西方当代的哲学美学总体上是无视自然美的，只有艺术独占了美学的整个领域，在分析美学那里美学等同于艺术哲学。这种局面在罗纳德·W. 赫伯恩的创造性的美学论文《当代美学和对自然美的遗忘》中得到了揭露，赫伯恩在这篇文章中揭示了分析美学对自然美的遗忘，并为 20 世纪后半叶的美学发展确立了新的主题。赫伯恩认为对艺术的审美往往误导着对自然的审美欣赏，自然作为审美对象与艺术相比具有自身的独特性，从自然作为审美对象的本己特性出发，自然欣赏可能需要不同的鉴赏方法和模式。[1]与艺术鉴赏相比，人们对自然的审美鉴赏表现出不确定性、多样性、多感官的感知，以及人融于自然环境中的参与和互动等特征，这些特征必定要求一种不同的审美方式——所谓的参与式欣赏。

这种新兴的美学思潮与人们对自然环境的质量问题的关注以及北美的自然文学传统（其典型的代表是亨利·大卫·梭罗）一道，共同促进了环境美学在 20 世纪后半叶的兴起。从美学层面看，环境美学以自然审美的独特性——自然世界的生态系统性及其所要求的参与式的欣赏（环境概念就源自于生态自然的概

---

[1]　See Allen Carlson, *Aesthetics and the Environment*, London and New York: Routledge, 2000, p. 5.

念）——为基点发展出一种新的美学观念，这种美学观念摒弃了传统的主客二分的对象式欣赏，强调审美鉴赏是以自然环境审美为典范的参与式欣赏。不仅如此，环境美学还把这种美学原则扩展到自然和艺术的领域之外，乡村、城市的所有生活场景都能够成为审美和美学的"对象"，环境美学终极的"环境"概念指的是我们生存于其中的整个生活世界。环境美学在"审美对象"（即环境）和审美方式（参与性的）两方面都对艺术哲学构成了有力的冲击，正是鉴于这种思量，阿诺德·柏林特宣称环境美学的兴起构成了对当代美学的一个挑战。①

柏林特的美学理论从自然的环境特征和自然鉴赏（区别于传统的无利害性的）的参与性的本质特征出发构建了一种一元论美学，这种美学是"追求能同等地对待环境和艺术的美学，这种参与美学（aesthetics of engagement），像我所称呼的那样，导致美学理论的重构"②。这里所说的一元论美学指的就是以统一性的审美行为和美学思想同等地对待自然和艺术的美学形态。③ 在笔者看来，这种一元论美学所要解决的核心问题就是自然和艺术的审美同一性，因为即便是艺术之外的人工创造的生活世界能够是美的，从这一领域的"人工制作"的主导特征出发我们应该也将其归于艺术的范围。因而，如果在"环境"之内做出划界的话，那

---

① See Arnold Berleant, *The Aesthetics of Environment*, Philadelphia: Temple University Press, 1992, p. 1.

② Ibid., p. 12.

③ See Allen Carlson, *Nature and Landscape*, New York: Columbia University Press, 2009, p. 26.

么它的两个基本的领域也只能是自然和艺术的对举。完整的美学形态应该是一种一元论的审美理论，而一种一元论的美学对于当代美学来说具有其重要的意义，它事关着当代美学的重建。鉴于一元论美学所要解决的核心问题就是自然和艺术在审美中同一性或者自然美和艺术美的同一性，我们必定能够洞察到：如画所关联的美学同一性问题将会为当代美学的重建乃至美学本身的完整形态的建构提供理论上的支撑和启发。

环境美学是在艺术哲学独霸哲学美学领地的背景下脱颖而出的，在某种意义上可以说环境美学是艺术哲学的美学反叛者，因此环境美学在它的自然审美理论中必然表现出强烈的"影响的焦虑"。一些环境美学家在自然和艺术的关系上竭力地强调二者的差异和区分，激烈地反对以艺术审美的经验与模式来主导对自然的审美鉴赏。在这种背景下，如画作为一种"艺术类的"欣赏自然的审美模式必然会显得特别不合时宜。另外，如画对欣赏距离（物理和心理两个层面的）和绘画性的形式特征的强调，与环境美学所标榜的作为审美对象的自然的"环境特征"及其所要求的参与性的欣赏形成了巨大的错位，这就使得如画必然招致环境美学的不遗余力的批评。①

环境美学批判如画的总结性评语出现在马尔科姆·布德的表达中。布德认为如画"把自然作为一幅美丽的图画来欣赏"，是一种"把自然作为好像是艺术作品来欣赏"（appreciate nature as if

---

① See Allen Carlson, *Aesthetics and the Environment*, London and New York: Routledge, 2000, p. 6.

it were a work of art）的行为，这种行为的实质是"把自然作为艺术作品来欣赏"（appreciate nature as work of art），而不是把"自然作为自然来欣赏"。① 因而，由于把自然歪曲成它所不是的艺术，这注定了如画是一种错误的自然审美经验或者模式。事实上布德对如画的思考是颇成问题的，他对如画的理解及其立论的推理方式都存在着严重的失误，这些错误及其所生成的误判典型地例示了一些环境美学家对如画的曲解。

对自然的如画欣赏说的只是"美的自然风景会看起来像（风景）画"，或者"自然风景在审美中看起来像画"。审美行为的本质乃是一种特殊的感性觉知，按照布德的理解似乎存在着两种审美行为，一种针对艺术而另一种针对自然。② 这样一来，如画就被理解为自然在"艺术类的审美行为"中看起来像艺术，因而如画必定显示为一种误入歧途的自然审美经验，因为本然的自然审美应该是"自然在自然类的审美行为中作为自然被欣赏"。然而，虽然关于自然和艺术的审美经验的知识或训练可以被划分为两个截然不同的领域，但审美知识并不等于审美行为本身，根本不存在两种分别适用于自然和艺术的审美行为。审美不是认知和思维，自然和艺术在纯然的审美觉知中都只对同一种审美行为开放。这一点足以见出布德对如画含义的误解。

另一方面，"自然在审美中看起来像艺术"与"把自然作为艺术来欣赏"是两个根本不同的说法，"像"作为明喻的喻词所

---

① See Malcolm Budd, *The Aesthetic Appreciation of Nature,* Oxford: Oxford University Press, 2002, p. 5.

② Ibid., p. 1.

关联的两个事物必定不是同类的，否则本体与喻体就不能构成一个比喻。如画的真正含义是"自然在审美中与艺术的同一"，而不是"把自然作为艺术来欣赏"。即便按照布德自己的表述，从"把自然作为好像是艺术作品来欣赏"到"把自然作为艺术作品来欣赏"[①]，其间的推理是说不通的，那个至关重要的"好像"不知因何之故被遗漏掉了。布德的思考是当代环境美学对如画的曲解的一个缩影，这种偏见的根源就在于，当代美学并没有从自然和艺术的审美同一性出发来思考如画乃至美学本身。

　　我们对艺术作品的欣赏是需要以相关的艺术学范畴和艺术史知识为前提，例如，要欣赏《格尔尼卡》就必须要具备关于这幅画的艺术知识，诸如它的产生时代、作者、流派以及相关的批评范畴，如果不具备这些范畴和常识，我们将很难进入对《格尔尼卡》的审美鉴赏。艺术的欣赏要求把艺术作品放到艺术世界或者艺术的习俗惯例中去，这样做是为了能够"把艺术作为艺术"来欣赏，受艺术欣赏的这种影响，一些环境美学家提出了"要把自然作为自然来欣赏"的口号，如布德在其《自然审美》中宣称的："正如艺术的欣赏是把艺术作为艺术来欣赏，因而对自然的审美欣赏应该被理解成要求把自然作为自然来欣赏。"[②] 但是在一元论美学看来，并不存在着分别对应于艺术和自然的两种截然不同的审美行为，只存在一种统一性的审美鉴赏，因而所有的自然欣赏如果是审美的，就都是"把自然作为自然来欣赏"，这个观点在

① Malcolm Budd, *The Aesthetic Appreciation of Nature,* Oxford: Oxford University Press, 2002, p. 5.
② Ibid.

"如画的现象学阐释"中已经得到揭示和论述。这样看来,"作为自然的自然"的美无非就是自然在(适用于自然和艺术的同一性的)审美经验中的呈现,这一理解将会为自然审美研究带来新的理论视野。

鲍姆加登认为"美是一种感觉或者感性的完善性",鲍桑葵把这个定义解释为"美是表现于理性认识之内的真理的属性在感觉中的表现"①。理性主义哲学一向认为感觉、感性是混乱的、模糊的意识,因而感性认识与理性认识的清晰、明确性和完善性相比是一种低级的认识活动,但是鲍姆加登却在这种混乱的感性认识中发现了"完善性",即在感性意识中发现了"理性"的特征,他把这种呈现于感性的完善性(真理的属性)称呼为美。美作为感性的完善性或者感性中的理性所表达的是,美的那种特殊与一般、直观与普遍性相结合的特征,因而如果存在着自然美,那么自然美指的必定是自然在感性觉知中呈现出了理性的特征。正如叔本华所认为的,在审美的静观中人是作为纯粹的认识主体存在,而作为纯粹的认识主体我们认识的是事物的"理式",②亦即事物在其感性形象中呈现出的普遍性的共相,相似的观点还有黑格尔的"美是理念的感性显现"的说法。真正说来,自然美就是体现在自然事物身上的这种感性中的普遍性、有限中的无限性、杂多中的统一性,如果用一个共同的名字来总括这些特征,那么这个名称就是艺术,正如谢林所说:"理念者与实在者之不可区分

---

① 〔英〕B. 鲍桑葵:《美学史》,张今译,中国人民大学出版社 2010 年版,第 168 页。

② 参见章安琪:《缪灵珠美学译文集》第二卷,中国人民大学出版社 1998 年版,第 323 页。

作为不可区分，凭艺术呈现于理念世界。"[①] 这里所说的"艺术"
不是围绕艺术品的创作和欣赏等活动而存在的狭义的艺术，而是
指"使所有的艺术作品成为艺术作品"的东西，即在感性的有限
性中显现出绝对的范畴。从这样一个艺术概念出发，"寓有限中
见出无限"的自然美同样也属于广义的"艺术"，这一点在"如
画的现象学阐释"中已经被充分地讨论过。以此观之，自然美的
实质就是自然风景在审美中体现出的（广义的）艺术的特征，通
过这个广义的艺术概念的中介作用，自然与（狭义的）艺术在审
美中的同一性就获得了其美学根据，虽然二者存在诸多的差异，
但在"广义的艺术"概念中二者是同一的。[②]

---

① 〔德〕弗·威·约·封·谢林:《艺术哲学》，魏庆征译，中国社会科学出版社
2005 年版，第 30 页。

② 我们沿着另一条路径也能得到这个结论（即自然美与艺术美的同一性），这
个路径就是著名的艺术模仿自然的命题。模仿说诞生于古希腊，这个命题一
直到今天仍然是关于艺术的起源和本质的一个重要的论断，对这个命题的理
解来说，其中的关键因素是自然的概念，而不是模仿的概念。人们习惯上倾
向于把自然理解为人和人类文化之外的自然界，理想的自然就是纯天然的自
然存在物，但是人本身也是归属于自然界的，并且人以其自然天性中绽出的
人类文化和历史同样也归属于自然，在这个意义上理解的自然意指的是世界
的创造者，中国文化称之为"造化"。自然在西方思想中同样拥有这个"创
造性力量"的含义，参见章安琪编订:《缪灵珠美学译文集》（第二卷），中国
人民大学出版社，1998，第 302 页。荷尔德林称自然为"神圣者"，这一命名
所表达的正是造物主意义上的自然概念，我们称这个意义上的自然为广义的
自然概念。世界上的美就源自于造化、造物主的创造活动，自然美的根源在
于自然事物的外观形象上所体现的"自然之性，造化之功"。因而，我们之
所以能够说"天地有大美"或像肯定美学所说的"自然全美"，根本的理由
在于自然事物在感性现象的层面上体现了广义的自然的创造，美就是造化、
造物的创造在感性外观上的显现。因此模仿说是成立的，当我们把艺术理解
成为对现实自然的模仿的时候，我们指的不是对自然的复制，而是对体现在
现实自然之上的创造性力量的模仿；而当我们将艺术理解成为天才的独创的
时候，这也没有否定模仿说，因为此时我们仍然在模仿自然，天才（转下页）

在一种完整的美学形态中自然美与艺术美是同一的，如画从实际的审美经验和美学命题两个层面证明了这一实情。从美学命题的角度看，如画正是通过广义的艺术这个中介，从"自然模仿艺术"的角度明示了这种同一性。由此出发，我们认为如画揭示了当代的（以环境美学为主潮的）自然审美理论或者自然美学所忽略的方面。正如排除自然美的艺术美学是不完整的一样，割裂自然美与艺术美之间的关联的美学思想也是不完善的。鉴于自然美和艺术美的同一性，艺术审美在一定的层面上与自然审美是可以相互影响和启发的。正如莫尔所理解的那样，自然审美和艺术审美之间完全可以相互借鉴和学习，而不是一方排斥另一方。[①]因此，在自然审美中，那些关于自然美的诗歌、传说、绘画、风景相片、导游手册、文学性描述等艺术性的审美因素，甚至艺术中的审美经验都能够有助于揭示、呈现自然的美，这些艺术美的要素不但没有歪曲自然美，而且恰恰是促进和提升了对自然本身的美的欣赏。这样看来，如画作为环境美学的一个批判对象，恰恰成为了环境美学的一个挑战，这个挑战必将促使当代自然审美实践和自然美学理论的进一步完善和发展。

（接上页）的本质就在于像广义的自然那样自由的创造。只有体现了自然的创造性力量的人才能被称为天才，而天才的作品往往被称赞是"自然的""逼真的""化工的"和通于造化的。由此不难看出，通过广义的自然概念的中介作用，自然美和艺术美达到了同一。二者的差异着的统一的基础在于，它们都是广义的自然的创造力量在感性现象上的显现——此即美。上面所述的自然美和艺术美同一的途径的简化公式可以呈示如下：自然（事物）——广义的艺术·美·广义的自然——艺术（作品）。其中，如画代表了从自然到艺术的路径，艺术模仿自然说则归属于从艺术到自然的途径。

① See Ronald Moore, *Natural Beauty*, Toronto: Broadview Press, 2008, pp. 195-198.

自然和艺术的同一性也表现为自然和艺术在审美和美的本质中的必然扭结，在这个层面，如画表现为这种扭结的一极——自然美像艺术，另一极（艺术美像自然）则是体现在中国美学中的"逼真"概念或者西方的"艺术模仿自然说"命题上。由于自然和艺术的必然扭结的根据在于美的本质（这一点在"如画的美感阐释"中得到了最为详细的论述），因而如画对于美学的另一层意义在于，从自然美与艺术美同一的角度揭示了美的本质的特定真理。

自然和艺术在审美中的同一（或自然美与艺术美的同一）表现为自然与艺术在审美中的必然扭结，这种扭结实则从特定角度为我们揭示了美的本质，关于这一点我们可以在一些著名的美学论断中得以窥见："自然是美的，如果它同时看起来是艺术；而艺术只有当我们意识到它是艺术而在我们看来它毕竟又是自然的时候才被称为美的"[①]；"假如说，自然景物愈像艺术品，其价值就愈高；那么，我们可以断言，人工作品由于肖似自然景物而获得更大的优点"[②]；"黑格尔明显地缺乏识别的敏感性：如果离开那难以理解的维度——它的已经褪色的名字是自然美，对艺术的真正经验将是不可能的"[③]；"外部的自然也模仿艺术。自然能显示给我们的唯一现象，就是我们通过诗或者在图画中所看到的现象"[④]；

① 〔德〕康德：《康德著作全集》第五卷，李秋零译，中国人民大学出版社 2007 年版，第 319 页。
② 章安琪：《缪灵珠美学译文集》第二卷，中国人民大学出版社 1998 年版，第 44 页。
③ Theodor W. Adorno, *Aesthetic Theory*, London and New York: Continuum, 2002, p. 63.
④ 〔英〕王尔德：《王尔德全集》评论随笔卷，杨东霞等译，中国文学出版社 2000 年版，第 357 页。

"会心山水真如画，巧手丹青画似真"（明代的杨慎）[①]。从上述的引文不难看出，自然和艺术在审美中的必然扭结揭示着美的本质，其既表现为自然美必定要像艺术，又表现为艺术美必定要像自然。于其中，如画是从自然美必然显得像艺术的角度揭示了美的本质在这个层面的真理，下面我们来对这个观点做进一步的阐述。

在存在之显现的意义上可以说艺术的本质在于为经验赋予形式。与这种说法相近的命题在克莱夫·贝尔和苏珊·朗格那里都有过著名表述，克莱夫·贝尔认为所有艺术作品共有的本质性特征在于它们是"有意味的形式"[②]，而苏珊·朗格则认为艺术的本质在于为情感创造出形式。[③]这里的"形式"一词的主要意思倒不是说艺术的本质性在于它（与质料性实存的相对）的表象性或者艺术构造的抽象性及其对数的关系的表达等，而是说艺术的本质在于为经验赋予用以显示存在的"外观"[④]。赋形作用使得某物才能作为某物被感知到，并且在世界的背景（即经验整体的理念）中被感知。正是因为这个原因，沃林格认为在原始民族那里

---

① 关于"如画"和"逼真"的美学讨论可以参见朱自清：《朱自清学术文化随笔》，中国青年出版社 2000 年版，第 12 页。

② Clive Bell, *Art*, London: The Ballantyne Press, 1913, p. 8.

③ 参见〔美〕苏珊·朗格：《情感与形式》，刘大基等译，中国社会科学出版社 1986 年版，第 80 页。

④ 这近似于塔达基维奇所说的"形式 E"，即心灵对感性对象的赋予形式的作用，参见〔波〕符·塔达基维奇：《西方美学概念史》，褚朔维译，学苑出版社 1990 年版，第 298 页。但是也不全限于心灵的赋予作用，因为在海德格尔的现象学看来，审美中所感知的事物的形式是它们在自行敞开中显现的外观。

已经发生着用艺术赋予形式的活动，面对流动不羁、变化无常的现实，先民们的强烈的"形式冲动"使他们借助于抽象的艺术符号将外界事物固定下来，"以这种方式，他们便在现象的流逝中寻得了安息之所"①。杜威也认为艺术通过选择和组织形式，能够"增加、保持和提炼知觉经验"②，这就是为什么在艺术中我们能够知觉到完整、有机、精炼的经验。也正因为如此，如果不是莫奈在其作品《日出·印象》中为伦敦雾赋予形式，那么我们就根本不会注意它们，更不用说去审美地欣赏伦敦的雾了。

与艺术的"形式化"特征相反，自然则主要意味着对形式化的拒绝，自然的主要特征乃是"无形式"。作为（造物所创造的）自在自为的存在者整体的自然界表现出有机体的生命特征，这个特征展现为在其目的性的运动中拒绝一切的形式化和凝固化。同时，正如生命有机体在自身中深藏着其自身的存在根据一样，自然意味着闭锁性的力量，它拒绝一切形式的开显性力量，自然在这方面类似于海德格尔在《艺术作品的本源》中所说的"大地"："大地让任何对它的穿透在它本身那儿破灭了。大地使任何纯粹计算式的胡搅蛮缠彻底幻灭了。……在任何一个自行闭锁的物中，有着自不相识。大地是本质上自行闭锁者。"③在这个意义上，阿道尔诺认为"大自然的尊严在于'尚未存在'（not-yet-

---

① 〔民主德国〕W. 沃林格:《抽象与移情》，王才勇译，辽宁人民出版社1987年版，第17页。
② 〔美〕约翰·杜威:《经验与自然》，傅统先译，江苏教育出版社2005年版，第248页。
③ 〔德〕马丁·海德格尔:《林中路》，孙周兴译，上海译文出版社2008年版，第29页。

existing），通过它自己的表现它拒绝任何有意的人化"①。也因为这个缘由，自然在阿道尔诺那里是对抗现代主体性的概念思维和理性同一性统治的"非同一性之物"。自然的无形式特征在自然美那里表现为不可复制、自由、多样复杂性、不可划界性以及对人的感知的多渠道敞开性等特征。②

　　美的本质的一方面在于通过形式显现而向感性觉知开放，否则就不会有美是完善、比例或者"感性呈现"等说法；其另一个方面的真相却是通过无形式把显现的东西扣留在不可显现中，这一点鲜明地体现在自然美身上，如阿道尔诺所说："被黑格尔称为自然美的缺陷的东西——逃避固定概念的界定的特征——恰恰是美自身的本质。"③综合上述的美的本质两个方面，我们可以把美的本质界定为形式和无形式、显现和不可显现的结合。正是从这个本质特征出发，康德把美理解为"无目的的合目的性"，海德格尔则认为美是体现在作品中的世界（显现性力量）和大地（遮蔽性力量）的争执。④此外，我们在众多的关于美的描述性范畴中也能见证到这些形式和无形式、显现和不可显现的结合：显与隐、有无、虚实、优美和崇高、可表现性和不可表现性等。这种扭结和争执在审美经验中的表现就是自然和艺术在审美中必然

①　Theodor W. Adorno, *Aesthetic Theory*, Translated by Robert Hullot-Kentor, London and New York: Continuum, 2002, p. 74.

②　See Ronald Moore, *Natural Beauty*, Toronto, Broadview Press, 2008, pp. 24-25.

③　Theodor W. Adorno, *Aesthetic Theory*, Translated by Robert Hullot-Kentor, London and New York: Continuum, 2002, p. 76

④　参见〔德〕马丁·海德格尔：《林中路》，孙周兴译，上海译文出版社 2008 年版，第 36-37 页。

关联，荷尔德林就是如此思考的，在他看来自然是"无定形的、未被概念框架化的存在"，而艺术体现的是"建构性的给予形式的努力"。[①] 经由上述而来的视界，我们认为如画通过自然与艺术在审美中的必然扭结揭示了美的本质的"无形式的形式性"特征，亦即，如画的审美同一性问题从"自然美必然像艺术"（自然模仿艺术）的角度揭示了美的本质——美在于形式和无形式的结合。

作为一个美学命题，如画在美学层面揭示了自然与艺术的审美同一性问题，这种同一性对美学的一些基础性问题具有重要的理论意义。如画的美学意义可以概括如下：首先，如画为完整形态的美学（一元论美学）思想的建构提供了理论上的论证、支撑和启示，这是事关当代美学重建乃至美学思想的自身完整性的重大问题；其次，对于自然审美来说，如画论证了自然审美与艺术审美之间的本质关联，这在当前语境下将能够促进当代自然审美和自然美学的进一步发展和完善；最后，通过自然和艺术在审美中的必然扭结，如画从"自然美必然像艺术"（自然模仿艺术）的角度揭示了美的本质真理，美在此表现为形式和无形式的同一。

第二节　风景如画的人文意义

作为一个关于美学的基本命题，如画揭示了自然和艺术在审

---

① See Fred Dallmayr, *Return To Nature?*, Kentucky: Kentucky University Press, 2011, p. 61.

美中的同一或者说自然美和艺术美的同一。正如我们对如画的美
学根据的阐释所表明的那样，自然和艺术的审美同一性的基础
是人与自然的同一，即人与自然之间相互区分着的共属一体、人
与自然的和谐共在。取得这样一种理解的根据在于：首先，自然
风景的如画是在人的观看中产生的，不管这种观看是人（通过
视觉、文化）对自然的觉知，还是现象学式的人被自然事物所觉
知，如画总是在人的此在的当前现身在一切，自然美必须经过
"人化"才能成为存在的，正因为如此，虽然黑格尔认为"艺术
美高于自然美"，并且将自然美驱逐出美学领域，他还是承认自
然美的存在的（自然美也是经过心灵化的）；① 其次，从"画"的
层面看，风景画、艺术作品作为人工制作物是归属人类文化的概
念之下的，在最广泛的意义上理解的文化乃是人的外化，因此，
不但自然与艺术的同一性能够在人文层面被置换成自然与人的同
一性，而且实际上正是后者为前者提供了理论上的根据，例如，
语言中存在的有关自然的基本对子——诸如"自然与历史、自然
与超自然、自然与艺术、自然与精神"等 ②——背后的深层结构
就是自然与人的基本存在关联，从根本上说艺术、历史、超自然
的神性等都是从人的方向而来的对自然的约束性力量。因此，我
们认为，如画所展示的审美同一性的基础是人与自然的同一性问
题，从人文层面来看，风景如画自身的理论内涵乃是其揭示了人

---

① See G. W. F. Hegel, *Aesthetics (Vol1)*, Translated by T. M. Knox, Oxford: Oxford
   University Press, 1975, p. 2.
② 参见〔德〕马丁·海德格尔:《路标》，孙周兴译，商务印书馆 2000 年版，第
   275 页。

与自然的同一性。关于上述的见解，石涛的山水画论提供了一个很恰当的解说，石涛在《画语录》的"山川章第八"中说：

> 得乾坤之理者，山川之质也；得笔墨之法者，乾坤之饰也。……画之理，笔之法，不过天地之质与饰也。山川，天地之形势也，……以一画测之，则即可参天地之化育也。……我有是一画，能贯山川之形神。此予五十年前未脱胎于山川也；亦非糟粕其山川，而是山川自私也。山川使予代山川而言也，山川脱胎于予也。搜尽奇峰打草稿也。山川与予神遇而迹化也，所以终归之于大涤也。[①]

由于从"一画"（乾坤之理）观之，山水的实存和山水画的笔墨之法是同一的，因而山水画虽然只是"饰"却能"贯山川之神"，山水画作为技法笔墨却能够"参天地之化育"，这个部分说的是美学层面的自然和艺术的同一。自然与艺术在"乾坤之理"中的同一的基础乃是"山川与予神遇而迹化也，所以终归之于大涤也"——即人与自然的同一性，正是借助这种人文层面的同一性，石涛才能在五十年后的山水画创作中达到自然与艺术的同一。

事实上，人与自然的同一也显示自身为自然风景的如画欣赏的一个审美理念。从模仿论的角度说，如画属于自然对艺术的模

---

① 道济：《石涛画语录》，俞剑华标译，人民美术出版社 1959 年版，第 7—8 页。

仿，风景画的审美理念就为自然的如画提供了一个理想，从这个
角度看，黄宾虹说的没错，"江山如画"说的正是江山不如画。[①]
而风景画的审美理念的一个重要的方面就是人与自然的和谐共
在。在西方，启蒙运动和工业文明所造成的人与自然的分立、人
对自然的侵犯和控制，并没有驱散西方风景画中人与自然和谐统
一的审美理想。从风景（landscape）一词的"最宽泛的概念上来
说，山水是一种看待这个世界和想象人们与自然的关系的方式"，
而"风景作品表现的是从古到今人类进入思考状态时对自然环境
的形态风貌上的期望，或者是对人与自然相交融时的精神景象的
一种思考"[②]。从风景画的起源来看，人们希冀融于自然的"田园
情结"乃是西方风景画诞生的一个重要原因，[③]克拉克则说："风
景画标志着我们自然观念的各个阶段。自中世纪以来，它的诞生
和发展是一个循环的一部分，在这个循环中人的精神试图再次创
造人与其环境的和谐。"[④]由此不难理解，人与自然的和谐统一是
西方风景画的一个审美理想。人与自然的和谐共在在中国山水画
中的表现更为突出，王伯敏先生在谈到中国山水画的美的时候
说："最可贵的莫过于其间有人。有了人，其间有建筑，……早又
有人说过，有了人在山水间，'山会笑、水会唱歌'，所谓'云间
丘壑万千情'，此间有'人文'、有'情景'，诚如郭河阳之所谓

---

① 参见伍蠡甫:《山水与美学》,上海文艺出版社 1985 年版,第 265 页。
② 参见章华:《思想的形状:西方风景画的意蕴》,北京大学出版社 2011 年版,
　第 44—45 页。
③ 参见张君琳:《田园情结:西方风景画产生的一个重要原因》,《艺术百家》
　2007 年第 8 期。
④ 〔英〕肯尼斯·克拉克:《风景入画》,芷子译,《世界美术》2001 年第 4 期。

'远胜过奇峰之耸翠也'。"① 山水画中的风景美的理想不但不排斥人，而且总是需要人物和人的踪迹（道路、建筑、活动等）来点景，以突出山水之美的情韵和人文意味。不仅如此，山水画最高的审美理想就是人与自然的和谐共在，这就是所谓的"居游之乐"，正如郭熙在谈到山水画的审美价值的时候所说的："世之笃论，谓山水有可行者，有可望者，有可游者，有可居者。画凡至此，皆入善品，但可行、可望，不如可游、可居之为得。"②

由于人与自然的同一是风景画一个审美理念，如画作为自然风景对风景画的模仿必定同样趋向这个审美理念，那些能够被称为如画般的美的自然风景必定会体现出人与自然的同一。如画风景中的这种"人同体于自然"的理想也是自然美的最高的审美价值，如郭熙所说："君子之所以爱夫山水者，其旨安在？丘园，养素所常处也；泉石，啸傲所常乐也；渔樵，隐逸所常适也；猿鹤，飞鸣所常观也。"③ 这里的"常处、常乐、常适、常观"说的就是人与自然和谐共在的存在之境。

当如画所揭示的自然与艺术的同一性被提升到人与自然的关系的层面来思考的时候，我们已经超出了狭义的美学领域（即美学是知识学科中的一个门类或者美和艺术只是人类实践活动的一个领域）而进入人文层面的对如画的美学意义的理解，如画的人文意义的揭示即是从人类历史性生存的层面来阐发如画的美学意义。最广义的人文指的是人类整个的历史性生存，这一生存实践

---

① 王伯敏：《山水画纵横谈》，山东美术出版社 2010 年版，第 44 页。
② 俞剑华：《中国古代画论精读》，人民美术出版社 2011 年版，第 274 页。
③ 同上。

的本质乃是人性的外化、人的自我实现，卡西尔为这种理解做了
一个著名的解说：

> 作为一个整体的人类文化，可以被称之为人不断自
> 我解放的历程。语言、艺术、宗教、科学，是这一历程
> 的不同阶段。在所有这些阶段中，人都发现并且证实了
> 一种新的力量——建设一个自己的世界、一个"理想世
> 界"的力量。[1]

从人文层面对如画的同一性问题（人与自然的同一）的探讨
所做的就是如画的人文意义的阐发，这个层面的探究关注的是如
画对于我们的历史性生存的启示。这种思考虽然超出了狭义的美
学领域，但其实质仍然归属于美学探讨，美并不仅仅限于艺术展
览馆、剧院或者风景名胜区等这些日常生活中的"象牙塔"里的
纯粹静观，在一种更宽广且更积极的意义上，美奠基并参与组建
着我们的日常生活。[2] 对此，美并不仅仅是一种装饰性的美化和
改善，而是本质性地关涉着我们的生存和历史救赎。在这样一种
宽阔的美学视野中，如画在人文层面所展示的人与自然的存在关
系将会对我们的历史性生存开放出深远的启示性意义，人与自然
的存在关系对人类生存的意义可以在泰勒的这段话中得以领受
其应有的深度："一些形而上学家历来都敏锐地意识到了这种需

---

① 〔德〕恩斯特·卡西尔：《人论》，甘阳译，西苑出版社 2000 年版，第 288 页。
② 参见彭锋：《回归：当代美学的 11 个问题》，北京大学出版社 2009 年版，第
　　249 页。

要，那就是对自然的热爱和我们置身于自然中的感觉。没有这种需要，我们就成了机器，无聊地打发着光阴，直到上帝恩赐的末日来临，那时，死亡将会把我们平时一直无法找到的宁静强加给我们。"[1] 基于上面所做的准备性阐述工作，我们现在来着手揭示人与自然的同一（即人与自然有差异地统一、人与自然的和谐共在）对人类历史性生存的启发性意义。

从物质层面看，人的生存需要与自然界保持一种和谐共处的关系。首先，人需要保持与自然界之间的物质交换，只有在自然界提供的场所、环境、物质和能量等物质上的生存条件之下，才可能有人类的历史实践活动的展开，正如马克思对人类历史的规律的阐述，形形色色的意识形态所掩盖着的一个简单的历史事实就是，人首先必须满足衣食住行，然后才能从事宗教、艺术、政治、科学等实践活动。更进一步说，不仅人的生存依赖于自然界所提供的物质资料，而且人本身就归属于自然界，人是自然界长期进化的结果，即便进入人类文明和社会历史的进程之后，人的身体及其活动仍然受自然规律的必然性的制约。不仅如此，人类的历史和文化也可以被看作对自然的补充和替补，德里达就是这样认为的，环境和文化不应看成是纯粹的人造品，而应看成是自然的必然产物和补充。[2] 历来被西方文明所称颂的古希腊，就是从自然界和人类的自然本性中绽出的历史的理想形态，正是在这

---

① 〔美〕理查德·泰勒:《形而上学》，晓杉译，上海译文出版社1984年版，第2页。

② 参见〔美〕弗莱德·R.多尔迈:《主体性的黄昏》，万俊人等译，上海人民出版1992年版，第240页。

个意义上，人们称颂古希腊文明为"自然的"。[1] 甚至在一种本然的意义上，人类历史就是发展着的自然史。[2] 这样一来，广义的自然概念指的是包含人在内的存在者整体，正如海德格尔在界说亚里士多德的自然概念的时候所做的陈词："在西方历史的不同时代里，不论人们把何种负荷强加给'自然'一词，这个词总是包含着一种对于存在者整体的解释，甚至在它表面上仅仅被看作一个反概念的地方，亦是如此。"[3] 在中国哲学中，自然一词也有物质性的存在者整体（即自然界）的含义，这个意义上的自然与作为存在者整体意义的"天地"相通，中国哲学中的"天人合一"也包含着人归属于作为存在者整体的自然界这个层面的意思。[4]

作为存在者整体的自然的存在特征是其生命有机体式的有机统一性。包括人在内的自然万物的亲密共在形成一个统一的生态整体，这个统一的整体类似于生命有机体，其中每个部分既是手段又是目的，最终形成了一个具有生命和活力的整体。这种有机整体的自然观不仅存在于传统的哲学思想中（如物活论、有机论、泛神论等自然观），而且在当代的环境伦理思潮中也得到了

---

[1] 在所有的农耕文明中我们都能看到自然与文化的和谐交融，且不说中国文明中的"天人合一"式的生态性文化形态，即便是西方的"agriculture"（农业）一词所隐含的也是自然、大地与文化的融合，See Jules Pretty, *Agri-Culture: Reconnecting People Land and Nature*, London: Earthscan Publications Ltd, 2002, p. xii。

[2] See Theodor W. Adorno, *Negative Dialectics*, Translated by E. B. Ashton, London and New York: Routledge, 1973, p. 359.

[3] 〔德〕马丁·海德格尔:《路标》，孙周兴译，商务印书馆 2000 年版，第 277 页。

[4] 参见张岱年:《中国哲学史大纲》，中国社会科学出版社 1982 年版，第 177 页。

强烈的回响。① 从这种有机整体的自然观出发，人类绝不是凌驾于其他存在者之上，独立于自然界的特殊存在物，人类自身及其历史活动都归属于自然万物的生态共同体。由于自然界的生态共同体是一个有机的统一体（这一点可以借鉴佛教所说的"因陀罗网"，万物皆存在于这个统一性的因果整体中），这个统一体自身的秩序和法则就为他的成员先行地赋予了责任、义务和伦理原则，每个成员的各司其职既是自然界的正义，又是人与自然和谐的必要保障。因此，人的历史实践必须要以保持自然界整体的持续平衡与和谐康健的存在为前提，否则人类的任意妄为将会"牵一发而动全身"地改变自然的生态整体，这样做的直接后果就是人类的生存本身必然遭受到威胁。在这里反面的例证也许更有说服力，西方思想史以"人与自然的分离"宣告了现代性的开端，笛卡尔就是这个分离的先行者。② 笛卡尔的"思维"与"广延"的区分和对立在思想史上完成了人与自然的分离，自此人凭借抽象的实体"自我"将自身凌驾于自然之上，自然万物的存在与否以及如何存在必须要以人的"我思"和"理性"为尺度。由此可以说，笛卡尔是从思想层面开启了人与自然的分离以及人对自然的统治的历史，标志性的信条就是启蒙主义的"自然是一架机器"。人与自然相分离的实现和深化是通过现代工业生产来完成的，③ 在

---

① 参见〔美〕罗德里克·弗雷泽纳什:《大自然的权利：环境伦理学史》，杨通进译，青岛出版社 1999 年版，第 41 页。

② See Fred Dallmayr, *Return to Nature?* Kentucky: The University Press of Kentucky, 2011, p. 2.

③ See Sarah Pilgrim and Jules Pretty, ed., *Nature and Culture*, London: Earthscan Publications Ltd, 2010, p. 1.

工业文明的视野里自然彻底沦为人类的生产和消费的场所、资源与能量的储蓄库。但是西方文明以及由其所主导的世界现代文明为破坏自然生态整体所承受的后果就是日益严重的环境问题、频发的自然灾害、自然资源的日趋枯竭等，当代的一系列的关于人与自然和谐共处的环境运动和环境伦理思潮都表征了人们在后现代语境中对招致现代的生态困境的反思。

与环境问题相比，人与自然的分离对人的生存的更为深层的影响是精神层面的，这一点虽然不易为人所觉察，但却是人类步入现代历史之后所经验到的一个触及现代性根基的事实。在西方现代历史的开端之处，卢梭就以其敏锐的直觉和思考觉察到人与自然的分离所招致的人类生存的精神困境，卢梭在其主要作品中对大自然的热情歌颂，对人类文明的批判，以及对逝去的人类的理想"自然状态"的伤感怀旧，都先知般地道出了现代人的"乡愁"。这就是在前现代的人与自然的和谐存在形态逝去之后，现代人在现代文明中所经受的精神上的疏离和异化，被称为现代人的"无家可归的状态"。如果说我们从"现代"之开端的发生论角度断言的"人与自然的分离导致了现代人的乡愁"不够有说服力的话，那么从卢梭诉诸于"回归大自然"和"恢复自然状态"来拯救处于精神困境中的现代人的生存筹划中，以及承接其影响的浪漫主义运动和当代北美的超验主义（爱默生、梭罗等）借助于人与自然的合一来恢复人的精神世界的统一性的展望中，[①]进而在他们期求实现一种"还乡式"的历史救赎中，我们应该能够看

①　See Fred Dallmayr, *Return to Nature?* Kentucky: The University Press of Kentucky, 2011, p. 54

出这个论断的份量。

从哲学上理解人与自然的分离与现代人的无根基的生存之间的关系要从人的本质入手，海德格尔在其《人道主义书信》中说："如此这般来思的无家可归状态，乃是基于存在者的存在之被离弃状态。这无家可归状态是存在之被遗忘状态的标志。"[1] 在海德格尔看来，世界万物的存在与不存在以及如何存在都源于存在之真理的自行到时与发生。在西方思想史上存在之真理在早期希腊人的此在那里曾达于本真地本质现身，古希腊的开端处的思想家（巴门尼德、赫拉克利特、阿那克西曼德等哲学家）也在一定程度上应和着对之进行了思考，但随后的西方思想史开始了长期地对存在之真理的遗忘。这就是从柏拉图开始的西方形而上学的历史，但海氏同时也认为，形而上学对存在的遗忘乃是存在之真理的自行发生的一种方式，它同样归属于存在之真理的历史。西方的人道主义对人的规定性就来自形而上学，人道主义"在规定人之人性时不仅不追问存在与人本质的关联。人道主义甚至还阻止这个问题，因为人道主义由于出身于形而上学而不知，亦不解这个问题"[2]。按照海德格尔的思考，存在之真理的自行澄明发生为存在者整体在"存在的在场化状态"中的逗留，存在就是这个让存在者在场和不在场的敞开状态，如果一定要对存在做出描述，那么存在只能是绝对的超越（存在绝不是存在者）。存在作为"无"超越于存在者之有，而存在之真理就发生为存在的无的

---

[1] 〔德〕马丁·海德格尔:《路标》，孙周兴译，商务印书馆 2000 年版，第 399 页。
[2] 同上注，第 377 页。

一面与存在者之有的"亲密的区分",形而上学误入歧途地把存在把握为存在者,由此开始了长达两千多年的对存在的遗忘。由形而上学思想的规定性而来的人道主义把人的本质仅仅理解为一个存在者——一个逻格斯的动物、一个"理性的动物"、"人格、精神－灵魂－肉体的生物",以及在形而上学的完成期(现代主体性形而上学时期)人被设定为统治世界的主体——而不是从人与存在的本质关联出发来思考人的本质。由于离弃了存在的真理,成为主体的人的命运就成为在技术的统治下的无根基的、无家可归的生存状态。

海德格尔认为,只有从存在的真理而来才能实现对现代人的无家可归状态的克服,而从存在的真理而来被居有的人的本质就在于:"人之本质基于绽出之生存。本质上,也即从存在本身的方面来看,关键就在于绽出之生存,因为存在居有着作为绽出地生存者的人,使得人进入存在之真理中而看护着存在之真理。"① 人的本质在于绽出的生存,绽出的生存说的是:人并非具有一个现成的可摆在眼前的实体性本质,然后去在作为存在者整体的世界中去实现其本质。绽出的生存指说的是人只有站出去,忍受在存在之真理的自行澄明中的站立才能生存,并且人只有在被存在居有、需用、占用去实现存在的天命的时候,只有在人接受存在的召唤而去操心或烦的时候,② 人才是人。人随存在的自身敞开而绽出并被存在的敞开所居有,不但没有丝毫减损自身的尊严,反倒

---

① 〔德〕马丁·海德格尔:《路标》,孙周兴译,商务印书馆 2000 年版,第 407 页。
② 参见〔德〕马丁·海德格尔:《存在与时间》,陈嘉映等译,生活·读书·新知三联书店 2006 年版,第 209 页。

是由此获得了自己的最高的荣耀——此之在的看护者，即人在其接受存在之天命所指派的生存中将存在之敞开带向此之持存，有人此在的地方才有存在的敞开，相通于这种理解，儒家将人并入三才（天、地、人），道家将之归入四大（道、天、地、人）。

人在存在之真理中绽出地生存不仅赋予人以本质规定性及其本己尊严，而且为人在大地上的生存的家园"筑基"，只有在对作为本源的存在的邻近中，只有在对存在之真理的看护中依于本源而居，人才能够从根本上克服无家可归的状态，完成精神上的"还乡"，此即海德格尔所说："从存在本身来规定人之本质才有在家之感。"① 存在之真理也就是人栖居所归属、所依凭的本源，人在本源近旁寓居就是于家园中的栖息。早期希腊思想思存在之真理的几个基本词汇中就有作为涌现的 φύσις 一词，这个词即是希腊人的自然概念，孙周兴先生在其选编的《海德格尔选集》引论里也有过表述："海氏认为存在的原始意义集中地体现在希腊思想的 Physis、Aletheia、Logos 这三个基本词语上。"② 海德格尔在《形而上学导论》中对希腊人的自然概念的释义是："φύσις 就是既绽开又持留的强力，……这一 φύσις 就是（存）在本身，赖此（存）在本身，（存）在者才成为并保留为可被观察到的"③。虽然之后的罗马人用拉丁语转译 φύσις 一词的时候将其与存在同义的生长、涌现弄成了物质存在意义上的自然，也就是形而上学的物

---

① 〔德〕马丁·海德格尔:《路标》，孙周兴译，商务印书馆 2000 年版，第408 页。

② 孙周兴:《海德格尔选集》，生活·读书·新知三联书店 1996 年版，第 9 页。

③ 〔德〕马丁·海德格尔:《形而上学导论》，熊伟等译，商务印书馆 1996 年版，第 16 页。

理学所研究的对象——自然界。但是通过自然审美，我们仍然能够从人回归于自然的经验中见证到寓居于存在之真理中的那种在家的感觉，也是因为这个原因，海德格尔认为自然在荷尔德林的赞美诗《如当节日的时候……》中依然恢复了与"存在"相通的含义。① 通过自然的原初含义与存在一词的意义的沟通，我们不难看出恢复人与自然的和谐共在对于克服现代人的精神困境的意义，在这方面，"回归自然"寄托着现代人克服其无家可归状态和复归人性的完整性的历史救赎的希望。关于这点我们可以在席勒的"现代式的感伤情调"中得到领会：

> 它们（自然存在物）的现在就是我们的过去；它们现在是什么样子，我们将来也重新变成什么样子。我们曾经是自然的一部分，跟它们现在一样，而我们的文化将带领我们沿着理性和自由的道路回归自然。这就是说，它们同时也是我们永远最为珍视的逝去的童年的写照，它们从而使我们满怀某种忧伤。同时，它们又是我们在理想中达到至善之美境界的图景，从使我们受到崇高情愫的感召。②

在上面的阐述中我们不难看出，人与自然的和谐统一乃是人类历史性生存的基础和保障，无论从人与自然界的物质能量的交

---

① 参见〔德〕马丁·海德格尔：《路标》，孙周兴译，商务印书馆 2000 年版，第 277 页。
② 张玉书：《席勒文集》理论卷，人民文学出版社 2005 年版，第 79 页．

换以及人的生存所必需的自然界的生态整体，还是从现代人的精神世界的"还乡"和救赎来看，人类的生存都要求着人与自然的同一。风景如画的"如"字所模仿、所效法就是风景画中所包含的人与自然同一这一审美理念。在我们看来，如画的美学同一性问题在人文的层面展现的正是人与自然的同一，并且正是这种人文层面的同一性为其美学同一性奠定了基础。从这种思考出发，我们宣称如画在文化层面对人的历史性生存具有重要的理论上的启示性意义。更具紧迫性的是，按照"如画的现象学视角"和"如画的美感阐释"的相关论述，像画、像艺术意指的是自然在审美中自行、自由地向艺术和人的生成，在现代人通过科学技术和工业生产日益加固对自然的统治的语境下，在当前的人类中心主义强横而肆虐地实施着"人化自然"的危机重重的时代背景下，如画所揭示和标识的从自然到人的自行生成（"自然人化"）的人文内涵具有尤为值得重视的现实意义。

在一种理想的境况下，人类在其历史实践中能够、应该而且必须做到人与自然的和谐共在，如马克思所说：（人类）"社会是人同自然界的完成了的本质的统一，是自然界的真正复活，是人的实现了的自然主义和自然界的实现了的人道主义。"①只不过鉴于人的本质性的有限性（人终有一死的肉身性及其理智的有限性），人类在其历史实践中不可避免地处在迷误和冒险中，人类的历史进程总是会误入歧途的，由此德里达称（作为自然的发展

---

① 〔德〕马克思：《1844年经济学哲学手稿》，中共中央马克思恩格斯列宁斯大林著作编译局译，人民出版社2000年版，第83页。

和补充的）文化和历史为一个"危险的替补"①。由此而来，人类的历史性生存必定需要尺度和指引，以此才能把人的生存护送入一种与自然（存在者整体乃至存在的天命、自然之天道）相合的存在之境，此即所谓的"人在大地上的诗意栖居"和"天人合一"。如画的人文意义的另一个层面正体现于此。

"诗意地栖居"出自于荷尔德林后期的一首诗（"人充满劳绩，但还诗意地栖居在大地上"），海德格尔认为这里的"栖居"指说的并不是人的"衣食住行"之一的居住活动，荷尔德林诗句中的栖居是作为人类此在的基本特征来理解的，"因为栖居说到底就是：人在大地上的逗留，在'这片大地上'逗留，而每个终有一死的人都知道自己是委身于大地的"②。在《筑·居·思》中，海德格尔认为："栖居乃是终有一死的人在大地上的存在方式；筑造乃是真正的栖居；作为栖居的筑造展开为那种保养生长的筑造与建立建筑物的筑造。"③ "保养生长"和"建立建筑物的筑造"作为人在大地上的"存在方式"，其实质是人在其劳作和生存中筹建自己的"世界"的全部活动，这种生存活动的时间性表现为人类的历史实践，在这个意义上，栖居表达了人类的历史性生存整体的存在方式。按照海德格尔的思考，诗句中的"诗意"指的不是作为文学活动的一个种类的诗歌创作，不是一种艺术的审美活动，"诗意"也不是附加在"栖居"之上的一个修饰词，"诗

---

① 〔法〕雅克·德里达：《论文字学》，汪堂家译，上海译文出版社1999年版，第216页。
② 〔德〕马丁·海德格尔：《演讲与论文集》，孙周兴译，生活·读书·新知三联书店2006年版，第201页。
③ 同上注，第156页。

意"在这里规定着栖居的本质，栖居及其所开展的筑造活动只有在"诗意"的约束力之下才能成为真正意义上的"人在大地上的逗留"。因为作诗也是一种建造，"作诗建造着栖居的本质，……栖居本质上是诗意的"。[①] 而"作诗"之所以能够建造着栖居的本质、规定着人的历史性生存的特征的根本原因在于，"作诗是度量""作诗是采取尺度"[②]。人本质性的有限性总是将人的生存置于危险之境之中，而"作诗"能够通过提供"尺度"以及依据"尺度"而来的"测度"，把人类的生存庇护入本然的境地之中，这就是所谓的"诗意地栖居"的含义。

　　"作诗"所采取的尺度乃是所谓的"神性尺度"，人必须以"神性"来测度自己的生存，这里的"神性"指的是"让存在者存在"（即中国哲学中的"天地有大德曰生"）意义上的造物的神圣性，正是这个神圣性才使得上帝等诸多的神性存在者的存在成为可能的。在海德格尔看来是"存在"允诺和赠予了万物的存在，但是作为神圣的存在本身却在存在者的存在之显突中自行隐匿。因此对存在者（万物）的切近和亲熟来说，"神性"乃是"疏异者"，但是"疏异者"并非完全蔽而不现，在存在者的存在之解蔽中，"疏异者"作为隐匿者而显圣，因此海德格尔说：

　　　　对神来说疏异的东西，即天空间的景象，却是人所熟悉的东西。这种东西是什么呢？就是天空间的一切，

---

① 〔德〕马丁·海德格尔：《演讲与论文集》，孙周兴译，生活·读书·新知三联书店 2006 年版，第 213 页。
② 同上注，第 206 页。

因而也就是在天空下、大地上的万物，……那不可知者
归于这一切为人所熟悉、而为神所疏异的东西，才得以
在其中作为不可知者而受到保护。①

通过天地万物的形象展示（于其存在中显露外观），人能够
领会到"神性"或者"神性的尺度"，并以之指引和测度自己的
生存，即中国哲学中所谓的"天垂象，知吉凶""天人感应"之
说。既然"神性的尺度"的显示是在一种"诗意"的运作中被人
接收到的，那么在自然审美中的如画风景所显示的可能就是一种
"神性尺度"。事实上，"神性"通过风景的如画被启示给人，这
一点在"如画的美感阐释"的目的论探讨中已经有所论及。

　　按照海德格尔的语言观，自然风景的"如画"可以被视为存
在的真理的一种"道示"或"道说"，即存在之真理的一种显示。
存在之真理的自行发生作为显示就是语言的运作，也就是海德格
尔所说："存在在思想中达于语言。语言是存在之家。"②这里所说
的语言不是某个语种的某个语言形态，也不是语言学所设想的对
于各语种都通约的"元语言"，而是指根本性的显示性力量，即
所谓的"世界化"运作。这种"本质性的语言"是人类的形形色
色的语言形态成为可能的本源，事物只有在这个意义上的语言中
才能显示为自身之所是——即成为某种存在着的东西。语言之所

---

① 〔德〕马丁·海德格尔：《演讲与论文集》，孙周兴译，生活·读书·新知三联
　　书店 2006 年版，第 211 页。
② 〔德〕马丁·海德格尔：《路标》，孙周兴译，商务印书馆 2000 年版，第
　　366 页。

以是"存在之家"是因为存在的真理发生为语言的运作，即"语言之本质现身乃是作为道示的道说"①。这里的"道示"说的是存在之真理的自行显现，如果说存在之真理发生为语言的道说，那么"风景如画"同样可以被视为语言的一种道说。

按照海德格尔的思考，艺术是存在之真理的根本性发生方式之一，② 人工制作的艺术作品就是通过这个意义上的艺术而成为"美的"。但是美的东西绝不仅限于艺术作品，自然美同样是一种美的事物，是一种美的现身样式。自然美的实质是存在之真理的一种根本的发生方式，因此从显现的角度看，自然美乃是存在之真理的一种"道示"，由于自然风景之美的显现必定是如画的，我们完全有理由认为风景如画展现为语言的一种道说。

海德格尔认为："人的要素在其本质上乃是语言性的。这里所谓'语言性的'（sprachlich）意思是：从语言之说而来居有。"③人不是在其他能力之外还拥有说话能力，人的本质就在其"语言性"中，因此，在西方思想传统对人的定义中，无论"人是逻各斯的动物"，还是"人是理性的动物"，其根本性内涵都是"人是语言的动物"。人只有被语言居有、去说语言才能成为人，正因为这一点，现代人才逐渐发现自己原来生活在语言的"囚笼"和话语的控制中，事情的真相是语言在说人，而不是人在说语

---

① 〔德〕马丁·海德格尔:《在通向语言的途中》，孙周兴译，商务印书馆 2004 年版，第 253 页。
② 参见〔德〕马丁·海德格尔:《林中路》，孙周兴译，上海译文出版社 2008 年版，第 42 页。
③ 〔德〕马丁·海德格尔:《在通向语言的途中》，孙周兴译，商务印书馆 2004 年版，第 24 页。

言。海德格尔说："人之为人，只是由于人接受语言之允诺，只是由于人为语言所用而去说语言"[1]，"由于语言之本质即寂静之音需要（braucht）人之说话，才得以作为寂静之音为人的倾听而发声"[2]。只有在被语言的居有中说话，人才成为人，不过这里的"说话"指的不仅仅是发声活动或者文字的书写，而且指人类的整个的人文实践，大到建国小至林间踏出的小路，都可以视为语言居有人而来的说话。语言才是人类历史性存在的最高的指令和劝导，人通过对语言的倾听而获取度量自己生存的尺度，由于"风景如画"就是语言的一种道说，所以我们说"风景如画"能够为人类的历史性生存提指引和尺度。同时，"风景如画"呈示了自行发生的存在之真理对人的"亲近""邻近"和"喜欢"，"像画"说的就是存在的真理向人的"邻近"和"让渡"，语言在居有人的同时也把自身"转让"给人，因此，人才能有倾听语言的"寂静之音"而来的言说和生存，人才能领受语言的劝导及其提供的神性尺度。

这种理解对于汉语思想传统来说其实并不陌生。尽管研究者对"河图洛书"有诸多的不同解释，但"河图洛书"在《周易》的语境中应该被理解为主宰天地万物的力量（对应于"易"之太极的天道，相当于海德格尔所说的存在之真理）一种"道示"，其展现为天地自然之文，风景如画就归属这种天地的无言之道说。"如画"意味着天地之文向人文的转渡，随着天地之道向人

---

[1] 〔德〕马丁·海德格尔：《在通向语言的途中》，孙周兴译，商务印书馆2004年版，第189页。

[2] 同上注，第24页。

文之道的让渡，才有所谓的人类文明的诞生和持存，如刘勰所说："人文之元，肇自太极，幽赞神明，《易》象惟先。庖牺画其始，仲尼翼其终。"[①] 中国传统文化就是按照倾听"自然之道"而来的尺度测量和筹划中国人的历史性生存的，这在人伦道德、典章制度、礼仪行止、养生医疗、风水居室等各个文化层面都有所体现，这就是所谓的以"人"合"天"而达到的"天人合一"，这一点相通于海德格尔所阐释的"诗意地栖居"。

上述这个层面的解说对我们的当下生存来说具有着尤为重要的启示性意义。科学技术是在当代历史中占据统治性的地位的力量，技术的统治既指人类通过技术对地球的统治，也指技术对人类自身的统治，人和万物在这种统治中都必须在技术的"集置"之上获得其存在。技术统治的直接后果是人和万物的存在之根被连根拔起，这表现在当下频繁发生的自然灾害、环境问题以及当代人精神世界的异化等症候上。造成这种历史性危机的根源在于，科学技术并非一种根本性的揭示世界的方式和指导人类历史性生存的本质尺度。一个与技术相近并且更为本真的尺度和指引是由艺术保藏着的，凭借艺术的力量现代人才能去展望一种技术世界中的历史救赎，这就是所谓的"技近乎艺而通于道"。在如何把历史的进程置于一种安全和健康境地问题范围内，如画作为一种"艺术"的尺度无疑能够为人类的当下救赎带来颇为应景的思想上的启示。这在人类的历史性生存中早已得到体现，一个最突出的例证就是中西方的"如画园林"，与其说这些园林是按照

---

① 周振甫:《文心雕龙今译》，中华书局 1986 年版，第 11 页。

绘画的原则建造起来的，倒不如说是人们接受如画的启示而实行自身的历史性栖居的成果，这些如画园林既是历史救赎的乌托邦式的寄托，也是从审美和美学上对人类本然生存的启示。

如画的人文意义在此意指的是其在人与自然关系的层面上对人类历史性生存的思想启示。在人文层面，如画从审美和美学的角度揭示了人与自然的同一，这对人的历史性生存具有重要的理论意义，人的生存在物质和精神层面都需要人与自然的和谐共在。其次，如画能够为人类的本然和健康的历史性生存提供尺度和指引，这对于当前的历史境况来说尤为重要，生存于空前膨胀的人工文明的"洞穴"（柏拉图语）里的人比之前任何时代都需要"真理之光"的烛照。在这方向上，如画不但为当前的生态问题、环境规划、环境改善（如当代的美丽中国工程）乃至现代人的历史救赎提供审美和美学上的启示，而且能够在一定层面上为形形色色的社会和文化批判提供尺度和指引。

* * * * * *

作为一种自然审美经验和一个关于美学的命题，风景如画从审美和美学层面揭示了自然与艺术、自然与人的同一性问题。这两种同一性作为如画的美学内涵的美学意义在于：如画所揭示的自然和艺术的同一为完整形态的美学（一元论美学）思想的建构提供了理论上的指示、论证和支撑，这是事关当代美学重建乃至美学自身完整性的重大问题；其次，对于自然审美来说，如画论证了自然审美与艺术审美之间的本质关联，这将促进当代自然审美和自然美学的进一步发展和完善；最后，通过自然和艺术在审美中的必然扭结，如画从"自然美必然像艺术"（自然模仿艺术）的角度揭示了美的特定本质。如画所揭示自然与人的同一的人文意义在于：如画从审美和美学的角度揭示和论证了人与自然的同一，这一同一性为当代人的历史救赎和人类的本然、健康的历史性生存提供了本真的尺度和指引。

结语

在我们的审美经验中，自然和艺术的肖似会使彼此显得更美，甚至，如果自然和艺术是美的，它们就必然显得彼此相像，这就是自然和艺术在审美中所体现出的边界消融现象。这种审美经验在西方美学中被把握为"艺术模仿自然说"和"风景如画"两个命题，在中国美学中则对应于"逼真"和"如画"两个命题。无论作为审美现象还是作为美学中的命题，这里所指涉的本质内涵乃是自然美和艺术美的同一性问题，亦即自然和艺术的审美同一性问题。自然美和艺术美的同一性的理论深度是，从自然和艺术的关系角度为我们呈示了美的本质，美的本质表现为自然和艺术在审美中的必然扭结，在这个意义上，我们不得不宣称美就在于自然和艺术之间。本书通过对风景如画的美学根据的探究，从"自然美必然显得像艺术"的角度为我们诠释了如画的美学内涵——自然美和艺术美的同一性、自然和艺术在审美中的差异着的共属一体。自然美和艺术美的同一性的人文内涵是自然和人同一，这种由如画所揭示自然与人的同一，对于我们当前所面临的紧迫的环境问题与现代人的精神困境的克服乃至人类的历史性生存的实践和救赎都有重要的思想启示。

鉴于本人的愚笨和疏懒，上述研究规划在具体的探究中实现得面目全非，几乎从所有的学术评价向度来看，这部书稿都是漏洞百出的。不过幸好笔者胸无点志，至此足可聊以自慰，但愿此书能够作为反面的研究成果令方家开卷有益。

参考文献

中文文献

阿恩海姆:《视觉思维》,滕守尧译,光明日报出版社 1987 年版。

阿恩海姆:《艺术与视知觉》,滕守尧等译,四川人民出版社 1998 年版。

柏拉图:《柏拉图全集》(第一卷),王晓朝译,人民出版社 2002 年版。

鲍桑葵:《美学史》,张今译,中国人民大学出版社 2010 年版。

北京大学《荀子》注释组:《荀子新注》,中华书局 1979 年版。

北京大学哲学系美学教研室编:《西方美学家论美和美感》,商务印书馆
　1980 年版。

博尔诺:《卡西尔和海德格尔在瑞士达沃斯的辩论》,赵卫国译,《世界哲
　学》2007 年第 3 期。

布莱克·波恩:《牛津哲学词典》,上海外语教育出版社 2000 年版。

布鲁墨:《视觉原理》,张功钤译,北京大学出版社 1987 年版。

布洛克:《现代艺术哲学》,滕守尧译,四川人民出版社 1998 年版。

蔡锺翔:《美在自然》,百花洲文艺出版社 2009 年版。

曾繁仁:《对德国古典美学与中国当代美学建设的反思》,《文艺理论研
　究》2012 年第 1 期。

陈传席:《六朝画论研究》,天津人民美术出版社 2006 年版。

陈鼓应:《老子今注今译》,商务印书馆 2003 年版。

陈鼓应:《老子注译及评价》,中华书局 1984 年版。

陈嘉映:《海德格尔哲学概论》,三联书店 1995 年版。

陈世故:《康德"知性纯粹概念图型法"思想的价值》,《学术研究》2009
　年第 4 期。

陈水云:《中国山水文化》,武汉大学出版社 2001 年版。

迟轲:《西方美术理论文选》,江苏教育出版社 2005 年版。

达·芬奇:《达·芬奇论绘画》,戴勉译,广西师范大学出版社 2003 年版。

戴继诚:《康德"纯粹概念图式"说述评》,《现代哲学》2001 年第 3 期。

戴维斯:《艺术哲学》,王燕飞译,上海人民美术出版社 2008 年版。

道济:《石涛画语录》,俞剑华标译,人民美术出版社 1959 年版。

德里达:《论文字学》,汪堂家译,上海译文出版社 1999 年版。

邓晓芒:《康德哲学诸问题》,生活·读书·新知三联书店 2006 年版。

邓晓芒:《冥河的摆渡者》,武汉大学出版社 2007 年版。

狄德罗:《狄德罗论绘画》,陈占元译,广西师范大学出版社 2002 年版。

董学文:《马克思与美学问题》,北京大学出版社 1983 年版。

杜夫海纳:《美学与哲学》,孙非译,中国社会科学院出版社 1985 年版。

杜威:《经验与自然》,傅统先译,江苏教育出版,2005 年版。

杜小真:《福柯集》,上海远东出版社 1998 年版。

多尔迈:《主体性的黄昏》,万俊人等译,上海人民出版 1992 年版。

范文澜:《文心雕龙注释》(卷一),人民文学出版社 1962 年版。

冯友兰:《中国哲学简史》,涂又光译,北京大学出版社 1985 年版。

福柯:《词与物》,莫伟民译,生活·读书·新知三联书店 2001 年版。

高建新:《山水风景审美》,内蒙古大学出版社 2005 年版。

葛荣晋:《中国哲学范畴通论》,首都师范大学出版社 2001 年版。

贡布里希:《图像与眼睛》,范景中等译,浙江摄影出版社 1989 年版。

贡布里希:《艺术的故事》，范景中译，生活·读书·新知三联书店 1999
  年版。

贡布里希:《艺术与错觉》，林夕等译，浙江摄影出版社 1987 年版。

古大冶、傅师申、杨仁鸣:《色彩与图形视觉原理》，科学出版社 2000
  年版。

古德曼:《构造世界的多种方式》，姬志闯译，上海译文出版社 2008
  年版。

哈贝马斯:《现代性的哲学话语》，曹卫东等译，译林出版社 2004 年版。

哈维:《后现代的状况》，阎嘉译，商务印书馆 2003 年版。

海德格尔:《存在与时间》，陈嘉映等译，生活·读书·新知三联书店
  2006 年版。

海德格尔:《荷尔德林诗的阐释》，孙周兴译，商务印书馆 2000 年版。

海德格尔:《康德与形而上学疑难》，王庆节译，上海译文出版社 2011
  年版。

海德格尔:《林中路》，孙周兴译，上海译文出版社 2008 年版。

海德格尔:《路标》，孙周兴译，商务印书馆 2000 年版。

海德格尔:《面向思的事情》，陈小文译，商务印书馆 1999 年版。

海德格尔:《尼采》，孙周兴译，商务印书馆 2002 年版。

海德格尔:《同一与差异》，孙周兴等译，商务印书馆 2011 年版。

海德格尔:《现象学之基本问题》，丁耘译，上海译文出版社 2008 年版。

海德格尔:《形而上学导论》，熊伟等译，商务印书馆 1996 年版。

海德格尔:《演讲与论文集》，孙周兴译，生活·读书·新知三联书店
  2006 年版。

海德格尔:《在通向语言的途中》，孙周兴译，商务印书馆 1997 年版。

赫费:《康德的〈纯粹理性批判〉:现代哲学的基石》，郭大为译，人民出

版社 2008 年版。

黑格尔:《精神现象学》(上册），贺麟等译，商务印书馆 1979 年版。

黑格尔:《逻辑学》(上卷），杨一之译，商务印书馆 1966 年版。

黑格尔:《美学》(第一卷），朱光潜译，商务印书馆 1979 年版。

黑格尔:《哲学史讲演录》(第四卷），贺麟等译，商务印书馆 1978 年版。

洪迈:《容斋随笔》，上海古籍出版社 1978 年版。

胡塞尔:《欧洲科学危机和超验现象学》，张庆熊译，上海译文出版社
1988 年版。

黄河涛:《禅与中国艺术精神》，中国言实出版社 2006 年版。

黄庭坚:《豫章先生文集（第七)》，《四部丛刊》影宋乾道刊本。

霍布斯:《利维坦》，黎思复等译，商务印书馆 1985 年版。

霍克海默、阿道尔诺:《启蒙辩证法》，渠敬东等译，上海译文出版社
2006 年版。

吉登斯:《社会的构成》，李康等译，生活·读书·新知三联书店 1998
年版。

加达默尔:《哲学解释学》，夏镇平等译，上海译文出版社 2004 年版。

伽达默尔:《真理与方法》，洪汉鼎译，上海译文出版社 1999 年版。

卡尔松:《自然与景观》，陈李波译，湖南科学技术出版社 2006 年版。

卡西尔:《符号、神话、文化》，李小兵译，东方出版社 1988 年版。

卡西尔:《论人》，刘述先译，广西师范大学出版社 2006 年版。

卡西尔:《人论》，甘阳译，上海译文出版社 1985 年版。

卡西尔:《人文科学的逻辑》，关之尹译，上海译文出版社 2004 年版。

康德:《康德著作全集》(第三卷），李秋零译，中国人民大学出版社 2004
年版。

康德:《康德著作全集》(第五卷），李秋零译，中国人民大学出版社 2007

年版。

康德:《历史理性批判文集》,何兆武译,商务印书馆1990年版。

康德:《逻辑学讲义》,许景行译,商务印书馆1991年版。

康德:《判断力批判》,邓晓芒译,人民出版社2002年版。

柯林伍德:《自然的观念》,吴国盛等译,华夏出版社1999年版。

莱辛:《拉奥孔》,朱光潜译,商务印书馆1979年版。

赖贤宗:《海德格尔与禅道的跨文化沟通》,宗教文化出版社2007年版。

朗格:《情感与形式》,刘大基等译,中国社会科学出版社1986年版。

李鸿祥:《视觉文化研究:当代视觉文化与中国传统审美文化》,东方出
版中心2005年版。

李泽厚、刘纲纪:《中国美学史》(第一卷),中国社会科学出版社1984
年版。

李泽厚、刘纲纪:《中国美学史》(魏晋南北朝编),安徽文艺出版社1999
年版。

李泽厚:《批判哲学的批判》,生活·读书·新知三联书店2007年版。

李遵进、沈松勤:《风景美欣赏:旅游美学》,上海人民出版社1987
年版。

刘珂珂、张梅:《人·符号·文化》,《江苏社会科学》2012年第5期。

罗尔斯顿:《哲学走向荒野》,刘耳、叶平译,吉林人民出版社2000年版。

吕俊华:《艺术创作与变态心理》,生活·读书·新知三联书店1987年版。

马国柱:《卡西尔符号论美学评述》,《社会科学辑刊》1992年第6期。

马克思:《1844年经济学哲学手稿》,中共中央马克思恩格斯列宁斯大林
著作编译局译,人民出版社2000年版。

马连弟、刘云符:《透视学原理》,吉林美术出版社2006年版。

莫里斯·梅洛-庞蒂:《眼与心》,杨大春译,商务印书馆2007年版。

纳什:《大自然的权利:环境伦理学史》,杨通进译,青岛出版社 1999
　年版。

帕克:《美学原理》,张今译,广西师范大学出版社 2001 年版。

彭锋:《回归:当代美学的 11 个问题》,北京大学出版社 2009 年版。

彭锋:《如画概念及其在环境美学中的后果》,《郑州大学学报》2012 年第
　5 期。

皮亚杰:《发生认识论原理》,王宪钿译,商务印书馆 1981 年版。

让－保罗·萨特:《萨特文学论文集》,施康强译,安徽文艺出版社 1998
　年版。

萨特:《存在与虚无》,陈宣良等译,生活·读书·新知三联书店 2007
　年版。

桑塔格:《论摄影》,黄灿然译,上海译文出版社 2010 年版。

瑟帕玛:《环境之美》,武小西等译,湖南科学技术出版社 2006 年版。

施密特:《马克思的自然概念》,欧力同等译,商务印书馆 1988 年版。

施皮格伯格:《现象学运动》,王炳文等译,商务印书馆 1995 年版。

斯宾格勒:《西方的没落》,齐世荣等译,商务印书馆 1991 年版。

孙适民、陈代湘:《中国隐逸文化》,湖南出版社 1997 年版。

孙周兴:《语言存在论:海德格尔后期思想研究》,商务印书馆 2011 年版。

孙周兴选编:《海德格尔选集》,生活·读书·新知三联书店 1996 年版。

塔达基维奇:《西方美学概念史》,褚朔维奇译,学苑出版社 1990 年版。

汤用彤:《汤用彤全集》(第一卷),河北人民出版社 2000 年版。

汤用彤:《魏晋玄学论稿》,上海古籍出版社 2005 年版。

梯利著,伍德增补:《西方哲学史》,葛力译,商务印书馆 1995 年版。

瓦尔特·本雅明、苏珊·桑塔格:《上帝的眼睛:摄影哲学》,吴琼、杜
　予编,中国人民大学出版社 2005 年版。

王弼:《老子注》,中华书局1954年版。

王伯敏,童中焘:《中国山水画透视法》,人民美术出版社1987年版。

王伯敏:《山水画纵横谈》,山东美术出版社2010年版。

王灿斌:《人类中心主义与生态伦理》,《湘潭大学学报》(哲学社会科学
版)1999年第3期。

王尔德:《王尔德全集》(评论随笔卷),杨东霞等译,中国文学出版社
2000年版。

王楠:《视觉图像的心理规律初探:从阿恩海姆的"图"到贡布里希的
"图式"》,上海师范大学硕士论文。

威廉斯:《关键词:文化与社会的词汇》,刘建基译,生活·读书·新知
三联书店2005年版。

韦政通:《中国哲学辞典大全》,世界图书出版公司1989年版。

魏士衡:《中国自然美学思想探源》,中国城市出版社1994年版。

文德尔班:《哲学史教程》(下卷),罗达仁译,商务印书馆1993年版。

沃林格:《抽象与移情》,王才勇译,辽宁人民出版社1987年版。

谢汉俊编著:《A·亚当斯论摄影》,中国摄影出版社2009年版。

谢磊:《画山水序正读》,《美术研究》1999年第2期。

谢林:《艺术哲学》,魏庆征译,中国社会科学出版社2005年版。

徐复观:《中国艺术精神》,华东师范大学出版社2001年版。

徐国武等:《摄影与透视》,辽宁美术出版社2008年版。

亚里士多德:《诗学》,陈中梅译,商务印书馆1996年版。

亚里士多德:《物理学》,张竹明译,商务印书馆1982年版。

亚里士多德:《形而上学》,吴寿彭译,商务印书馆1959年版。

亚理斯多德:《诗学》,罗念生译,人民文学出版社2002年版。

杨身源:《西方画论辑要》,江苏美术出版社2010年版。

杨慎:《太史升庵全集》卷六十六,明刻本。

叶秀山:《康德判断力批判的主要思想及其历史意义》,《浙江学刊》2003
　　年第 3 期。

叶秀山:《论康德"自然目的论"的意义》,《南京大学学报》2011 年第
　　5 期。

伊格尔顿:《审美意识形态》,王杰等译,广西师范大学出版社 2001 年版。

俞剑华:《中国古代画论精读》,人民美术出版社 2011 年版。

俞剑华:《中国画论类编》,人民美术出版社 1986 年版。

俞孔坚:《景观:文化,生态与感知》,田园城市文化专业有限公司 1998
　　年版。

袁珂、周明:《中国神话资料萃编》,四川社会科学院出版社 1985 年版。

张岱年:《中国古典哲学概念范畴要论》,中国社会科学出版社 1987
　　年版。

张岱年:《中国哲学史大纲》,中国社会科学出版社 1982 年版。

张谷平:《"画似真"与"真如画"的再探索》,《江淮论坛》1993 年第
　　3 期。

张君琳:《田园情结:西方风景画产生的一个重要原因》,《艺术百家》
　　2007 年第 8 期。

张立文:《中国哲学范畴精粹丛书:道》,中国人民大学出版社 1989 年版。

张祥龙:《海德格尔传》,河北人民出版社 1998 年版。

张祥龙:《海德格尔思想与中国天道精神》,生活·读书·新知三联书店
　　1996 年版。

张玉能:《"人是符号的动物":符号诗学与西方美学传统》,《学术月刊》
　　2008 年第 10 期。

张玉书选编:《席勒文集》(理论卷),人民文学出版社 2005 年版。

章安琪:《缪灵珠美学译文集》(第二卷),中国人民大学出版社 1998
年版。

章安琪:《缪灵珠美学译文集》(第四卷),人民大学出版社 1998 年版。

章华:《思想的形状:西方风景画的意蕴》,北京大学出版社 2011 年版。

赵红梅:《中国自然审美史一瞥》,《湖北大学成人教育学院学报》2005 年
第 3 期。

赵林:《浪漫之魂:让－雅克·卢梭》,武汉大学出版社 2005 年版。

赵鹏:《机器视觉理论及其应用》,电子工业出版社 2011 年版。

赵一凡:《西方文论关键词》,外语教学与研究出版社 2006 年版。

周积寅:《中国画论辑要》,江苏美术出版社 1985 年版。

周宪:《美学是什么》,北京大学出版社 2002 年版。

周宪:《视觉文化的转向》,北京大学出版社 2008 年版。

周振甫:《文心雕龙今译》,中华书局 1986 年版。

周振甫:《周易译注》,中华书局 1991 年版。

朱光潜:《文艺心理学》,安徽教育出版社 1996 年版。

朱光潜编译:《柏拉图文艺对话录》,人民文学出版社 1963 年版。

朱兰芝:《论马克思所谓"内在尺度"》,《山东社会科学》2000 年第 4 期。

朱良志:《中国美学名著导读》,北京大学出版社 2004 年版。

朱自清:《朱自清古典文学论文集》,上海古籍出版社 1981 年版。

宗白华:《美学散步》,上海人民出版社 2005 年版。

宗白华:《美学与意境》,人民出版社 1987 年版。

外文文献

Ackerman, James S. "The Photographic Picturesque". *Artibus et Historiae*, Vol.

24, No. 48, 2003.

Adorno, Theodor W. *Aesthetic Theory*, Translated by Robert Hullot-Kentor, London and New York: Continuum, 2002.

Andrews, Malcolm. *The search for the Picturesque*, Stanford: Stanford University Press, 1989.

Arnheim, Rudolf. "A Plea for Visual Thinking". *Critical Inquiry*, Vol. 6, No. 3, Spring, 1980.

Bell, Clive. *Art*, London: The Ballantyne Press, 1913.

Berger, John. *Ways of Seeing*, London: British Broadcasting Corporation and Penguin Books Ltd, 1972.

Berkeley, George. *Philosophical Writing*, New York: Cambridge University Press, 2009.

Berleant, Arnold. *The Aesthetics of Environment*, Philadelphia: Temple University Press, 1992.

Bermingham, Ann. *Landscape and Ideology,* Berkeley and Los Angeles: University of California Press, 1989.

Bouraieu, Pierre. *Distinction: A Social Critique of the judgement of Taste*, Translated by Richard Nice, Cambridge: Harvard University Press, 1984.

Budd, Malcolm. *The Aesthetic Appreciation of Nature,* Oxford: Oxford University Press, 2002.

Bunnin, Nicholas and Yu, Jiyuan. *The Blackwell Dictionary of Western Philosophy*, London: Blackwell Publishing Ltd, 2004.

Carlson, Allen. *Aesthetics and the Environment*, London: Routledge, 2000.

Carlson, Allen. *Nature and Landscape*, New York: Columbia University Press, 2009.

Carrol, Noel. *Philosophy of Art*, London: Routledge, 1999.

Clark, H. F.. "Richard Payne Knight and the Picturesque Tradition". *The Town Planning Review*, Vol. 19, No. 3/4, Summer, 1947.

Copley, Stephen and Garside, Peter (ed). *The Politics of the Picturesque: Literature, Landscape and Aesthetics Since 1770*, New York: Cambridge University Press, 1994.

Currie, Gregory. "Photography, Painting and Perception". *The Journal of Aesthetics and Art Criticism*, Vol. 49, No. 1, Winter, 1991.

Dallmayr, Fred. *Return To Nature?*, Kentucky: Kentucky University Press, 2011.

Dewald, Jonathan (ed.). *Europe 1450 to 1789: Encyclopedia of the Early Modern World*, New York: Charles Scribner's Sons, 2004.

Eagleton, Terry. *Criticism and Ideology*, London: Verso, 2006.

Eagleton, Terry. *Ideology: An Introduction*, London: Verso, 1991.

Foucault, Michel. *The Order of things*, New York: Vintage Books, 1971.

Gadol, Eugene T.. "The Idealistic Foundations of Cultural Anthropology: Vico, Kantand Cassirer". *Journal of the History of Philosophy*, Vol. 12, No. 2, April, 1974.

Guyer, Poul. *Kant*, New York: Routledge, 2006.

Hegel, G. W. F.. *Aesthetics*, Translated by T. M. Knox, Oxford: Oxford University Press, 1975.

Heidemann, Dietmar H. (ed). *Kant Yearbook: Teleology*, Berlin: Walter de Gruyter, 2009.

Kallich, Martin. "The Association of Ideas and Akenside's Pleasures of Imagination". *Modern Language Notes*, Vol. 62, No. 3, March, 1947.

Kemp, Wolfgang and Rheuban, Joyce. "Images of Decay: Photography in the Picturesque Tradition". *October*, Vol. 54, Autumn, 1990.

Kirwan, James. *The Aesthetic In Kant: A Critique*, London and New York: Continnum, 2004.

Kockelmans, Joseph J.. *Heidegger on Art and Art Works*, Dordrecht: Martinus Nijhoff Publishers, 1985.

Kwa, Chunglin. "Painting and Photographing Landscapes: Pictorial Conventionsand Gestalts". *Configurations*, Vol. 16, No. 1, Winter, 2008.

Marshall, David. "The Problem of the Picturesque". *Eighteenth-Century Studies*, Vol. 35, No. 3, Spring, 2002.

Maynard, Patrick. "Perspective's Places". *The Journal of Aesthetics and Art Criticism*, Vol. 54, No. 1, Winter, 1996.

McMahon, Jennifer A.. "Perceptual Constraints and Perceptual Schemata: The Possibility of Perceptual Style". *The Journal of Aesthetics and Art Criticism*, Vol. 61, No. 3, Summer, 2003.

Michasiw, Kim Ian. "Nine Revisionist Theses on the Picturesque". *Representations*, No. 38, Spring, 1992.

Moore, Ronald. *Natural Beauty*, Toronto: Broadview Press, 2008.

Nanyoung, Kim. "Ernst H. Gombrich, Pictorial Representation, and Some Issuesin Art Education". *The Journal of Aesthetic Education*, Vol. 38, No. 4, Winter, 2004.

Orestano, Francesca. "The Revd William Gilpin and the Picturesque; Or, Who's Afraid of Doctor Syntax?". *Garden History*, Vol. 31, No. 2, Winter, 2003.

Parsons, Glenn. *Aesthetics and Nature*, London: Continuum, 2008.

Patterson, Thomas C.. *Karl Marx, Anthropologist*, New York: Berg, 2009.

Pilgrim, Sarah and Pretty, Jules (ed). *Nature and Culture*, London: Earthscan Publications Ltd, 2010.

Polt, Richard. *Heidegger: An Introduction*, New York: Cornell University Press, 1999.

Pretty, Jules. *Agri-Culture: Reconnecting People Land and Nature*, London: Earthscan Publications Ltd, 2002.

Ross, Stephanie. "The Picturesque: An Eighteenth-Century Debate". *The Journal of Aesthetics and Art Criticism*, Vol. 46, No. 2, Winter, 1987.

Sayers, Sean. *Maxism and Human Nature*, London and New York: Routledge, 1998.

Smith, Paul and Wilde, Carolyn (ed). *A Companion to Art Theory*, London: Blackwell Publishers Ltd, 2002.

Townsend, Dabney. "The Picturesque". *The Journal of Aesthetics and Art Criticism*, Vol. 55, No. 4, Autumn, 1997.

Verene, Donald Phillip. "Kant, Hegel, and Cassirer: The Origins of the Philosophy of Symbolic Forms". *Journal of the History of Ideas*, Vol. 30, No. 1, January - March, 1969.

Ward, John L.. "The Perception of Pictorial Space in Perspective Pictures". *Leonardo*, Vol. 9, No. 4, Autumn, 1976.

Young, Julian. *Heidegger's Philosophy of Art*, Cambridge: Cambridge University Press, 2001.